国际教育前沿丛书

刘宝存　主编

美国研究型大学

教师晋升评价的正式规则与非正式规则

● 李函颖　著

山西出版传媒集团　山西教育出版社

图书在版编目（CIP）数据

美国研究型大学教师晋升评价的正式规则与非正式规则/李函颖著. —太原：山西教育出版社，2018. 9
（国际教育前沿丛书/刘宝存主编）
ISBN 978-7-5440-9953-0

Ⅰ. ①美… Ⅱ. ①李… Ⅲ. ①高等学校—教师评价—规则—研究—美国 Ⅳ. ①G649.712 ②G645.11

中国版本图书馆CIP数据核字（2018）第162614号

美国研究型大学教师晋升评价的正式规则与非正式规则
MEIGUO YANJIUXING DAXUE JIAOSHI JINSHENG PINGJIA DE ZHENGSHI GUIZE YU FEIZHENGSHI GUIZE

责任编辑	姚吉祥
复　　审	邓吉忠
终　　审	冉红平
装帧设计	薛　菲
印装监制	蔡　洁
出版发行	山西出版传媒集团·山西教育出版社 （太原市水西门街馒头巷7号　电话：0351-4729801　邮编：030002）
印　　装	山西立方印业有限公司
开　　本	720 mm×1020 mm　1/16
印　　张	17.75
字　　数	280千
版　　次	2018年9月第1版　2018年9月山西第1次印刷
书　　号	ISBN 978-7-5440-9953-0
定　　价	55.00元

总　序

一

当今世界正处在大发展、大变革、大调整时期，主要表现为以下四个方面。一是国际竞争的加剧。在“冷战”结束以后，世界格局发生了重大变化，世界上一些主要国家都在调整国家目标，力图在急剧变化的世界中为自己定位。各国为了实现国家目标，在新世纪的国际竞争中取得战略有利地位，纷纷把教育改革作为国家整体战略的一部分，作为提高民族素质、增强国际竞争力的战略举措。二是知识经济的发展。世界经济的发展经历了农业经济和工业经济之后，正在进入知识经济阶段。与建立在土地和人口基础上的农业经济、建立在资本和资源基础上的工业经济不同，知识经济是建立在知识和信息的生产、分配和使用基础之上的经济。在知识经济时代，知识、技术和信息成为推动经济发展最重要的因素。知识、技术和信息发展靠创新、靠人才，归根结底要靠教育。因此，教育成为各国应对知识经济挑战的首要途径。三是全球化进程的深入。在经济全球化的影响下，世界各国在政治、经济、文化、教育和社会生活等方面的联系、影响、依赖程度不断增强。全球化同时也加剧了国家之间、地区之间乃至学校之间的竞争，世界各国都把创建世界一流的学校、提升教育的全球竞争力作为战略目标。四是信息技术和人工智能的挑战。信息技术和人工智能的发展正改变着我们的生活方式、工作方式、学习方式、思维方式、价值观念及其物质载体，也为教育的改革与发展提供了更为广阔的空间。国际社会大变革把教育推向社会经济发展舞台的中心，优先发展教育、深化教育改革成为世界性的运动，而提高教育质量、促进教育公平则是这场教育改革运动的主旋律。

如果从历史的角度来考察，20世纪80年代以来世界范围的教育改革，不仅是对当代世界政治、经济、科学技术和文化的大发展、大变革、大调整所带来的挑战的应对，也是基于教育自身发展和改革的需要。纵观风云变幻的20世纪，世界教育经历了前所未有的挑战和改革。20世纪30年代，工业化、城市化所推动的社会全面变革引发了以进步主义教育运动为标志的世界性教育改革运动。进步主义教育直接向传统教育宣战，强调把儿童的兴趣作为教育的出发点，重视职业教育、工业教育、科学教育，倡导以解决问题为核心的教学方法，注重培养学生的合作精神和社会责任感。进步主义教育改革运动使人们反思传统与变革、人文与科学、社会与个人之间的关系，并尝试建立一种新的平衡，但并没有取得预期的效果。20世纪五六十年代，在科技进步、经济发展、民主运动、人口剧增和“冷战”加剧等因素的推动下，以1957年苏联人造卫星的发射为导火线，爆发了新一轮世界性的教育运动。世界各国开始重新审视一度给教育带来一缕新风的进步主义教育思想及其改革运动，结构主义、要素主义教育理论逐渐取代进步主义教育理论取得支配地位，促进中等教育的普及化和高等教育的大众化，改革基础教育课程和教学方法，加强大学的科技人才培养和科学研究，成为国际社会教育改革的主旋律。特别是人力资本理论和终身教育思想的提出，使教育的地位空前提高，改变了人们的价值观念。这一轮的教育改革因70年代的经济萧条戛然而止。因此，20世纪80年代以来的世界教育运动是上一轮教育改革运动在新的社会经济背景下的发展。在中小学教育实现了普及化、高等教育实现了大众化甚至普及化的背景下，世界教育改革的主旋律变成了促进公平、提高质量，也就是为每一个人提供高质量的教育。在新的社会经济背景下，世界各国纷纷把教育放在优先发展的战略地位，打造世界一流的教育体系，确立以培养创新人才为核心的培养目标，改革课程体系和教学模式，加强教育与社会生活的联系，提高教师的待遇和专业化水平，建构终身教育体系，推进教育信息化、教育国际化进程，建立更加灵活、高效的管理机制。与以前的局部改革不同，这是一场关于教育的全面改革，涉及从学前教育到高等教育、从课程教学到管理体制等教育的方方面面；与以前阶段性的教育改革不同，这更是一场长期的教育改革，已经持续30多年的教育改革仍呈方兴未艾之势。

二

自改革开放以来，中国社会发生了翻天覆地的变化。改革开放40年的经济快速增长，使中国从一个经济处于崩溃边缘的穷国一跃而成为世界第二大经济体，人民生活水平大幅度提高，综合国力不断增强。同时，中国也从一个传统社会转变为现代社会，在经济、社会、政治方面实现转型，工业化、城镇化、民主化进程不断加快。经过40年的改革开放，我国社会经济发展进入新阶段。我国面临着国际社会大变革和国内各种社会经济问题凸显的双重压力，既处于新的改革发展战略机遇期，也处于改革的攻坚期和“深水区”。正如《国家中长期教育改革与发展规划纲要（2010—2020年）》所总结的，“我国正处在改革发展的关键阶段，经济建设、政治建设、文化建设、社会建设以及生态文明建设全面推进，工业化、信息化、城镇化、市场化、国际化深入发展，人口、资源、环境压力日益加大，经济发展方式加快转变”。党的十九大明确提出要实现社会主义现代化和中华民族伟大复兴，在全面建成小康社会的基础上，分两步走在本世纪中叶建成富强民主文明和谐美丽的社会主义现代化强国。从现在到2020年，是全面建成小康社会决胜期。要按照十六大、十七大、十八大提出的全面建成小康社会各项要求，紧扣我国社会主要矛盾变化，统筹推进经济建设、政治建设、文化建设、社会建设、生态文明建设，坚定实施科教兴国战略、人才强国战略、创新驱动发展战略、乡村振兴战略、区域协调发展战略、可持续发展战略、军民融合发展战略，突出抓重点、补短板、强弱项，特别是要坚决打好防范化解重大风险、精准脱贫、污染防治的攻坚战，使全面建成小康社会得到人民认可、经得起历史检验。综合分析国际国内形势和我国发展条件，从2020年到本世纪中叶可以分两个阶段来安排。第一个阶段，从2020年到2035年，在全面建成小康社会的基础上，再奋斗十五年，基本实现社会主义现代化。第二个阶段，从2035年到本世纪中叶，在基本实现现代化的基础上，再奋斗十五年，把我国建成富强民主文明和谐美丽的社会主义现代化强国。这一系列战略目标的实现，意味着中国社会将迎来更大的变革，意味着一个真正强国的崛起，也意味着我们必须重新审视我国教育，探讨教育如何适应国家战略的调整，积极改革创新，为国家整体战略服务。

与国际社会的教育改革大势相一致，中国教育以1985年《中共中央关于教育体制改革的决定》为标志开始了前所未有的全面改革。在新的世纪，面对新问题、新矛盾、新挑战，我国在2010年颁布了《国家中长期教育改革与发展规划纲要（2010—2020年）》，对中国教育的发展提出了新的要求：加快从教育大国向教育强国、从人力资源大国向人力资源强国迈进；到2020年，基本实现教育现代化，基本形成学习型社会，进入人力资源强国行列，办出具有中国特色、世界水平的现代教育。教育规划纲要的颁布，宣告了我国新一轮教育改革运动的开始，我国教育进入大改革、大发展、大变化时期。党的十九大报告把建设教育强国作为中华民族伟大复兴的基础工程，要求必须把教育事业放在优先位置，深化教育改革，加快教育现代化，办好人民满意的教育。无论是当前的社会变革还是教育变革，在我国历史上都没有现成的经验可以借鉴，必须从国际社会寻找可供借鉴的理论、经验和发展路径，并在此基础上实现教育理论创新、实践创新和制度创新。一方面，我国教育科学虽然已经有了很长的历史，但是对于教育改革与发展中的许多问题仍然没有一致的认识。因此，当前我国教育研究特别是比较教育研究的一个重要使命就是围绕世界和我国教育改革与发展的重大理论、政策和实践前沿问题开展研究，探索教育发展的规律，把握国际教育发展的趋势，为我国教育改革与发展提供理论支撑。另一方面，在经过40年的改革开放之后，我国教育改革已经进入“深水区”和攻坚阶段，在我国历史上既没有相应的经验可以借鉴，也不可能完全依靠“摸着石头过河”去探索未知的领域。因此，我们必须把视野扩大到国际社会，研究世界各国教育改革与发展的基本理念、政策措施、得失成败，研究世界教育改革发展的基本脉络和发展趋势，尤其是针对我国教育改革发展中的重大问题和紧迫问题，在世界范围内寻求相应的经验，特别是研究发达国家已经走过的道路和经验教训，并根据我国实际探索适合我国国情的政策措施。

三

北京师范大学国际与比较教育研究院创立于1961年，是中华人民共和国成立后设立最早的国际与比较教育研究机构。1981年，被国务院学位委员会批准为比较教育学专业全国第一批硕士学位授权点。1983年，被国务院学位委员会批准为比较教育学专业全国第一批博士学位授权点。1988年，被国家教委（现教育部）确定为国家重点学科，是比较教育领域中唯一的国家重点学科。1999年12月，成为第一批入选教育部普通高等学校人文社会科学重点研究基地的15家科研机构之一，是比较教育学科唯一的重点研究基地。2011年秋季，招收第一届全英文教学国际硕士研究生，开创了我国比较教育学专业国际硕士教育的先河。2012年，与奥地利、德国、芬兰等国大学联合开设欧盟伊拉斯莫（Erasmus Mundus）“高等教育研究与创新”硕士项目，这是我国高校第一次以全面合作伙伴（full-partners）身份全面参与伊拉斯莫项目的招生、教学和管理工作。2012年，入选教育部国别区域问题研究基地，成为教育部国际教育研究中心之一。2013年，在成功举办全英文教学国际硕士项目的基础上，全英文教学国际博士项目顺利招生，成为我国比较教育学专业乃至教育学科第一个开设国际博士教育项目的机构。2017年，加入教育部高校高端智库联盟，成为教育领域首批入选的两家智库之一。

北京师范大学国际与比较教育研究院的基本使命是：1. 围绕世界和我国教育改革与发展的重大理论、政策和实践前沿问题开展研究，探索教育发展的规律，把握国际教育发展的趋势，为我国教育改革与发展提供理论支撑；2. 为文化教育部门和相关部门培养具有国际视野、通晓国际规则、能够参与国际事务和国际竞争的高层次国际化人才；3. 积极开展教育政策研究与咨询服务工作，为中央和地方政府的重大教育决策提供智力支撑，为区域教育创新和各级各类学校的改革试验提供咨询服务；4. 积极开展国际文化教育交流与合作，引进和传播国际先进理念和教育经验，把我国教育改革发展的先进经验和教育研究的新发现推向世界，成为中外文化教育交流的桥梁和平台。

经过50多年的发展，北京师范大学国际与比较教育研究院已经成为我国规模最大、语种最全的国际与比较教育研究机构，语种涵盖英语、俄语、法语、德语、日语、朝鲜语、葡萄牙语、西班牙语等世界主要语种，研究对象包括美国、英国、法国、德国、俄罗斯、日本、韩国、印度、澳大利亚、加拿大、新加坡、芬兰等国家以及联合国教科文组织、世界银行、联合国儿童基金会、欧盟、经济合作与发展组织、亚太经济合作组织等国际组织，研究领域包括比较教育的理论与方法、基础教育比较、高等教育比较、教育政策与管理比较、教育思想比较、文化与教育发展比较、国际教育等比较教育研究的主要领域。

50多年来，北京师范大学国际与比较教育研究院一直是我国国际与比较教育研究的重镇。该院以“立足中国，放眼世界”为指导思想，根据我国社会主义现代化建设和教育改革发展的需要，积极承担起国家重大教育研究任务，取得了一大批高水平的研究成果。这套《国际教育前沿丛书》就是近年该院承担的部分国家级和省部级科研项目的研究成果，我们衷心希望这套丛书的出版能够帮助读者了解国际教育改革与发展的前沿，为我国教育改革与发展提供一些借鉴与启示。

北京师范大学把《国际教育前沿丛书》列为“985工程”重点项目予以支持，山西教育出版社在丛书编辑和出版过程中给予了很大支持，在此特别表示感谢。

刘宝存

2018年2月于北京

目 录

导论

教师对大学的重要作用不言而喻。他们承担着知识传授、科学研究、社会服务的重要责任，是推动大学前进的中坚力量。一流大学总是与一流师资相伴而生，梅贻琦先生就曾言："所谓大学者，非谓有大楼之谓也，有大师之谓也。"因此，如何吸引并留住优质师资是所有大学管理者面临的重要课题。

对于大学教师而言，吸引他们长期服务于某一所大学的影响因素有很多，如薪酬、福利待遇、工作环境、家庭因素等，而职业发展前景是其中重要的影响因素。教师职业发展前景的重要指标之一就是职称晋升，这既是对教师过去工作成绩和现有工作能力的认可，又是激励教师继续前进的动力，同时还是大学优化教师队伍的工具。可以说，科学而合理的晋升评价制度是维系一所大学教师质量的重要保障。美国社会学家爱德华·希尔斯（Edward Shils）认为："任何一个补充教师的决定，都是大学的学术方向与质量的一个决定因素。每一个晋升一位已经聘任的教师的决定，也同样是未来方向与质量的一个决定因素。对那些保证在未来几十年作为大学里从事教学与研究的学术成员的聘任或晋升决定，比任何的大学管理改革或任何的教学大纲与课程计划的修订，更能保证未来一代的学术质量。"[①]在大学教师追求职称晋升的过程中，评价

① 希尔斯. 学术的秩序：当代大学论文集[M]. 北京：商务印书馆，2007:364.

制度无疑是最核心的部分。

20世纪80年代以来，在世界高等教育的改革浪潮中，大学管理制度改革始终是许多国家关注的焦点之一，人事管理制度改革是其中的重要议题。例如，美国自20世纪80年代起对大学的终身教职制（tenure）进行改革，开始引入终身后评价（post-tenure review）；英国通过《1988年教育改革法》从法律上终结了英国大学传统意义上的终身教职制度；2002年起德国启动了教师职称改革，正式将“青年教授席位”制度（junior professor）引入大学，旨在缩短科学后备力量的晋升年限，提高德国大学对优秀人才的吸引力；日本自2004年开始的国立大学法人化改革取消了国立大学教师的国家公务员身份，开始采用招聘制与任期制；2003年以北京大学为首的中国大学开始探索大学教师人事制度改革；等等。鉴于教师晋升评价制度在大学人事管理制度中的重要地位，对教师晋升评价制度进行深入而系统的专题研究是十分必要且急需的。

大学教师晋升评价制度中有许多问题引人深思。大学教师晋升的评价权力应该由谁掌握？什么样的评价标准能够准确地判断教师的能力？决定教师晋升的影响因素到底有哪些？除了看得见的政策文本，还有什么看不见的规则会对教师晋升产生影响？不同的学者对“制度”有不同的界定，新制度经济学创始人道格拉斯·诺思（Douglass C. North）认为制度是一系列被制定出来的规则、守法程序和行为的道德伦理规范，它旨在约束追求主体福利或效用最大化利益的个人行为①。日本学者青木昌彦（Masahiko Aoki）从博弈论的角度认为“制度是关于博弈如何进行的共有信念的一个自我维系系统”②。柯武刚、史漫飞认为，“制度是人类相互交往的规则”③。本书主要承继诺思的观点，旨在从一般意义上探究“教师晋升评价制度”的基本内涵，即教师晋升评价的正式规则以及较难被文本化的非正式规则。

---

① 诺思．经济史中的结构与变迁[M]．上海：上海人民出版社，1994:225-226.

② 青木昌彦．比较制度分析[M]．上海：上海远东出版社，2001:28.

③ 柯武刚，史漫飞．制度经济学：社会秩序与公共政策[M]北京：商务印书馆，2004:35.

2012—2013年，作者在国家留学基金委的资助下赴美国佐治亚大学联合培养。位于美国南方佐治亚州的佐治亚大学，是一所典型的美国公立研究型大学，其教师晋升评价制度也具有一定的代表性，故本书以该校为案例，在实地调研的基础上，扎根出美国研究型大学教师晋升评价的正式规则与非正式规则，以期对中国大学的人事管理制度改革有所助益。

一、研究对象

佐治亚大学地处美国南方，于1785年1月25日获佐治亚州议会批准成立，成为美国第一所由州政府正式授权的四年制大学。1872年，学校成为佐治亚州的赠地大学（land-grant university），1980年成为全美第15所赠海大学（sea-grant university）。学校的主校区位于距佐治亚州首府亚特兰大市60英里（1英里≈1.609公里）的雅典-克拉克县（Athens-Clarke County），该县是一座典型的大学城。同时，学校还在亚特兰大市[商学院（亚特兰大），College of Business/Atlanta]、格威内特县（格威内特校区，Gwinnett campus）、斯波尔丁县（格里芬校区，Griffin campus）、蒂夫特县（蒂夫顿校区，Tifton campus）设有分校区。

佐治亚大学由16个学院和1个研究生院（Graduate School，1910年成立）组成。这16个学院分别是：1801年成立的文理学院（College of Arts and Sciences）、1859年成立的农业与环境科学学院（College of Agriculture and Environmental Sciences）、1859年成立的法学院（School of Law）、1903年成立的药学院（College of Pharmacy）、1906年成立的林业与自然资源学院（School of Forestry and Natural Resources）、1908年成立的教育学院（College of Education）、1912年成立的商学院（College of Business）、1915年成立的新闻与大众传播学院（College of Journalism and Mass Communication）、1918年成立的家庭与消费科学学院（College of Family and Consumer Sciences）、1946年成立的兽医学院（College of Veterinary Medicine）、1964年成立的社会工作学院（School of Social Work）、1969年成立的环境与设计学院（School of Environment and Design)、2001年成立的公共与国际事务学院（School of Public and International Affairs）、2005年成立的公共卫生学院（College of Public Health）、2007年成立的生态学院（School of Ecology）、2012年成立的工程学院（College of Engineering）。

佐治亚大学在美国南部院校协会（Southern Association of Colleges and Schools）和其他专业认证机构的批准下拥有多学科的学位授予资格。目前，学校能够授予23大类的学士学位（共139个专业），33大类的硕士学位（共135个专业），4大类的博士学位（共94个专业）。佐治亚大学在卡内基教学促进基金会的大学分类中属于108所I类研究型大学[①]（research university/very high research activity，简称RU/VH型）之一，即科研活动很强的学校。佐治亚大学有不少学科在全美研究型大学中排名靠前，如教育学、新闻学、农学、兽医学等，在《美国新闻与世界报道》杂志的“全美大学排行榜”中，学校的本科教育排名保持在60名左右，在公立大学中位于20名左右[②]。

作为州内的一流大学，每年佐治亚大学都能从州议会获得大笔经费。2012年秋，学校从州政府获得约3.6亿美元经费，占学校总收入的26.8%[③]。2012—2013学年里，学校共有34 519名注册的全日制学生，其中，26 259名本科生，6 606名研究生，1 654名专业学位学生[④]。

1. 学校的行政管理结构

佐治亚大学是一所公立大学，隶属于佐治亚州大学系统（University System of Georgia）。佐治亚州大学系统成立于1931年，是全美学生规模排行第六的大学系统，下辖州内31所公立高校和58家公立图书馆，

① 在2013年时，卡内基教学促进基金会的I类研究型大学是指每学年授予20个及以上的研究型/学术型博士学位（不包括专业博士学位），且学校总体和人均科研活动中至少有一项表现很高的研究型大学。

② U.S. News & World Report. National University Ranking[EB/OL].[2018-06-01]. https://www.usnews.com/best-colleges/rankings/national-universities.

③ Office of Institutional Research. The University of Georgia Fact Book 2013[R]. Athens: The University of Georgia Press, 2013:80.

④ Office of Institutional Research. The University of Georgia Fact Book 2012[R]. Athens: The University of Georgia Press, 2012:20.

直接接受佐治亚州大学董事会（Georgia Board of Regents）的管辖。佐治亚州大学董事会是州政府的一部分，负责执行州议会批准的高等教育经费分配工作。州大学董事会成员由州长任命，任期为7年。2013年时，州大学董事会成员共19人，其中5人来自州层面，另外州内14个行政区每区1人。州大学董事会的工作是自愿的，没有经济报酬。[①] 佐治亚州大学系统内的高校共分为四大类——研究型大学、州立大学、州立学院和地区性大学，研究型大学只有4所，佐治亚大学就是其中之一。

就外部管理结构而言，权力的隶属关系是州大学董事会最高，其次是大学系统总校长（由州大学董事会选举产生），然后才是各大学校长（president）。

就内部管理结构而言，学校校长之下设有学术事务高级副校长（senior vice president for academic affairs and provost）、财务与行政高级副校长（senior vice president for finance and administration）和外部事务高级副校长（senior vice president for external affairs）。校长主要负责与州大学董事会直接沟通、筹集经费、参与外事活动等外部事务，学校的“内政”一般由3位高级副校长负责，高级副校长之间关系平等，都是各自领域中的最高领导者。由图1可知，教师晋升评价的最高学校管理者就是学术事务高级副校长。在学术事务高级副校长之下，佐治亚大学又设立了信息技术副校长（vice president for information technology）、教学副校长（vice president for instruction）、公共服务副校长（vice president for public service and outreach）、科研副校长（vice president for research）、学生事务副校长（vice president for student affairs）。同时，7位副教务长和各学院院长也是直接向学术事务高级副校长汇报工作的。（详情见图1）

① University System of Georgia. Board of Regents[EB/OL]. [2014-03-01]. http://www.usg.edu/regents/.

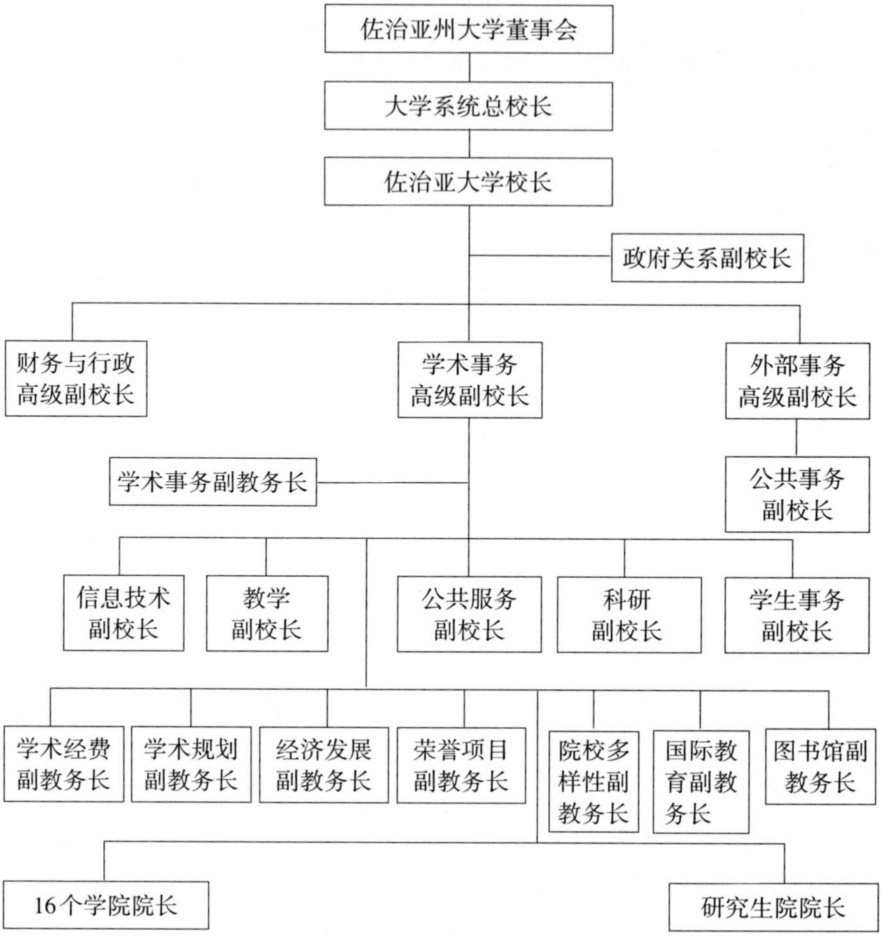

图1　2013年佐治亚大学行政组织结构图

资料来源：The University of Georgia. Organizational Chart[EB/OL]. [2014-01-25]. http://provost.uga.edu/index.php/about/organizational-chart/.

2. 2012—2013学年佐治亚大学的师资构成

2012—2013学年，佐治亚大学的全职教师（full-time faculty）共有1 735人。其中，教授799人，副教授510人，助理教授383人，讲师43人。承担教学任务的全职教师人数最多，共1 563人。此外，学校96%的全职教师已获终身教职或在终身轨（tenure track）上，97%的教师拥有博士或本学科最终学位。①

① Office of Institutional Research. The University of Georgia Fact Book 2012[R]. Athens: The University of Georgia Press, 2012:2.

就性别结构而言，佐治亚大学的全职教师中男性占绝对优势。具体来看，所有全职教师中，男性占66%，女性占34%。其中，教授中，男性约为女性的3倍；副教授中，男女比例约为6：4；助理教授中，男性占56%，女性占44%；讲师是唯一的女性超过男性的职称，男女比例约为2：3。而在已获得终身教职的群体中，男女比例接近7：3，差距也非常显著。（详情见表1）

表1　2012年秋佐治亚大学全职教师的职称及性别情况

职称	性别	教职状态								总计	比例
		终身教职		非终身教职（终身轨）		非终身职称		非终身轨			
		人数	比例	人数	比例	人数	比例	人数	比例		
教授	男	597	76%	1	50%	4	80%	3	75%	605	76%
	女	191	24%	1	50%	1	20%	1	25%	194	24%
	总计	788	100%	2	100%	5	100%	4	100%	799	100%
副教授	男	290	59%	14	70%	0	0	0	0	304	60%
	女	199	41%	6	30%	0	0	1	100%	206	40%
	总计	489	100%	20	100%	0	0	1	100%	510	100%
助理教授	男	1	50%	206	57%	0	0	7	41%	214	56%
	女	1	50%	157	43%	1	100%	10	59%	169	44%
	总计	2	100%	363	100%	1	100%	17	100%	383	100%
讲师	男	0	0	1	100%	0	0	16	38%	17	40%
	女	0	0	0	0	0	0	26	62%	26	60%
	总计	0	0	1	100%	0	0	42	100%	43	100%
全职教师	男	888	69%	222	58%	4	67%	26	41%	1 140	66%
	女	391	31%	164	42%	2	33%	38	59%	595	34%
	总计	1 279	100%	386	100%	6	100%	64	100%	1735	100%

资料来源：Office of Institutional Research. The University of Georgia Fact Book 2012 [R]. Athens: The University of Georgia Press, 2012:72.

注：表中数据包括全职临时教师（full-time temporary faculty）。

就种族结构而言，佐治亚大学是一所典型的南方白人大学，全职教师中的白人比例高达79%。而在少数族裔群体中，亚裔教师的人数是最多的，占全职教师的10%；其次是黑人教师，占6%；排在第三的是拉丁裔教师，占4%。（详情见表2）

表2　2012—2013学年佐治亚大学全职教师的种族构成情况

种族	职称								总计	比例
	教授		副教授		助理教授		讲师			
	人数	比例	人数	比例	人数	比例	人数	比例		
印第安人	3	*	0	0	1	*	1	2%	5	*
亚裔	47	6%	53	10%	71	19%	2	5%	173	10%
黑人	47	6%	33	6%	16	4%	1	2%	97	6%
拉丁裔	22	3%	19	4%	23	6%	1	2%	65	4%
多种族	2	*	5	1%	0	0	1	2%	8	*
白人	674	84%	398	78%	258	67%	35	81%	1 365	79%
未知	4	1%	2	*	14	4%	2	5%	22	1%
总计	799	100%	510	100%	383	100%	43	100%	1 735	100%

资料来源：Office of Institutional Research. The University of Georgia Fact Book 2012 [R]. Athens: The University of Georgia Press, 2012:73.

注：1.“*”是指比例小于0.5%。

2. 表中部分数据因四舍五入的原因，存在总计与分项合计不等的情况。

就年龄结构而言，佐治亚大学的全职教师明显呈现老龄化趋势。学校50岁以上的全职教师占总人数的54%。其中，50岁以上的教授共671人，50岁以上的副教授共223人，50岁以上的助理教授共21人，讲师共19人。形成这种现象的原因与不同职称的晋升年限有关，一般而言，佐治亚大学的助理教授晋升为教授需要11年左右。（详情见表3）

表3　2012—2013学年佐治亚大学全职教师的年龄构成情况

年龄	职称								总计	比例
	教授		副教授		助理教授		讲师			
	人数	比例	人数	比例	人数	比例	人数	比例		
20—29岁	0	0	0	0	6	2%	1	2%	7	*
30—39岁	0	0	70	14%	250	65%	9	21%	329	19%
40—49岁	128	16%	217	43%	106	28%	14	33%	465	27%
50—59岁	352	44%	170	33%	18	5%	12	28%	552	32%
60岁及以上	319	40%	53	10%	3	1%	7	16%	382	22%
总计	799	100%	510	100%	383	100%	43	100%	1 735	100%

资料来源：Office of Institutional Research. The University of Georgia Fact Book 2012 [R]. Athens: The University of Georgia Press, 2012:73.

注：1. “*”是指比例小于0.5%。

2. 表中部分数据因四舍五入的原因，存在总计与分项合计不等的情况。

依据州大学董事会与美国南部院校协会的相关规定，佐治亚大学的教学人员包括教授、副教授、助理教授、讲师（instructor）、教员（lecturer）、学术类专业人员（academic professional）、临床类教师（clinical faculty）。其中，前3种教学人员均属于终身轨教职，即这些职称都有可能或已经获得学校的终身教职。后四种教学人员均属于非终身轨教职，有各自的晋升轨迹，与终身轨教职的晋升途径基本不存在交叉（讲师、临时助理教授除外）。（见图2）需要说明的是，本书主要关注的是终身轨教师的晋升评价，即助理教授升副教授、副教授升教授的评价制度，并没有专门涉及终身教职评审。

终身轨	非终身轨
教授	高级讲师、学术类专业人员、临床类教师
副教授	
助理教授	
	教员、临时助理教授、讲师

图2　佐治亚大学教师晋升的基本途径

注：图中阴影部分为终身教职

二、研究方法

1. 研究范式的选择

质性研究并不是单一一种方法，而是许多不同研究方法的统称，其中包含案例研究、民族志研究、扎根理论、口述史等。所有类型的质性研究都基于一个核心的哲学假设：现实是由个人与社会的互动所建构。质性研究者的兴趣在于理解人们所建构的意义，也就是说，他们是怎么理解他们的世界以及他们在这个世界的体验。质性研究意味着对于经历的、感觉的、遭遇经验的直接关注。

本书的核心研究问题是："什么样的正式规则与非正式规则会影响大学教师的晋升评价？"其中，正式规则可以通过大学章程、教师手册、其他公开信息等文本获取。然而，非正式规则却是不成文的，是人们在实际评价过程中感受到的"无形之手"。虽然组织内部非正式规则的存在早已得到学术界的认同，如制度经济学家诺思就指出"制度是由非正式约束（道德约束、禁忌、习惯、传统和行为准则）和正式的法规（宪法、法令、产权）组成"，但如何将其文本化确实是不小的挑战。基于研究问题，质性研究成为作者的最佳选择，即通过与被调查者的深度对话扎根出弥散在教师晋升评价过程中的非正式规则。

选择质性研究的另一个原因就是这种范式本身的优势。质性研究是与量化研究相对存在的一个概念。一般来说，就研究目的而言，质性研究倾向于解释，而量化研究则用于证实；就研究工具而言，质性研究主要依靠研究者来进行，而量化研究则是使用量表、问卷等标准化测量工具；就资料的处理逻辑而言，质性研究以归纳为主，量化研究则以演绎为主。基于研究问题，质性研究无疑是更加合适的选择。

2. 具体研究方法的选择

罗伯特·殷（Robert K. Yin）是美国最著名的质性研究学者之一，他的研究方法著作是许多研究型大学教育研究课堂上的指定教材。殷认为："社会科学研究采用何种研究方法，主要考虑三个条件：一是需要解决的问题的类型，二是研究者对研究对象的控制能力，三是关注的重心是历史现象抑或是当前问题。"[①]殷曾根据这三个前提条件，对社会科学研究中的五种主要研究方法进行过比较分析，为研究者在具体研究方法的选择上提供了指导。(详情见表4)

表4 不同研究方法的适用条件

研究方法	研究的问题的类型	是否需要对研究过程进行控制	研究焦点是否集中在当前问题
实验法	怎么样、为什么	需要	是
调查法	什么人、什么事、在哪里、有多少	不需要	是
档案分析法	什么人、什么事、在哪里、有多少	不需要	是/否
历史分析法（文献法）	怎么样、为什么	不需要	否
案例研究	怎么样、为什么	不需要	是

资料来源：殷．案例研究设计与方法[M]．重庆：重庆大学出版社，2010:10.

选择具体研究方法的先决条件也是最重要的条件就是清楚自己研究的问题到底是什么。如前所述，本书旨在解决"是什么"，关注的是当前问题，且不需要对研究过程进行严密控制，因此比较适合采用调查法和文献法来开展具体研究。

长久以来，我国比较教育学者在开展跨国研究时由于时间、经费所限主要采用的是文献法，通过制度文本、学术专著、政府法令等途径了

① 殷．案例研究设计与方法[M]．重庆:重庆大学出版社,2010:8.

解美国高等教育，这一传统方法在今天仍有其不可取代的价值。同时，2012年，作者有幸亲赴对象国访学一年，正好有条件使用实地调查法。利用宝贵机会，实践非传统的比较教育学科方法，这也是作者选择调查法的另一“私心”。

3. 资料搜集方法的选择

调查法主要通过访谈、问卷调查、电话调查等方式来搜集研究资料。虽然不少研究都已指出“文化外来者”在运用访谈法搜集资料的过程中会存在各种弊端，如受访者的防备性、研究的深入性和可信度等，但仍然不能抹杀掉成功与研究对象直接对话后可能获得的资料的珍贵性，以及“圈外人”身份可能使研究对象放松警惕等有价值的方面。基于此，本书主要采用访谈法来搜集与非正式规则相关的资料。

文献法是通过对资料进行查阅、整理、分析，从而发现事物本质属性的研究方法。本书对佐治亚大学教师晋升评价正式规则的考察离不开对美国和佐治亚州的社会发展史、高等教育发展史、学校发展史、晋升评价制度史等资料的梳理。这些资料以政策文件、研究报告、档案、学术论著、大学章程、教师手册等形式存在。

三、访谈的过程

1. 前期准备

访谈正式开始前的准备工作包括两个方面，一是获得学校官方的调查许可证，二是设计访谈提纲。

（1）调查许可证的获得

美国大学对以学校或学校内部成员为研究对象的科学研究有非常严格的规定，研究者必须获得学校院校研究委员会（Institutional Review Board，简称IRB）的正式批准才能够开展相关研究。按佐治亚大学规定，校内学生及访问学者如果需要对学校进行相关研究，必须由校内博士后或以上职称的教师担任主调查人（principle investigator），不得单独申请。[①]因此，本研究的顺利完成离不开佐治亚大学高等教育研究所（Institute of Higher Education）多位教师的帮忙。

① The University of Georgia. UGA IRB Policies and Guidelines[EB/OL]. [2014-01-29]. http://www.ovpr.uga.edu/hso/.

在正式提交申请材料前，佐治亚大学要求研究者必须完成合作机构培训项目（Collaborative Institutional Training Initiative，简称CITI）的相关课程。CITI培训项目初创于2000年，早期主要关注人类研究中的保护措施，其具体培训内容由来自迈阿密大学、华盛顿大学、达特茅斯学院等机构的诸多专家共同开发。2004年，其培训人群扩展至社会与行为科学的研究者，具体培训内容由来自美国心理学会、哥伦比亚大学、杜克大学等机构的专家开发。目前，CITI的培训内容囊括近二十几个学科领域（如动物护理与使用、临床研究协调员、灾害规划、出口管制、信息隐私与安全、责任行为研究等），培训对象涉及科研人员、IRB成员与主席、院校研究办公室员工等群体。[①]佐治亚大学所采用的CITI培训内容主要包括人类科研简史、科研中的伦理道德等。研究者可以通过完成CITI的网络试卷来获得合格证。CITI网络试卷的总分为100分，平均用时约为2—3小时。研究者必须获得80分以上才能获得CITI合格证书，合格证每隔五年需要更换一次。[②]作者于2012年11月21日通过这项测试。

除了CITI合格证外，佐治亚大学调查许可证的申请材料还包括一份由院校研究委员会设计的长达30多页的申请表、一份访谈提纲（或初始问卷）以及一份受访者知情同意书。作者在2013年2月8日正式提交申请材料之前完成了访谈提纲的初步设计，经过1个多月的等待，于2013年3月12日获得佐治亚大学颁发的正式调查许可证。

（2）访谈提纲的设计

佐治亚大学的教师晋升评价政策集中体现在学校的《教师职业指导手册》（*Guidelines for Appointment, Promotion and Tenure*，以下简称《手册》）中。通过阅读与分析《手册》内容，作者以佐治亚大学教师晋升的评价程序和评价标准为框架，围绕教师晋升评价中的关键人物、人际关系、实际标准、晋升辅导等内容设计了两份分别针对教师和管理者的半结构化访谈提纲，旨在从受访者的回答中扎根出晋升评价制度中的非正式规则。

---

① CITI Program. Mission and History[EB/OL]. [2017-09-18]. https://about.citiprogram.org/en/mission-and-history/.

② The University of Georgia. Required IRB Training (CITI)[EB/OL]. [2014-02-01]. http://www.ovpr.uga.edu/hso/training/.

根据学校的制度设计，教师职称晋升的评审既包括同事又包括管理者。资深教师（教授与副教授）一般都拥有晋升评审与候选人两种晋升体验。同时，由于佐治亚大学实行的是教授治校，不少教师都有参与政策制定的机会，因此，两份访谈提纲均包括晋升评价和政策制定两大部分，只是侧重点略有不同。

为了保证访谈提纲的针对性和文化适应性，提纲初步设计完成后，作者将其分别发送给了3位中国研究型大学教授（他们均以美国高等教育为主要研究方向）、3位佐治亚大学教授（他们均对学术职业有深入研究）以及1位华裔博士后征求意见。结合专家意见，作者对访谈提纲进行了多次修改，定稿见附录5。

2. 抽样及样本特征

访谈是本书探索教师晋升评价非正式规则最重要的途径。抽样是非常关键的步骤。目的抽样一般包括典型性抽样、独特性抽样、差异最大化抽样、方便抽样、滚雪球或链锁抽样、随机抽样等。

根据研究设计，受访者由普通教师和管理者两类群体组成。就管理者的选择而言，由于这一群体总数少，且最好是与晋升评价直接相关，即系主任、院长、教务长，这就使得管理者的抽样必须要采用强度抽样，即由研究者主动联系能够直接提供大量晋升评价信息的关键人物。

相对而言，教师群体的限制条件较少，合格受访者超过1 000人。在调查许可证的帮助下，作者从佐治亚大学院校研究办公室直接获得了教师们的电子邮箱。研究的原计划是采用目的性随机抽样法，普发邮件广邀校内教师，从愿意接受访谈的教师中根据学科方向挑选合适的受访者。然而，由于各种原因，目的性随机抽样的结果并不理想，愿意接受这一主题访谈的教师的群体特征较为集中，即绝大多数为白人教师，且集中在软科学领域。为了提升受访者的多样性，作者又通过私人关系，以雪球抽样法补充了几位少数族裔或具有硬科学背景的教师。

作者自2013年3月12日至2013年9月20日间在佐治亚大学实施深度访谈，受访者累计达到50人。其中，有管理者经验的教师共18人（其中现役管理者15人），普通教师32人。具体而言，管理者群体中，男性约占72%，女性约占28%，全部为白人。教师群体中，男性约占72%，女性约占28%；白人约占81%，少数族裔约占19%；教授约占47%，副教授约占28%，助理教授约占25%，有晋升经验者达75%。据佐治亚大学的官方统计，2012—2013学年学校全职教师的总体情况是：

男性占66%，女性占34%；白人占79%，少数族裔占21%；教授约占45%，副教授约占31%，助理教授约占24%，即有晋升经验者达76%。由此可见，访谈样本的群体特征与学校教师的整体特征较为接近。（详情见表5、表6）

表5 受访管理者的具体情况

职务	性别		职称			种族	
	男	女	教授	副教授	其他	白人	少数族裔
学校领导	2	2	3	0	1	4	0
学院领导	5	1	6	0	0	6	0
系主任	6	2	7	1	0	8	0
总计	13	5	16	1	1	18	0

注：为了确保受访者的匿名性，此处特征不具体到个人。

表6 受访教师的具体情况

职称	性别		种族	
	男	女	白人	少数族裔
教授	13	2	11	4
副教授	6	3	7	2
助理教授	4	4	8	0
总计	23	9	26	6

注：具体个人特征见附录。

由于访谈对象人数较多且时间安排较为分散，整个访谈过程持续近半年时间。50个访谈中，有2位教师访谈是通过电话完成，1位教师访谈通过skype视频完成。每次访谈时长约为70分钟，最终英文转录文稿约63万字。

第一章 佐治亚大学教师晋升评价制度的历史变迁

佐治亚大学今天的教师晋升评价制度并非“空中楼阁”，离不开200多年的历史积淀。佐治亚大学建校于1785年，但其教师晋升评价制度化的时间并不长。学校正式设计出今日教师晋升评价制度的雏形是在1969年。本章将追溯学校教师晋升评价制度的发展脉络，重点梳理其近几十年发生的变化以及变化产生的背景。

第一节 教师晋升评价制度的形成

1775—1783年的美国独立战争对其国内高等教育的发展产生了深远的影响。一方面，战争延缓了一些高等学校的创建，严重损毁了学校的建筑，耗尽了学校的积蓄；但另一方面，战争的精神产物如集权主义的衰落、新自由主义的产生等对美国高等教育的影响则更为深远。具体表现之一是独立战争使参战的佐治亚州从英国殖民地走向独立，为南方高等学校的出现扫清了障碍。例如，高等学校的兴建不再需要英王室的批准等。独立思想在宣布独立的州内迅速扩散，人们普遍认为新成立的州政府有责任兴建高等学校，并以此为基础来传播共和主义的自由思想。①

佐治亚州的1777年宪章虽然并未提及高等教育，但独立战争一结束，建立一所由州政府资助的高等学校就被提上了议事日程。其中，一位来自康涅狄格州的新移民亚伯拉罕·鲍德温（Abraham Baldwin）成为了主要的推动者。鲍德温与当时的州长莱曼·霍尔（Lyman Hall）都是耶鲁大学的毕业生。1784年，在霍尔州长的推动下，州政府同意在佐治亚州东北部划拨4万英亩土地新办大学。此外，州政府还组建了一个董事会来负责监管新办学校的工作。②佐治亚州议会于1785年1月27日正式颁布大学特许状，并任命鲍德温为首任校长，这标志着佐治亚大学的成立。然而，由于鲍德温校长的政治野心日益膨胀，对建校的兴趣越来越小，特许状颁布后很长一段时间内，只有零星的几笔土地交易提醒着人们兴建学校的事情还未被完全忘却。1798年，依靠出售州政府的赠地，学校已筹得6 000多美元的资金。董事会开始敦促学校正式选址，并于1800年聘请了另一位来自耶鲁大学数学系的教授约西亚·梅格斯（Josiah Meigs）为佐治亚大学的教授（professorship）。梅格斯也成为鲍德温的继任者，肩负着招生的重责。也就是说，州议会1785年颁布的大学特许状在16年后才真正开始施行，1801年，佐治亚大学开始招生。

一、教师职称等级的形成

由于美国早期的学院是以英国大学为模版，认为任何聪明的毕业生都能教授所有的学位课程，因此，美国大学在很长一段时间内并无大学教授的职称，大学教育主要依靠校长和年轻的助教（tutor）来维持③。直到18世纪下半叶哈佛大学才设立了“永久性教师”（permanent faculty）职称——教授。由于早期的佐治亚大学是由耶鲁大学的毕业生负责设计，且正式招生后的第一位校长梅格斯也曾是耶鲁大学的数学教授，因此，学校最早的制度设计中已经直接承继了“校长—教授—助教”的

① DYER T G. The University of Georgia: a Bicentennial History 1785—1985[M]. Athens: The University of Georgia Press, 1985:7.

② COULTER E M. College Life in the Old South[M]. Athens: The University of Georgia Press, 1983:4.

③ 乔玉全. 21世纪美国高等教育[M]. 北京:高等教育出版社, 2000:32.

管理模式，三类职位间不存在直线晋升关系，而是由董事会统一管理。例如，鲍德温1785年为佐治亚大学起草的《佐治亚大学章程》(*Charter of the University of Georgia*，以下简称《章程》)中规定："董事会拥有聘用、解雇教授(professor)、助教(tutor)、秘书(secretary)、会计(treasurer)、管理员(stewards)等校内人员的权力。"[①]1803年，佐治亚州议会又批准了梅格斯为学校起草的管理细则。在这份最初始的行为规范中，梅格斯区分了校长、教授和助教三者在学生管理中的职能——校长拥有直接处理校内一切事务的权力，教授主要负责教学和管理学生，助教则负责惩罚学生。[②]

在佐治亚大学初创时期，教师和学生人数都非常少，校长需要亲自到州内四处游历招募学生。到1803年底，佐治亚大学的注册学生约为30—45人。全校只有2名教师，一位是梅格斯校长，他同时兼任数学教授，另一位是语言教授(姓名不详)。[③]此前《章程》中设计的职称序列并未完全实现。直到1804年5月31日，学校的第一届学生顺利毕业，其中一位毕业生阿丁·刘易斯(Addin Lewis)被董事会批准成为佐治亚大学的第一位助教[④]。1805年，佐治亚大学又聘入了学校第一位专职教授珀蒂·德克莱维尔(Petit de Clairville)，主要负责法语教学[⑤]。至此，《章程》中的教师职称均已落实到位，但彼时专职教师入校即被董事会直接任命为"教授"，尚未形成从助教晋升到教授的职业发展轨迹。

虽然这种直接任命式教师职业发展轨迹在佐治亚大学中持续了很长一段时间，但在此期间，佐治亚大学的教师职业也发生了不小的变化。一是兼职教授(adjunct professor)的出现。1847年时，学校聘用纳胡姆·伍德(Nahum H. Wood)为数学系的兼职教授，这不仅是教师职称

---

① HULL A L. A Historical Sketch of the University of Georgia[M]. Atlanta: The Foote & Davies Co., 1894:7.

② WILSON R C. Some Steps in It's Creation & Activation[M]. Athens: The University of Georgia Press, 1961:8.

③ DYER T G. The University of Georgia: a Bicentennial History 1785—1985[M]. Athens: The University of Georgia Press, 1985:17.

④ HULL A L. A Historical Sketch of the University of Georgia[M]. Atlanta: The Foote & Davies Co., 1894:20.

⑤ HULL A L. A Historical Sketch of the University of Georgia[M]. Atlanta: The Foote & Davies Co., 1894:168.

上的一个新变化，而且也是学校历史上最早的一位兼职教授①。不过，兼职教授与教授或助教间的晋升关系仍未形成。二是校长正式脱离教师身份，成为职业管理者。1855年，学校的物理与化学教授约瑟夫·勒孔特（Joseph LeConte）突然离开佐治亚大学转任纽约医学院院长。勒孔特虽然年轻，但学术能力突出，失去他对佐治亚大学来说是一大损失。佐治亚大学当时的校长阿隆佐·丘奇（Alonzo Church）虽然在公开场合表示并不在意，并强调："教授离校在多数大学都时有发生，这也是学术生活的事实之一。学校不会因为勒孔特的离开而岌岌可危。"然而，1856年，丘奇校长突然宣布辞职，并公开指责佐治亚大学所有已离职及在职教师的不是，在社会上掀起轩然大波。董事会不得不要求佐治亚大学所有教师连同丘奇校长一起集体辞职。鉴于事态的严重性，全体22名董事会成员和5位佐治亚州前任州长于1856年12月齐聚雅典城，经过一番激烈的讨论，最后董事会决定重新任命丘奇为校长，并留任1位教授，其他6位教师均重新招聘。②1859年，佐治亚州议会批准了《米歇尔报告》，并对校长的职务进行了调整。除了将校长的称谓由"校长"（president）改为"总校长"（chancellor）外，州议会还调整了校长的职责，即"校长可以选择教授伦理学、政治经济学等课程，也可以什么都不教，成为一名纯粹的管理者；传统的教学工作仅为校长的补充性工作；校长的新职责是维系学校与赞助者的关系、引进优秀学生和教师等"③。由此，校长职责正式与传统教师的职责分离，佐治亚大学也第一次有了当代意义的校长。

1861年4月，美国南北内战爆发。许多校内学生自愿参军，原来注册的123名学生中有75人退学。1863年，学校因战争而暂时关闭，直到1866年1月5日，学校才开始重新招生。④

---

① HULL A L. A Historical Sketch of the University of Georgia [M]. Atlanta: The Foote & Davies Co., 1894:171.

② DYER T G. The University of Georgia: a Bicentennial History 1785—1985 [M]. Athens: The University of Georgia Press, 1985:89-95.

③ DYER T G. The University of Georgia: a Bicentennial History 1785—1985 [M]. Athens: The University of Georgia Press, 1985:101.

④ DYER T G. The University of Georgia: a Bicentennial History 1785—1985 [M]. Athens: The University of Georgia Press, 1985:103-111.

二、教师晋升现象的出现

南北战争结束后，在《莫里尔法案》(*Morrill Act*)的资助下，佐治亚大学史上最具现代改革思想的校长安德鲁·利普斯科姆（Andrew A. Lipscomb）及其后继者大大提高了学校的办学规模。到20世纪20年代，佐治亚大学的学生已经超过1 000人，教师队伍也从1856年时的7人增长至60人，教师中获得博士学位的比例也在增长。学校正在从一所小型传统的文理学院向一所小型大学转变。①

这一时期，美国大学学术职业的一个突出变化就是出现了大量的讲师和助理教授，且规范了从初级教师（一般指讲师）晋升到正教授的过程②。1900年，哈佛大学和密歇根大学等校开始建立大学教职序列，将此前统称的讲师或助教分为助理教授、副教授和教授③。

在佐治亚大学，虽然学校也仿效其他高校建立了教职序列，且已经开始出现校内教师的晋升现象。但这一时期的教师晋升随意性较强，并未形成正式制度。1861年，法国人沙博尼耶（L. H. Charbonnier）被聘入佐治亚大学，在刚刚成立的高中部（University High School/Rock College）担任讲师（instructor）。1867年，其被推选为学校的工程学教授，负责讲授工程学与数学。④1891年，查尔斯·赫蒂（Charles Herty）从约翰·霍普金斯大学获得化学博士学位后，受聘成为佐治亚大学化学系讲师。3年后，他晋升成为学校的兼职教授，直至1905年成为北卡罗来纳大学化学系教授前都没有再晋升。⑤1897年，法国人约瑟夫·拉斯特（Joseph Lustrat）进入佐治亚大学拉丁语系担任讲师，1年后即成为正教

---

① DYER T G. The University of Georgia: a Bicentennial History 1785—1985[M]. Athens: The University of Georgia Press, 1985:174.

② 董卉. 美国研究型大学教师晋升政策与评价研究[D]. 北京:北京师范大学, 2009:12.

③ 乔玉全. 21世纪美国高等教育[M]. 北京:高等教育出版社, 2000:33-34.

④ BROOKS R P. The University of Georgia: Under Sixteen Administrations 1785—1955[M]. Athens: The University of Georgia Press, 1956:92.

⑤ BROOKS R P. The University of Georgia: Under Sixteen Administrations 1785—1955[M]. Athens: The University of Georgia Press, 1956:101.

授兼系主任[①]。此外，佐治亚大学董事会的备忘录中还有一些关于教师职称信息的零星记载。例如，为了解决古代语言学系助教的流失问题，校长及系内教师希望将副教授米歇尔（R. E. Mitchell）晋升为教授[②]。1913年，药学系的兼职教授威尔森（R. C. Wilson）晋升为副教授（associate professor）[③]。1915年，董事会决定："鉴于目前学校经费过于紧张，我们决定不批准副教授晋升教授及兼职教授晋升副教授的申请。"[④] 1923年5月，董事会批准以下教师的晋升申请：历史系副教授库尔特（E. M. Coulter）晋升为教授；拉丁语系的兼职教授霍兰德（T. S. Holland）晋升为教授；拉丁语系讲师撒士顿（J. R. Thaxton）晋升为副教授；经济学系兼职教授约翰逊（J. G. Johnson）晋升为副教授；数学系副教授巴罗（D. F. Barrow）晋升为教授。[⑤]

由此可见，这一时期，佐治亚大学的教师职称开始有了明确的等级之分，从高到低依次为教授—副教授—助理教授—兼职教授—讲师。但是，学校并不存在明确的晋升规定，如晋升标准、晋升程序、晋升时间等，跨级晋升现象时有发生，随意性较大。例如，1888年，年仅24岁的约翰·坎贝尔（John P. Campbell）刚刚从约翰·霍普金斯大学获得生物学博士学位后，就被佐治亚大学聘为生物学教授[⑥]。佐治亚大学第一届商学院院长罗伯特·布鲁克斯（Robert P. Brooks）总结："这些教师都在佐治亚大学工作了很长时间，他们是各自领域内的大师，但却很少从事科学研究。当时大学教授的晋升并不完全取决于学术论文的数量及质量，而是他们的教学能力、对教学的热情、良好的教养等。"[⑦]

的确，当时学校的科研水平跟不上学生和教师人数的增长。拥挤的学生和大量的学校管理工作占据了教师大部分的时间。20世纪20年

---

① BROOKS R P. The University of Georgia: Under Sixteen Administrations 1785—1955[M]. Athens: The University of Georgia Press, 1956:108.

② Georgia State Government. Regents Minutes[Z]. 1889-07-18.

③ Georgia State Government. Regents Minutes[Z]. 1913-06-16.

④ Georgia State Government. Regents Minutes[Z]. 1915-06-11.

⑤ Georgia State Government. Regents Minutes[Z]. 1923-06-10.

⑥ BROOKS R P. The University of Georgia: Under Sixteen Administrations 1785—1955[M]. Athens: The University of Georgia Press, 1956:107.

⑦ BROOKS R P. The University of Georgia: Under Sixteen Administrations 1785—1955[M]. Athens: The University of Georgia Press, 1956:109.

代，佐治亚大学的科研产量一直很低，尽管有部分教师在从事科研，但绝大部分教师并未参与。1928—1929年，整所大学的重大科研活动只有4页A4纸的数量。[①]因此，1925年就任佐治亚大学校长的查尔斯·斯内林（Charles M. Snelling）时常公开鼓励年轻教师注重科学研究。可以看到，20世纪20年代起，尽管佐治亚大学尚未形成正式的晋升评价制度，但学校对教师进行评价时开始重点关注科研。

三、教师晋升评价制度的形成

20世纪初，学术自由成为美国学术界的热门讨论话题。1900年，斯坦福大学经济学家爱德华·罗斯（Edward Ross）与创校校长斯坦福的夫人在移民劳工和铁路垄断等学术问题上的冲突导致其失去了在斯坦福大学的教职。这一事件直接促成了旨在保护教师学术自由的美国大学教授协会（American Association of University Professors）的成立。1915年，协会在其发表的《关于学术自由和终身教职制的原则声明》（*Statement of Principles on Academic Freedom and Tenure*）中提出了终身教职制的原则，即“教授作为教师和学者有权自由发表言论；除非不称职或有道德缺陷，教师的职称必须得到保证；教授受处分前有申诉的权利……教授、副教授和所有讲师以上职称的专业人员任职10年以上者均应终身聘用”[②]。这些主张虽然直到1940年美国大学教授协会与美国高校协会（Association of American Colleges and Universities）再次发表联合声明后才逐渐被学术界所接受，但佐治亚大学似乎更快进入角色。

1940年，佐治亚大学出台的《章程》中就对校内教师的晋升及终身教职制等问题做出了相关规定。就教师职称而言，佐治亚大学将学术职称（academic ranks）分为教授（professor）、副教授（associate professor）、助理教授（assistant professor）、科研助理（research associate）、讲师（instructor）。一些在特殊领域能力突出的人也有可能被聘为学校的兼职教师，职称为“教员”（lecturer），不属于学术职称序列。学校的教授

① The University of Georgia Archives. Major Research Activities and Original Investigation by the Faculty for 1928—1929[A]. 1929, Box 4. Snelling Collection.

② ALSTYNE W V. Freedom and Tenure in the Academy[M]. Durham: Duke University Press, 1993:405.

和副教授将被授予终身教职。如果一位教师第一次受聘于佐治亚大学时的学术职称是教授或副教授，那么，他必须为学校服务至少2年时间才有可能被授予终身教职。[①]助理教授的聘用合同每次不能超过3年，教师作为助理教授的总服务时间不得超过6年。如果教师因能力不足或高级职称未开放招聘等原因在规定时间内没有成功晋升，那就要离开学校。这一规定不适用于两类人群：一是与学校签订长期服务合同的助理教授；二是能力格外优秀的教师可以在任何时候申请晋升。讲师的聘用合同为期1年，其总服务时间不得超过4年。[②]

就晋升程序而言，学校规定“教师的职称晋升首先应获得学系提名，然后依次是学院院长和校长的批准”[③]。就晋升标准而言，一般来说，所有教师都应在合理时间内获得本学科的最高学位，教授和副教授更是初聘时就应具备本学科最高学位。不过，学校对工作多年且明显提升学科教学质量的老教师不做学位方面的要求。[④]教师晋升时应重点考查其教学能力、科研能力和成就及其对学校的贡献。其中，教学是最重要的方面，没有任何一种校内服务可以帮助教学失败的教师。佐治亚大学不鼓励教师从事校外工作或活动，即使这些活动并不影响他们的校内工作，除非这些校外活动获得教师所在学院院长的正式批准。[⑤]

此外，学校还对校内教师的身份禁忌做出了规定。“学校一般不会聘用董事会成员、学校官员、正教授的亲戚作为学校职工。同一学系或研究方向不会聘用系内讲师或更高职称教师的亲戚。‘亲戚’（relative）是指普通法系所规定的一级或二级血亲（consanguinity）、姻亲（affinity）。其中，一级血亲指父亲、儿子或兄弟；二级血亲指祖父、孙子、叔父、表兄或侄子。如果学系内部的同事之间在1940年7月1日后结婚，

① The University of Georgia. University Statutes[Z]. Athens: The University of Georgia Press, 1940:33.

② The University of Georgia. University Statutes[Z]. Athens: The University of Georgia Press, 1940:34.

③ The University of Georgia. University Statutes[Z]. Athens: The University of Georgia Press, 1940:32.

④ The University of Georgia. University Statutes[Z]. Athens: The University of Georgia Press, 1940:37.

⑤ The University of Georgia. University Statutes[Z]. Athens: The University of Georgia Press, 1940:38.

那么，夫妻双方只能有一位继续留任佐治亚大学，另一位必须离开；在此之前结婚的夫妻教师不受这条规定的影响。”①

由此可见，1940年版的《章程》已经基本涵盖了教师晋升评价的所有内容，教师晋升有法可依，形成了正式的教师晋升评价制度。这一时期的教师晋升评价制度体现出以下特点：一是形成了“系—院—校”的三级晋升评价程序；二是晋升评价权尚掌握在少数管理者手中，还未形成教授治校的管理制度，如学院及学校层级的晋升结果只是管理者个人的决定；三是晋升评价标准以教学为第一要义，学校不鼓励甚至禁止教师的校外服务；四是“利益回避”原则的作用范围较广，不提倡夫妻双方同时在学校任职。这一时期的教师晋升评价制度可以算是初步成形，但制度本身仍有不少待改进的空间。

然而，制度轮廓勾勒好之后还未来得及实行，佐治亚大学就因政治原因被取消办学资格，幸亏挽救及时不至于中断正常的学术发展。20世纪30年代起的经济大萧条不仅给全美造成了经济上的重创，也对民众的心理造成了影响，人们纷纷将对社会的不满归咎于诸如共产党人、社会党人、劳工组织者等。佐治亚州以保守著称，佐治亚州政府的斗争矛头除了指向不同政党外，还包括倡导种族融合者、宗教激进分子等。以州长为首的州政府多次将目标瞄准了佐治亚大学的校内教师，干预大学内部的管理，对佐治亚大学和整个佐治亚州的高等教育都造成了严重的危害。鉴于此，1941年12月4日，在美国南部院校协会的年会上，400名与会者一致同意暂停白人院校佐治亚大学的办学资格，以此抗议州政府对学校事务的干涉。为了使已经入学的学生不受影响，减轻这一决定的副作用，南部院校协会决定自1942年秋季开始执行这一决定。②直到新任州长埃利斯·阿诺尔（Ellis G. Arnall）敦促州议会通过法案规定“州长及州政府不得影响大学董事会的工作”，南部院校协会才重新将佐治亚大学的办学资格恢复至1942年9月1日③。

众所周知，将美国从经济大萧条中解救出来的是第二次世界大战所产生的经济刺激。在联邦政府出台的《1944年军人再调整法案》（*Ser-*

① The University of Georgia. University Statutes[Z]. Athens: The University of Georgia Press, 1940:32-33.

② DYER T G. The University of Georgia: a Bicentennial History 1785—1985[M]. Athens: The University of Georgia Press, 1985:237.

③ Georgia State Government. Regents Minutes[Z]. 1943-01-26.

vicemen's Readjustment Act of 1944）的刺激下，二战结束后，大量退伍军人涌入高等学校，作为州立大学的佐治亚大学也迎来了学生和教师人数的激增。二战刚结束时，学校教师仅有140人，其中还有60人在军队或政府部门服务[①]。1958年佐治亚大学公布的一份自评报告显示，1956年学校共有358名教师。其中，拥有博士学位的教师共有169人，占总人数的47%。[②]教师晋升评价制度的执行使学校教师的层级结构逐渐清晰。其中，教授占全体教师的30%，副教授占20%，助理教授占35%，讲师占15%。（教师的具体构成情况见表1-1）

表1-1　1956年佐治亚大学的教师结构

职称	男性	女性	总计	比例	其他州立大学参考比例
教授	100	7	107	30%	27%
副教授	59	12	71	20%	22%
助理教授	107	19	126	35%	29%
讲师	38	16	54	15%	22%
总计	304	54	358	100%	100%

资料来源：BRUMBAUGH A J, COLLINS M W H. The University of Georgia Study [R]. Athens: The University of Georgia, 1958:139.

1959年，佐治亚大学又在1940年版《章程》的基础上对教师晋升的相关规定进行了修改。这些改动并未触及晋升评价制度的根本，主要集中在以下几个方面：一是明确并提高各类职称的入门学位。“受聘为副教授或教授的教师应该拥有博士学位或与之相当的能力和经历。受聘为助理教授或讲师的教师必须至少拥有硕士学位，在某些领域有特殊才能的人的临时聘用除外。”[③]二是缩短助理教授的聘用合同时间。“助理

① DYER T G. The University of Georgia: a Bicentennial History 1785—1985[M]. Athens: The University of Georgia Press, 1985:251.

② BRUMBAUGH A J, COLLINS M W H. The University of Georgia Study[R]. Athens: The University of Georgia, 1958:146.

③ The University of Georgia. Statutes of the University of Georgia[Z]. Athens: The University of Georgia Press, 1959:27.

教授的聘用合同从3年变为1年。助理教授不具备终身教职。”[①]三是拓宽晋升标准的范围，认可社会服务的地位。1959年《章程》中不仅对教师的晋升标准进行了详细说明，如“在自己学科内的学术声誉；科研、学术著作或创新产品；课程及研讨会的组织、与学生的互动中所体现出来的出色的教学能力；获得硕士学位后所参与的重大学习项目；对学校发展做出的杰出贡献；从事能够推动本学科发展的活动”等，而且还将课程外的活动，如校内管理工作或代表学校参与校外组织服务纳入评价范围[②]。

第二节　同行评议式教师晋升评价制度的正式确立

佐治亚大学教师晋升评价制度在20世纪60年代末发生了重大变化，即评价理念从此前的“长官制”开始向同行评议制转变。这一重大变化奠定了未来几十年学校教师晋升评价的主基调，具有里程碑意义。

任何制度的变革都不是真空产物，佐治亚大学教师晋升评价制度亦是如此。政治、经济、文化等宏观制度环境，以及学校内部变革的中观组织生态等因素都对佐治亚大学教师晋升评价制度的发展与变革产生了重大影响。接下来，将主要从正式制度环境与非正式制度环境两个维度剖析教师晋升评价制度的变革背景，深入考察变革的主要内容。

一、同行评议式教师晋升评价制度的出台背景

（一）正式制度环境

二战结束后，世界政治呈现美苏两极争霸的格局。1957年，苏联人造地球卫星发射成功引发了美国人的危机感，科学技术的落后强烈刺激美国国会大幅增加基础科学领域的研究资助，联邦政府与高等教育的关系发生了极大的变化。1958年9月2日，美国联邦政府颁布了《国防教

---

① The University of Georgia. Statutes of the University of Georgia [Z]. Athens: The University of Georgia Press, 1959:28.

② The University of Georgia. Statutes of the University of Georgia [Z]. Athens: The University of Georgia Press, 1959:31.

育法》。该法案彰显了美国联邦政府加大教育经费投入力度，志在提升教育质量的决心。肯尼迪和约翰逊总统上台后，积极实践凯恩斯主义，通过“新边疆”（New Frontier）、“伟大社会”（Great Society）等运动增强了联邦政府干预社会生活的范围和力度，旨在将美国带上福利社会的道路。同时，联邦政府还通过1963年《高等教育设施法》，1964年《公民权利法》《经济机会法》《国防教育法修订案》，1965年《高等教育法》，1966年《成人教育法》，1967年《教育行政发展法》，1968年《高等教育法修订案》等系列法案来实现对高等教育的干预，资助贫困大学生，提高学生入学率。

此外，这一时期，三权分立的美国社会中，各级法院在高等教育改革中的“参与度”也不容忽视。通过法院判决，1936年，美国马里兰法学院有了黑人进入白人大学接受教育的先例。1938年，密苏里州也开始准许首位黑人进入州立白人大学学习。[①]在佐治亚州，法院的判决也成为率先突破种族隔离的利器。长久以来，佐治亚州的种族隔离制度使得州内的黑人与白人分开接受高等教育。1950年9月29日，黑人学生贺拉斯·沃德（Horace Ward）向佐治亚大学法学院提出入学申请。然而，当时佐治亚州政府是极力反对种族融合的。1951—1952年，州议会甚至专门出台法案扼杀州内17所公立大学打破种族隔离的可能。佐治亚州议会公开宣称，“如果有一位黑人进入白人学校学习，那么，所有州政府提供的经费就将被停发”[②]。虽然事件最终以沃德选择进入田纳西大学学习而告终，但长达5年的博弈唤醒了佐治亚州内不少民众对种族融合的支持，动摇了佐治亚州的种族隔离制度。终于，在1961年1月6日，两位黑人学生通过法律诉讼为自己赢得了进入佐治亚大学学习的机会。1961年1月9日，佐治亚州州长宣布废除1956年时佐治亚州禁止不同种族学生共同接受教育的法律。[③]1964年，联邦政府通过《民权法案》正式废除了种族隔离制度。种族隔离制度的废除使得佐治亚大学的发展进

① DYER T G. The University of Georgia: a Bicentennial History 1785—1985[M]. Athens: The University of Georgia Press, 1985:303.

② DYER T G. The University of Georgia: a Bicentennial History 1785—1985[M]. Athens: The University of Georgia Press, 1985:307.

③ DYER T G. The University of Georgia: a Bicentennial History 1785—1985[M]. Athens: The University of Georgia Press, 1985:331.

入黄金时期，学生规模达到了空前的状态。学生人数的激增促使学校需要吸纳更多的教师来完成教学任务。

从1961年2月到1969年12月，美国经济保持了106个月的繁荣增长，见证了凯恩斯主义的成功。美国学者莫里斯·贝鲁布（Maurice R. Berube）认为，“大体上从罗斯福总统以后，美国历届政府对教育的兴趣已经形成了一根强度不断加强的未曾断裂过的链条”[①]。在这段时间里，联邦政府对高校的经费支持主要集中在科研与学生两大领域。1962—1963学年与1952—1953学年相比较，联邦政府对赠地大学的财政支持从21.28%提升至30.89%，增长了近10个百分点[②]。在佐治亚州，州政府对佐治亚大学的投入在这一时期也是水涨船高。1962年，佐治亚著名的教育州长卡尔·桑德斯（Carl Sanders）上任。他倡导，“要为未来投资——教育每一个佐治亚公民”。佐治亚大学因而收到州政府越来越多的资金投入。1961—1962学年，佐治亚大学从州政府处获得的经费约为800万美元。桑德斯上任后，佐治亚大学1963—1964学年所获州政府拨款增长至1 200万美元，1966—1967学年为2 000万美元。1968年继任的新州长与州议会延续了这一势头，当年度划拨1亿美元给州内的公立高校，佐治亚大学分得3 400万美元。这也是学校历史上第一次出现州政府拨款超过学校总经费的50%。[③]

第二次世界大战后的30年是美国高等教育史上较为混乱的时期。以教育大发展为基础的两个基本运动是高等教育规模扩大及学术标准化。《退伍军人再调整法案》使参加二战和越战的退伍军人纷纷涌入高等学校。1946年开始的“婴儿潮”（baby boom）也在60年代时达到进入大学的年龄。可以说，这一时期是美国高等教育规模最大的扩张期。年轻人进入大学的比例从15%增至45%；本科生增长了大约5倍，研究生增长了9倍（1940—1970年）；60年代是学生入学率最高的年代。[④]美国高等教育在此时正式迈入大众化时期。州立大学作为接受州政府资助最多的

---

① BERUBE M R. American Presidents and Education[M]. New York: Greenwood Press, 1991:1.

② U.S. Department of Education. Digest of Education Statistics 1965:112.

③ DYER T G. The University of Georgia: a Bicentennial History 1785—1985[M]. Athens: The University of Georgia Press, 1985:337.

④ 盖格. 美国高等教育的十个时代[J]. 北京大学教育评论, 2006(2):140.

高等学校因政策执行力度高、学费低等优势更是成了学生潮最主要的流向地。

除了高等教育大众化之外，这一时期高等教育的另一大趋势是“学术标准化革命”。研究生院理论与专业学术观点开始沁入整个美国高等教育，也将科学研究的理念直接影响到每一个学院和学系。引领学术革命的主力军是新专业的哲学博士，他们在研究机构接受过训练，并把最前沿的理论和专业学术知识带进大学的课堂。60年代末，对学术革命的期望及理想引起了包括学生抗议活动在内的大学动荡。[①]

在佐治亚大学，20世纪50年代学校的注册学生保持在8 000人左右；到1963—1964学年，由于“婴儿潮”的到来以及州政府加大经费投入后提升的学校硬件设施，学校的注册学生数激增至13 233人；1967—1968学年，学生数量甚至超过23 000人[②]。与此同时，教师数量也实现了增长，但幅度不及学生：1960—1961学年，学校的教师人数为448人；1969—1970学年，学校的教师人数已有1 360人，其中58.4%拥有博士学位[③]。（具体情况见表1-2）

这一时期，佐治亚大学在管理结构上的一大变化是在校长之下、副校长之上增设了“教务长”一职。教务长的岗位职责主要是掌管校内所有的学术事务，包括教师管理、经费分配等，相当于校内学术事务的“大管家”，四位副校长及各学院院长均受教务长管理。1969年7月9日，佩尔蒂埃被校长戴维森任命为佐治亚大学的教务长，9月1日起正式上任[④]。（详情见图1-1）

① 盖格. 美国高等教育的十个时代[J]. 北京大学教育评论，2006(2)：140.

② DYER T G. The University of Georgia: a Bicentennial History 1785—1985[M]. Athens: The University of Georgia Press, 1985：339.

③ The University of Georgia. The University of Georgia Report 1970[R]. Athens: The University of Georgia Press, 1970：194.

④ Pelletier Becomes University Provost[N]. The Red and Black, 1969-07-09.

表 1-2　1960—1970 年佐治亚大学的教师人数

学年	人数	增长率
1960—1961	448	—
1961—1962	456	1.8%
1962—1963	529	16.1%
1963—1964	598	13.0%
1964—1965	659	10.2%
1965—1966	715	8.5%
1966—1967	794	11.1%
1967—1968	1 145	44.2%
1968—1969	1 289	12.6%
1969—1970	1 360	5.6%

资料来源：The University of Georgia. The University of Georgia Report 1970[R]. Athens: The University of Georgia Press, 1970:41.

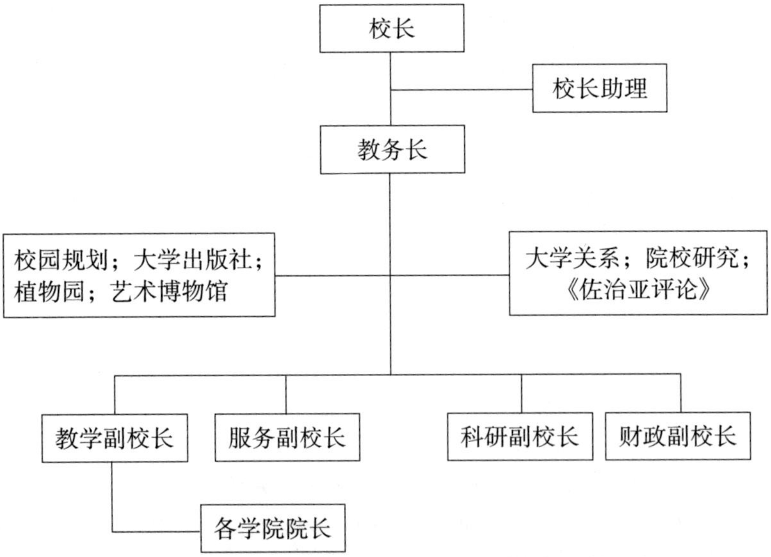

图 1-1　1970 年佐治亚大学的行政结构图

资料来源：The University of Georgia. The University of Georgia Report 1970[R]. Athens: The University of Georgia Press, 1970:68.

此外，佐治亚大学1940年版与1959年版的《章程》中早就明确规定，“教师应避免参与到学校的党派政治中；在向校长及董事会反馈前，应避免公开批评学校政策；教师应该时刻谨记公众会通过他们的言论来评判其所在学科及学校”[①]。也就是说，学校早已从正式制度上禁止教师在公开场合表达对学校的不满，这一规定一直延续到1974年才得以改变。

（二）非正式制度环境

20世纪50年代初期，美国借助其在二战中的获利，开始了以原子能、电子计算机、空间技术和自动化为标志的第三次科技革命。同期，美国完成了由工业社会向后工业社会的转变，第一、二产业在国民经济总产值中的比重持续下降，第三产业的份额不断上升，新增就业机会中有3/4来自服务业。这种变化导致美国就业市场发生了结构性的变化，即大量产业工人、科学家、医生、教师、文职人员无人问津。就业人口的不断增长与新增就业机会的结构变化，迫使联邦政府实施更为有效的人力资源政策，人力资本理论应运而生。人力资本理论的核心思想是指将企业中的人作为资本来进行投资和管理，强调人对于企业发展的重要作用。人力资本理论在倡导对人进行教育、培训的同时，最重要的目标还是通过此举提升组织绩效。

同时，受自由主义思潮的影响，20世纪60年代是一个骚动和政治激进的年代。一方面，随着种族融合的呼声日益高涨，以实现黑人权利为主要特征的民权运动得到加强。民权运动的核心思想是倡导种族平等，因此，“公平”成为当时美国社会思潮的核心内容，其影响范围扩及多个领域，包括大学。另一方面，这一时期美国所面临的国际竞争环境以及国内高涨的民权运动，使得凯恩斯主义成为美国联邦政府倡导“大政府”理念，以政府力量干预市场不足的理论依据。这种对行政力量的推崇也渗透到高等教育领域。作为大学这个相对独立的“象牙塔”的掌门人，大学管理者的“有形之手”经常直接参与到学术事务中，甚至成为学术事务改革的推动力量。

这些主流思潮无疑对当时的大学产生了一定的影响。这一时期佐治亚大学教师的价值观也发生了不小的变化。在民权运动的影响下学生的

① The University of Georgia. University Statutes[Z]. Athens: The University of Georgia Press, 1940:36-37.

地位不断上升，学校教师越来越关注教学，但行为方式与此前相比日趋保守，较少与管理者爆发严重冲突。而新进入大学的教师们，由于此前在南方以外高校的工作经历而显得更为独立，他们的政治立场与佐治亚传统习俗有很大的不同，越来越多的教师重视维护自身的权利。例如，佐治亚大学早在麦卡锡时代就要求学校教师不得参与任何“破坏性”组织，但1965年校内近1/3教师加入了美国大学教授会①。这些都成为佐治亚大学改革新动向的推动力量。

就大学的教师晋升评价而言，一方面，大学管理者开始意识到教师作为人力资本对学校发展的重要性，以优胜劣汰的达尔文法则来留下真正优秀的教师不仅能促进教师的自我提升，而且也能真正推动学校的发展。另一方面，“公平”思想开始渗入教师和管理者心中，他们都开始对以往由少数管理者的主观判断为晋升标准的教师晋升评价制度不满，希望以多数人做出的专业能力判断作为新的晋升评价依据。在这一领域，佐治亚大学并不是最早开始实践探索的高校，哈佛大学、耶鲁大学、密歇根大学、威斯康星大学等大学早已建立了较为客观的教师晋升评价制度，这也意味着佐治亚大学在起步阶段有许多其他学校的经验可以借鉴。

二、同行评议式教师晋升评价制度的主要内容

1968年，弗雷德·戴维森（Fred C. Davison）校长意识到教师人数陡增的客观事实以及校内外民权运动的兴起迫使校内管理必须扩大教师群体的参与权，同行评价的形式有必要被制度化，并推广至晋升、奖项评选等诸多领域。在此背景下，佐治亚大学于1968年第一次设立了教务长（provost）职位，专门负责教师事务。学校的首位教务长是时任化学系系主任的威廉姆斯·佩尔蒂埃教授（S. William Pelletier）。作为教务长，佩尔蒂埃不仅需要协调并监管4位副校长和所有学院院长的工作，而且还掌握着所有教师的聘用权。制定教师晋升的具体方案、监管校内经费也都是教务长的职责。佩尔蒂埃强调：“作为教务长，我的主要任务是确保校内教师质量。20世纪60年代，佐治亚大学因为规模扩张需

① DYER T G. The University of Georgia: a Bicentennial History 1785—1985［M］. Athens: The University of Georgia Press, 1985:340.

要仓促地聘用了400位新教师，有些教师的质量可能并不过关。我希望能够制定出一套非常明确的‘同行评议’晋升评价制度（peer review system），仔细筛选出真正符合要求的教师。”①

佩尔蒂埃在接受佐治亚大学学报《红与黑》的专访时详细阐述了学校制定教师晋升评价制度的原因及方法——“佐治亚大学出台教师晋升评价制度的原因主要是为了成为全美最好的大学之一。几年前，佐治亚大学系统就决定将佐治亚大学建设成为系统内部的最佳大学，为此，州政府拨付了大量经费。我1962年刚刚进入佐治亚大学时，学校获得的州政府拨款为1 100万美元；而1970年时，学校所获的州政府经费已近4 200万美元！州政府的大力支持增强了我们的责任感，我们希望从三个方面来改善学校现状，提升学校质量。一是进一步提升教师的水平；二是建立一套更公平、更彻底的晋升评价制度；三是拓宽资深教师参与学校管理的途径。为了与全美其他一流高校保持同步，我们实地调查了19所大学，并在此基础上完成了佐治亚大学的教师晋升评价制度草案。草案形成后，全校的院长、系主任及教师代表都参与了讨论，整个讨论过程持续近两个月。草案在经过10次修改后最终定稿，并在副校长与院长们的会议上顺利获得通过，于1969年11月20日正式公布。”②

佐治亚大学1969年版《手册》最大的特点就是以学科为基础，在学校层面设立了教师委员会来对学系推荐的晋升候选人进行评价。由此，校内教师开始正式参与教师晋升评价，与院长等个体管理者共享评价权。

具体来看，1969年版的《手册》中关于教师晋升评价制度是这样来设计的。就晋升评价程序而言，候选人只有顺利通过学系晋升评价才有资格进入学院层级。学院层级的晋升评价是由院长一个人来进行的，只有通过院长评价的候选人才有资格进入学校层级。学校层级共设有两个与晋升相关的评价委员会，一是专业顾问委员会（Advisory Area Committees），另一个是顾问审查委员会（Advisory Review Committee）。其中，专业顾问委员会涉及5个专业领域，分别是艺术与人文领域（arts and humanities）、物理科学领域（physical sciences）、社会与行为科学领域

① Pelletier Becomes University Provost[N]. The Red and Black, 1969-07-09(1).

② S. W. Pelletier Promotion Procedures Told[N]. The Red and Black, 1971-09-28(4).

(social and behavioral studies)、生物科学领域(biological sciences)和专业与应用研究领域(professional and applied studies)。每个领域的专业顾问委员会由7名资深教师组成，资深教师必须在本学科内成就突出。候选人所在学系的系主任及院长决定候选人应该接受哪个领域的专业顾问委员会的审核。顾问审查委员会的成员共5位，包括专业顾问委员会的当值主席(5位中任选2位)、研究生院院长、教学副校长、教务长。该委员会的责任在于核查专业顾问委员会的评价是否与学科的晋升要求相符。接下来，顾问审查委员会将候选人的晋升材料及评价意见一同提交给教务长办公室，教务长再将材料提交给校长，最后交由董事会主席决定。[①]就晋升评价标准来看，佐治亚大学要求教师晋升只需在教学、科研、服务中的两大领域有出色表现即可。候选人的晋升材料中除了其所取得的成就外，还应包括3封同行评价信(其中至少2封来自校外)。申请晋升教授的教师则需要提供4封同行评价信(至少3封来自校外)。[②]

1969年版的《手册》出台后引起了许多教师的不满，学校也根据教师意见进行多次修改，其中变化最大的一次是在1973年。1973年版教师晋升评价制度的变化主要表现在：一是学校的专业顾问委员会增至7个专业领域，分别是艺术与应用艺术领域(fine and applied arts)、物理科学领域、人文学科领域(humanities)、社会与行为科学领域、生命科学领域(life sciences)、健康与临床科学领域(health and clinical sciences)、专业与应用研究领域。学校还专门指出，专业顾问委员会的主要责任不是对候选人进行专业评价，而是对候选人所接受的学系评价、校外专家评价进行复审，进而判断此前晋升评价是否符合学校《手册》的规定。[③]

二是调整顾问审查委员会的成员。其中参与顾问审查委员会的专业顾问委员会当值主席只需要1名，即来自候选人接受评价的专业顾问委员会。

---

① The University of Georgia. The University of Georgia Report 1970[R]. Athens: The University of Georgia Press, 1970:273-274.

② The University of Georgia. The University of Georgia Report 1970[R]. Athens: The University of Georgia Press, 1970:121.

③ The University of Georgia. Guidelines for Appointment, Promotion and Tenure[Z]. Athens: The University of Georgia Press, 1973:12.

三是赋予候选人有限的申诉权。1973年版的教师晋升评价制度中，"被否决的候选人很少能够有申诉的权利"①。首先，教师申诉是由其所在学院院长代为进行。"学院院长在获知顾问审查委员会的否决决定后的7个工作日内，应向教务长办公室提交书面申诉申请。书面申请内容应包括：候选人补充的新晋升材料；一份详细的申诉理由。"②其次，候选人只能对学校顾问审查委员会做出的晋升决定进行申诉，且受理申诉的对象仍然是顾问审查委员会。顾问审查委员会将结合院长提供的新材料，对候选人的晋升申请重新进行评估。

可以说，1969—1973年制定的教师晋升评价制度是佐治亚大学正式建立同行评议式教师晋升评价制度的开端，是现行教师晋升评价真正意义上的制度雏形。其不仅扩大了校内教师在晋升评价中的参与度，而且还为候选教师开辟了申诉渠道，为教师晋升与聘用过程的客观化、系统化奠定了坚实基础，引领校内教师发展走向专业化与成熟化。③

第三节 同行评议式教师晋升评价制度的自我调整

佐治亚大学自1969年搭建了同行评议式教师晋升评价的制度框架后，一直没有停止对它的调整。教师在晋升实践中的反馈是学校不断进行制度调整的主要动力。从1969年到2012年，佐治亚大学分别于1970年、1971年、1972年、1973年、1981年、1988年、1992年、1993年、1994年、1995年、2004年、2006年、2007年、2010年、2011年对《手册》进行了15次大大小小的修改。其中，对教师晋升评价制度产生重大影响的修改主要集中在1981年、1992年、2004年。

---

① The University of Georgia. Guidelines for Appointment, Promotion and Tenure[Z]. Athens: The University of Georgia Press, 1973:14.

② The University of Georgia. Guidelines for Appointment, Promotion and Tenure[Z]. Athens: The University of Georgia Press, 1973:14.

③ The University of Georgia. Guidelines for Appointment, Promotion and Tenure[Z]. Athens: The University of Georgia Press, 1981:iv.

一、1981年版教师晋升评价制度的调整

（一）正式制度环境

对于整个美国来说，“20世纪70年代是一个重新评价和重新确定方向的时代”①。政治上，越南战争和水门事件使美国政府疲于应付，碌碌无为，民众也对美国政治失望透顶。尽管如此，联邦政府仍然在1972年公布的《高等教育法修正案》中增加了高等教育管理的相关内容，公开要求高等学校接受少数族裔及女性。此外，1974年，美国还出台《1974年女性教育公平法案》（*Women's Educational Equity Act of 1974*）确保“联邦政府提供财政和技术支持，帮助女性在所有教育领域克服障碍，包括培训、科研等”②。

经济上，1973—1974年以及1979—1980年的两次石油危机重创了美国经济。长达10年的越南战争不仅造成了大量的人员伤亡，而且巨额的国防开支也使国会赤字愈发严重。在这两大因素的共同作用下，70年代的美国进入了20世纪最严重的持续通货膨胀时期。经济危机对美国社会的多个方面都造成了严重的影响。

政治经济大环境的变化无疑影响了这一时期的高等教育发展。学生反越战情绪的高涨及实际抗议行动惹恼了政府，国会议员对高等教育产生了强烈反感，并通过减少拨款等方式体现出来。例如，国防部对学术研究的支持在1969年时曾达到2.79亿美元，但1974年之后就下降到了1.84亿美元③。经济危机迫使美国政府、学生家庭、个人及社会团体等都必须结束无约束地投资高等教育的可能性和合法性④。20世纪70年代的美国高校一直在经费短缺的旋涡里难以自拔，这一时期共有132所高校被迫关闭⑤。国际教育规划研究所的哈拉克（Jacques Hallak）评价了

① 厄本，瓦格纳．美国教育：一部历史档案［M］．周晟，译．北京：中国人民大学出版社，2009：428．

② U.S. Department of Edcuation. Indicators of Progress Toward Equal Educational Opportunity Since Title IX［EB/OL］.［2014-02-17］. http://www2.ed.gov/pubs/TitleIX/part2.html.

③ 刘旭东．美国联邦政府高等教育财政资助发展研究［D］．保定：河北大学，2013：119．

④ 杨明．政府与市场：高等教育财政政策研究［M］．杭州：浙江教育出版社，2007：187．

⑤ 陈学飞．美国高等教育史［M］．成都：四川大学出版社，1989：173．

社会经济危机对高等教育造成的影响，“社会发展的任何根本性变革都可以招致局势的紧张、社会的不平衡，甚至造成危机。70年代中期的第一次油价冲击在工业发达国家引发的重大经济衰退在70年代末期造成预算赤字，严重影响了政府资助高等教育的能力，这就加深了高等教育系统中业已存在的严重问题和失衡状况”[①]。

尽管高等学校面临的财政状况非常艰难，但这一时期的美国高等教育却完成了大众化向普及化转身的使命。据统计，1970年时美国各类高等学校中接受高等教育的总人口约为858.1万，1977年则增至1 118.5万，毛入学率已经达到50%，实现了高等教育的普及化[②]。

佐治亚大学亦是如此。虽然面临的经济状况并不理想，但学校规模仍实现了缓慢增长。1970—1971学年佐治亚大学的全日制学生已有17 062人，全职教师共有1 428人，生师比约为11.9：1。1979—1980学年时学生人数为19 086人，全职教师为1 860人。其中，教师获得博士学位的比例已达到75%。[③]（详情见表1-3）

表1-3 1979年9月30日佐治亚大学的教师结构

职称	男性	女性	总计	获博士学位的比例
教授	547	20	567	90%
副教授	493	46	539	84%
助理教授	476	121	597	70%
讲师	69	88	157	14%
总计	1 585	275	1 860	75%

数据来源：The University of Georgia. The University of Georgia Report 1980[R]. Athens: The University of Georgia Press, 1980:142-144.

这一时期，佐治亚大学的管理结构也发生了一些变化。1969年被任

① 哈拉克. 投资于未来[M]. 尤莉莉，徐贵平，译. 北京：教育科学出版社，1993:25.

② U.S. Department of Commerce. Statistical Abstract of the United States[R]. Washington D.C., 1998:164-165.

③ The University of Georgia. The University of Georgia Report 1980[R]. Athens: The University of Georgia Press, 1980:142-144.

命为教务长的佩尔蒂埃上任后主持的一系列学术改革措施影响了许多人的利益，包括制定教师晋升评价制度、减少对本校毕业生的聘用等。与校长相比，直接针对教务长的不满更多①。在学生示威、州议员公开批评、教师因晋升将学校告上法庭②等一系列事件的重压下，佩尔蒂埃于1976年宣布辞职③。学校也因势废除了“教务长”职位，以“学术事务副校长”（vice president for academic affairs）取而代之。与教务长统领教学、科研、服务、财务4位副校长的情形不同的是，学术事务副校长的权力被削减，主管服务及科研的两位副校长直接隶属于校长。相较而言，“教务长”相当于学校的代理校长，而“学术事务副校长”则更集中于教学事务。（详情见图1-2）

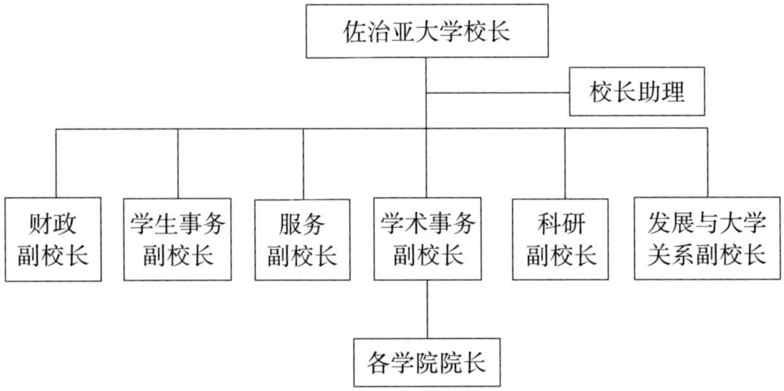

图1-2　1980年时佐治亚大学的校内管理结构图

资料来源：The University of Georgia. The University of Georgia Report 1980[R]. Athens: The University of Georgia Press, 1980：112.

① BILLS S. Poll Rates More than Davison[N]. The Red and Black，1976-02-27.

② 1975年，教育心理学系的副教授汤姆·古尔斯比(Tom Goolsby)因连续3年晋升失败将董事会告上了法庭。古尔斯比从1972年起就提交了晋升教授的申请。然而，他在获得学系内部教师和系主任的一致通过后，却在1972年、1973年、1974年连续被教育学院院长否决。在1974年9月被否决后，古尔斯比正式向佐治亚大学校长戴维斯提出了申诉，戴维斯维持了原判。1975年1月21日，学生们为声援古尔斯比对董事会的诉讼举行了反教务长的游行示威。此外，男子学院院长(Dean of Men)威廉·泰特(William Tate)、州参议员贝弗利·兰福德(Beverly Langford)等校内外有声望的人士也加入讨伐佩尔蒂埃的队伍中，并最终迫使教务长选择主动辞职。

③ Pelletier Resigns Position, Draws Mixed Reactions[N]. The Red and Black，1976-03-01.

与此同时，代表州政府意志的董事会在1974年批准了新版《章程》。这版章程主要对教师晋升评价提出了基本要求，但并未对制度的具体实施进行阐述。就晋升评价标准而言，1959年版《章程》中不仅明确强调教学的重要性，而且还公然否定了教师的校外服务[①]，而1974年版《章程》已经逐渐转移了晋升考查的重点。虽然学校仍然强调教学的重要性——“没有任何校内服务可以用来弥补教师教学能力的不足”，但是科研已经成为最优先的考核方面——“晋升评价主要依据教师的学术成就和专业发展，体现在教学、科研、学校、专业及公共服务方面。”[②]同时，学校还开始在晋升评价中认同教师的校外服务。“佐治亚大学是州内的赠地大学，因此，公共服务是学校非常重要的教育外展功能，每位候选人在公共服务方面应该努力提供证据证明自己的贡献。教师应该在以下条件下从事校外活动：不影响教师履行校内职责；不因私人目的而使用大学资源或设备；不对学校职责造成任何不良影响。”[③]

此外，1974年版《章程》还正式赋予教师完全的学术自由，允许他们公开批评学校政策。“学术自由是指在尊重学术伦理及他人权利的基础上，教师有权表达与学科知识相关的所有言论；强调学校设备、人员、资源不能被私人、党派、政治所用，即不能滥用学术自由；教师资料的保密，教师的个人信息应得到学校官方许可或教师本人的同意后才能外流。”[④]第一次剔除了“禁止教师公开批评学校政策”的条例，这也在一定程度上为校内教师参与制度调整扫清了障碍。

这一时期，推动佐治亚大学教师晋升评价制度发生调整的另一大动因就是制度本身实施十年来的经验总结。1980年佐治亚大学院校研究与规划办公室（Office of Institutional Research and Planning）统计了过去十年佐治亚大学的教师晋升结果。（详情见表1-4）

---

① The University of Georgia. Statutes of the University of Georgia [Z]. Athens: The University of Georgia Press, 1959: 31-32.

② The University of Georgia. Statutes of the University of Georgia [Z]. Athens: The University of Georgia Press, 1974: 15.

③ The University of Georgia. Statutes of the University of Georgia [Z]. Athens: The University of Georgia Press, 1974: 15-16.

④ The University of Georgia. Statutes of the University of Georgia [Z]. Athens: The University of Georgia Press, 1974: 15.

表1-4 1970—1980年佐治亚大学的教师晋升情况

年份	申请数	晋升数	晋升成功率	否决数	申诉数	申诉比例	申诉成功数	申诉成功率
1970	145	74	51%	71	0	0	0	—
1971	151	82	54%	82	43	52%	13	30%
1972	121	78	64%	51	29	57%	8	28%
1973	101	62	61%	45	11	24%	6	55%
1974	108	71	66%	40	13	33%	3	23%
1975	96	57	59%	41	13	32%	2	15%
1976	80	56	70%	28	14	50%	4	29%
1977	137	116	85%	22	12	55%	1	8%
1978	144	113	78%	39	21	54%	8	38%
1979	120	109	91%	16	5	31%	5	100%
1980	100	92	92%	11	5	45%	3	60%

资料来源：The University of Georgia Library. Vice President Virginia Y. Trotter's Archives[A]. Box 5, Folder 1.

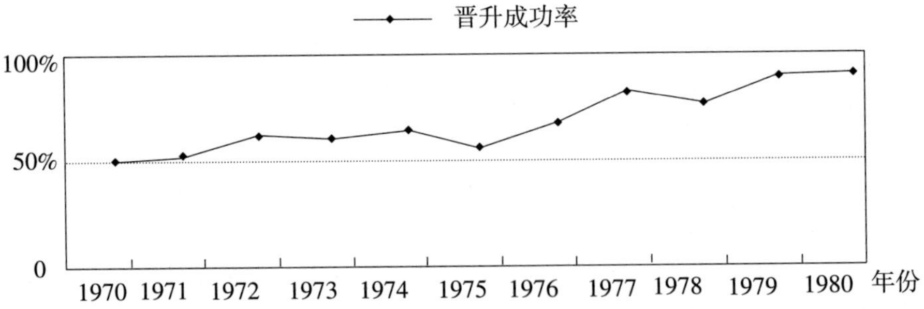

图1-3 1970—1980年佐治亚大学教师晋升成功率

资料来源：The University of Georgia Library. Vice President Virginia Y. Trotter's Archives[A]. Box 5, Folder 1.

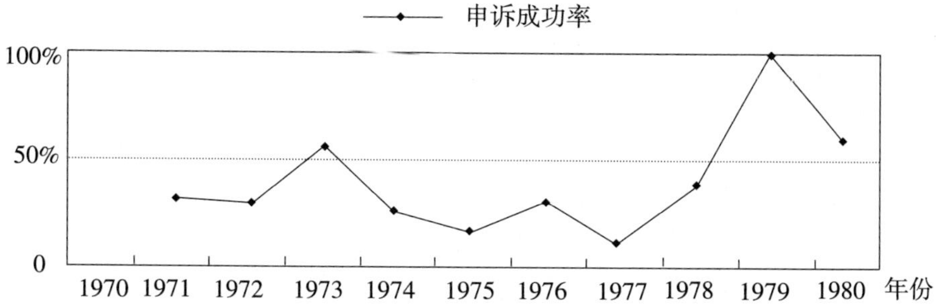

图1-4 1970—1980年佐治亚大学教师申诉成功率

资料来源：The University of Georgia Library. Vice President Virginia Y. Trotter's Archives[A]. Box 5, Folder 1.

由图1-3、图1-4可见同行评议式教师晋升评价制度实施十年来，佐治亚大学教师的直接晋升成功率一直呈上升趋势。1970年时晋升成功率为51%，1980年时高达92%，增长了近80.4%。但在申诉方面，无论是申诉比例还是申诉成功率均起伏较大，规律性并不明显。据此，佐治亚大学在1980年的自评报告中呼吁，“在评价候选人的晋升资格时，学系同事应比由其他相关及非相关学科教师组成的委员会更具发言权；系主任应遵循董事会相关政策对每位教师实施年度评估；候选人有权了解评价结果，学校应将每一级的评价结果以书面形式通知候选人”①。这些观点都对后来正式规则的修订起到了推动作用。

（二）非正式制度环境

20世纪70年代萧条的经济与日益增长的大学毕业生数量迫使大学开始关注与社会的联结。整个70年代，“象牙塔式”的基础性知识在课程中逐渐减少，应用性知识愈发成为学术生活的主角。与此同时，学校也鼓励教师走出校园，用自己的专业知识为社会服务。例如，佐治亚大学就在1974年版《章程》中认可了校外活动在教师晋升评价中的地位。

20世纪60年代如火如荼的民权运动在促进种族融合的同时也唤醒了另一类弱势群体——女性，美国随之迎来了历史上第二次女权主义运动浪潮。如果说1920年美国宪法第19修正案赋予女性投票选举权是女性在政治权利上的一次里程碑式的胜利的话，70年代女权主义运动的目

① The University of Georgia. The University of Georgia 1980 Report[R]. Athens: The University of Georgia Press, 1980:141.

标则是将对平等的要求扩展至教育、就业等领域。“1970年，美国举行了一系列关于高等教育性别歧视的听证会。在其中一个听证会上，高等学校的管理者们坦率地指出申请进大学的女性需要比男性更高的分数才会获得批准。”①这一时期，教育上的性别歧视是公开而且明目张胆的。除了联邦政府通过法律正式认可的女性权利外，不少非政府组织在民间的女权运动对民众观念的影响也是不可忽视的。1967年11月，全美妇女组织就在华盛顿召开第二届大会，起草了一份妇女人权法案，主要内容包括：实施《平等权利修正案》(*Equal Rights Amendments*)，禁止就业中的性别歧视，增加产假等。虽然这一草案并未获得国会批准，但也间接促成了国会对《教育法》的修正。②70年代的女权运动是以受过高等教育的女性为主导的，因此，高等学校也成为女权运动的主阵地。

1980年4月，美国联邦人力部直接致函佐治亚大学，明确指出学校的工作量分配会对女教师的晋升产生间接的负面影响：“佐治亚大学显然在教师晋升评价过程中存在性别歧视。如果这一现状不能得到改善，联邦政府将终止部分联邦合同以示惩戒。”③虽然学校公共关系主任巴里·伍德（Barry Wood）回应“从政策上来看，学校并不存在性别歧视”，但事实上，佐治亚大学女性教师的晋升环境一直不乐观。直到1977年时，佐治亚大学才第一次有三位女教师同时成功晋升为教授。学校的平权办公室官员美特尔·瑞尔（Myrtle Reul）也证实：“大部分校内女教师的职称都较低。167位讲师中，女性共85人，占51%。而382位教授中，女性仅有15人，占4%。‘讲师’是唯一一个女性多于男性的教师职称。”造成这一现象的原因与女性在科研领域备受歧视有关。例如，许多女教师用姓氏代替全名投稿时，论文发表的机会会比较大④。

整个20世纪70年代，教师晋升评价已经不再是少数大学的先进管理经验，而是美国多数高等学校的普及性产物。因此，1980年3月至1981年6月间，佐治亚大学教师晋升评价政策修改委员会的调研参照标准不再是1969年时的19所顶尖大学，而是美国50个州的赠地大学的相

① 俞贞.美国女性迈向教育机会平等的30年历程：以美国《教育法第九篇修正案》为背景[J].中华女子学院学报，2005,17(2):61.

② 郑淑贤. 论美国女权运动与高等教育的关系[J]. 科教文汇，2011(19):4.

③ LEE T. University Cited for Sex Discrimination Practice[N]. The Red and Black, 1980-04-22(1).

④ HAYES K. Women See Progress[N]. The Red and Black, 1978-01-20(2).

关政策文本及实践信息。也就是说，学校政策修订时自我定位的准确度与目标学校的针对性都愈加明确了。

（三）1981年教师晋升评价制度的内容调整

1980年3月至1981年6月，时任佐治亚大学学术事务副校长的弗吉尼亚·特罗特（Virginia Y. Trotter）组建了一个由资深教授和管理者组成的特别委员会，负责对1969年版教师晋升评价制度再次进行调整。特别委员会共有23位成员，人员结构较为多元：8位学校管理层代表，1位教师事务委员会代表，1位分校区教师代表（农艺学系系主任），1位美国大学教授协会代表（历史系教授），3位主校区系主任，9位主校区教师代表。[①]这次政策修订的讨论时间长达一年多，特别委员会的成员们积极从校内外搜集相关信息，其中包括50个州赠地大学的相关管理经验。对此，特罗特评价："世界上没有完美的评价人的制度，但1981年版的教师晋升评价制度无疑反映了委员会成员的开放性和公平性。它既保持了1969年版制度的适切性，即评价标准与教师的工作相匹配，又进一步提高了制度的公平性。"[②]

特别委员会的政策修订一共经历了三个阶段。一是信息搜集阶段。首先，委员会搜集了美国50个州所有赠地大学中与教师晋升相关的政策文本及实践信息；其次，多次组织大范围的小组讨论会，邀请副校长、院长、系主任、美国大学教授协会代表、此前曾担任过晋升评价委员会主席的教师、分校区教师等群体参与讨论；再次，针对系主任进行特别调查，了解过去四年间教师晋升评价的实际情况；最后，要求院校研究与规划办公室（Office of Institutional Research and Planning）统计过去十年佐治亚大学的教师晋升决定。二是起草政策文本阶段。特别委员会根据20世纪70年代学校出台的多版《手册》，并结合第一阶段搜集的调查资料，起草了一份政策草案。经过反复讨论与修改，最终形成定稿草案。三是评价阶段。在这个阶段，特别委员会将定稿草案复印多份，存放于学校图书馆及各学院，鼓励所有群体通过不同渠道对定稿草案提出

---

① The University of Georgia. Guidelines for Appointment, Promotion and Tenure [Z]. Athens: The University of Georgia Press, 1981:iv-v.

② The University of Georgia. Guidelines for Appointment, Promotion and Tenure [Z]. Athens: The University of Georgia Press, 1981:iii.

评论与建议。[①]具体而言，佐治亚大学1981年版教师晋升评价制度的变化主要体现在以下几个方面。

1. 晋升评价标准的变化

与此前调整相同的是，佐治亚大学1981年版教师晋升评价制度的调整重点并不在评价标准方面，仅是进一步明确某些相关概念在实践中的操作化定义。

一是明确“服务活动”的范围。1973年时，佐治亚大学的教师晋升评价标准主要集中在教学、科研和公共服务三个方面，“教师在学系及学校管理方面的工作被视为日常学术职责之一”[②]。而1981年时，学校为了强调“大学管理”与“专业服务”在教师晋升评价中的地位，在《手册》中将它们单独罗列出来，与教学、科研、服务并列为晋升评价的考查对象。例如，1981年版《手册》明确指出了“大学管理”与“专业服务”的操作定义，其中，“大学管理工作包括：大学委员会、研究生委员会、教师评议会等组织成员；学系、学院及学校特别委员会成员；学系、学院或学校层级的行政工作；代表学校出席全国性或国际性会议；在高质量刊物或出版社发表的关于高等教育管理的专著、论文或演讲”[③]，“专业服务则包括：专业学会的管理工作；在重要的州、全国性及国际性专业组织的委员会中任职；在专业性会议上陈述论文；在专业类杂志担任编辑工作；提供专业知识的咨询服务”[④]。

二是强调各级学术职称的入职要求。1973年版《手册》规定：“佐治亚大学助理教授及以上职称的教师入职时的最低要求是博士学位或具备等值经验。”[⑤]但由于室内艺术等专业的最高学位只是硕士，因此，1981年时学校进一步明确指出：“助理教授及以上职称的入职要求是必

① The University of Georgia. Guidelines for Appointment, Promotion and Tenure [Z]. Athens: The University of Georgia Press, 1981:2.

② The University of Georgia. Guidelines for Appointment, Promotion and Tenure [Z]. Athens: The University of Georgia Press, 1973:3.

③ The University of Georgia. Guidelines for Appointment, Promotion and Tenure [Z]. Athens: The University of Georgia Press, 1981:14-15.

④ The University of Georgia. Guidelines for Appointment, Promotion and Tenure [Z]. Athens: The University of Georgia Press, 1981:16.

⑤ The University of Georgia. Guidelines for Appointment, Promotion and Tenure [Z]. Athens: The University of Georgia Press, 1973:15.

须具备本学科的最高学位。”①

2. 晋升评价程序的变化

1981年版《手册》明确指出：“佐治亚大学的晋升评价程序主要包括五大活动：晋升辅导、启动晋升程序、学系提交推荐晋升的教师名单、审核学系晋升决定、申诉。一般来说，晋升结果应在3月1日前提交给校长。”②与1973年相比，佐治亚大学在1981年对晋升评价制度的调整非常明显，同时涉及多个层级的评价程序。

一是增加“学系年度评估”，并准许候选人参与晋升材料的准备工作。当新教师被聘入佐治亚大学时，系主任除了应该给他们提供一份纸质的《手册》，与他们深入讨论个性化的晋升方案外，从1982年起，系主任还应该每年对讲师、助理教授和副教授进行一次年度评估，以书面形式指点其晋升之路③。但1981年版中的年度评估并非教师晋升评价的必需程序，主要是为候选人提供管理者的反馈意见，更多强调的是年度评估对候选人未来职业发展的参考性。与以往由系主任全权负责候选人晋升材料不同的是，1981年时佐治亚大学开始发挥候选人的主观能动性，明确强调“晋升材料的准备应由候选人与系主任合作完成，候选人负责准备基础材料，系主任则负责审核材料，获取外部同行评价信，并出具学系晋升评价总结信”④。需要强调的是，当系主任本人不是教授职称或明确反对候选人的晋升时，系主任的职责将由系内其他教师替代。此外，佐治亚大学还允许候选人在自己的晋升材料离开学系之前亲自核查材料的准确性，但明确规定“候选人不能查看外部同行评价信”⑤。

二是增设学院晋升评价委员会。1973年时，佐治亚大学在学院层级负责评价候选人的只有院长一人。为了提升学院评价的公平性，1981年

① The University of Georgia. Guidelines for Appointment, Promotion and Tenure [Z]. Athens: The University of Georgia Press, 1981:17-18.

② The University of Georgia. Guidelines for Appointment, Promotion and Tenure [Z]. Athens: The University of Georgia Press, 1981:22.

③ The University of Georgia. Guidelines for Appointment, Promotion and Tenure [Z]. Athens: The University of Georgia Press, 1981:23.

④ The University of Georgia. Guidelines for Appointment, Promotion and Tenure [Z]. Athens: The University of Georgia Press, 1981:24.

⑤ The University of Georgia. Guidelines for Appointment, Promotion and Tenure [Z]. Athens: The University of Georgia Press, 1981:24.

学校设立了学院晋升评价委员会①，成员由院长挑选。学院晋升评价委员会基本取代了院长在教师晋升评价方面的职责，院长只负责审核学院晋升评价委员会的结果，不负责评价候选人的晋升资格。学院晋升评价委员会将其审核的候选人晋升材料和评价结果一同转发给学院院长，院长审核完后，只需要将学院晋升评价委员会同意晋升的候选人材料连同院长评价意见一并转发给学校层级，被否决的晋升材料则退还给候选人。②

三是重新设计申诉环节。提升学校晋升评价公平性的另一条重要途径就是维护候选人的话语权，申诉权从院长移交给候选人自己。1981年改革的重点就是拓宽候选人的申诉渠道。这一时期的申诉主要分为两类，即申请复审（reconsideration）与正式申诉（appeal）。具体来说，学校规定“在晋升评价的任一阶段，当候选人被否决后，他都应该得到关于投票数和反对理由的书面说明，且反对理由应该尽可能详细”③。因此，如果理由足够充分，如晋升材料缺失、不准确，或程序性错误等，被否决的候选人有权要求做出这一决定的晋升评价委员会重新审核晋升材料，即复审。如果候选人的复审申请被拒绝，或复审后仍然未能改变被否决的事实，候选人可以且只能向最高级别的晋升评价机构即学校的顾问审查委员会正式提出申诉。对学校顾问审查委员会而言，如果他们在申诉阶段推翻了某一级晋升评价委员会做出的否决决定，那么，接下来的处理方式一般包括两种：一是投否决票的晋升评价委员会重新审核候选人的晋升申请；二是直接建议学术事务副校长采取其他行动。候选人若对顾问审查委员会的申诉判决仍然不满意，还可以再向学术事务副校长提出申诉。当学校顾问审查委员会本身的晋升决定被申诉时，受理对象直接是学术事务副校长。④也就是说，在佐治亚大学当时的教师晋升评价制度中，任何一个晋升评价委员会都同时肩负着晋升评价与复审自己决定的双重责任，而只有学校的顾问审查委员会和学术事务副校长能够受理教师的正式申诉。

---

① 在没有学系的学院，院长也应该组建一个联合委员会(joint committee)代行学院晋升评价委员会的职责。

② The University of Georgia. Guidelines for Appointment, Promotion and Tenure [Z]. Athens: The University of Georgia Press, 1981:26.

③ The University of Georgia. Guidelines for Appointment, Promotion and Tenure [Z]. Athens: The University of Georgia Press, 1981:28.

④ The University of Georgia. Guidelines for Appointment, Promotion and Tenure [Z]. Athens: The University of Georgia Press, 1981:29.

四是明确各个层级晋升评价委员会的投票规则。1973年版《手册》并未对学校各个层级的教师晋升评价如何统计票数进行说明。1981年时，佐治亚大学首次对各级晋升评价委员会的投票规则进行了说明。首先，各级晋升评价委员会自行决定投票是否匿名。其次，学系晋升评价委员会的投票人数应至少达到有资格投票教师总人数的2/3，投票结果以“少数服从多数”为原则①。第三，学院晋升评价委员会的投票结果也以“少数服从多数”为原则。第四，两个学校晋升评价委员会——专业顾问委员会和顾问审查委员会的投票规则均遵循“必须达到总票数的2/3才能否决低一级的晋升决定”②，申诉时也不例外。最后，晋升评价采取“即时死亡法”，即只有顺利通过低一级晋升评价的候选人才有资格进入高一级的晋升评价委员会，当候选人的任一级晋升评价被否决后，如果候选人选择不申诉或复查，整个晋升评价当即宣告结束。

二、1992年版教师晋升评价制度的调整

（一）正式制度环境

以里根和老布什总统为代表的新保守主义从20世纪80年代起开始执掌美国政坛。新保守主义最为鲜明的特征是反对国家干预社会经济生活，倡导“小政府大市场”的执政理念。新保守主义认为，政府负担已经过重，主张让市场自己来解决问题。里根在其执政的八年时间里采取了一系列政策，如减税、增加军费、减少社会福利开支、放松政府管制等，使美国经济初步走出了滞胀危机，取得了六年低通货膨胀率下经济增长的成果。这也使得美国的经济和军事力量大大加强，将冷战中苏攻美守的态势转变为美攻多于守、苏守多于攻的态势。然而，里根政府留下的高预算赤字、高国债、高贸易逆差、高利率以及贫富悬殊程度扩大等问题也是非常严重的。1989年上台的老布什政府完全继承了里根的对内、对外政策，他虽因冷战结束在外交上取得了一些成绩，但在内政上的无所作为使里根政府留下的问题更加严重，日益失去人心。③

1983年4月，国家卓越教育委员会（National Commission on Excel-

---

① The University of Georgia. Guidelines for Appointment, Promotion and Tenure [Z]. Athens: The University of Georgia Press, 1981:25.

② The University of Georgia. Guidelines for Appointment, Promotion and Tenure [Z]. Athens: The University of Georgia Press, 1981:26.

③ 齐泽旭. 新制度经济学视野下美国高等学校教师管理制度研究[D]. 长春:东北师范大学，2008:52.

lence in Education）发布报告——《国家处在危难中：教育改革势在必行》（*A Native at Risk*：*The Imperative for Educational Reform*）将美国置于世界新经济的竞争之中。报告所提到的美国对手并非冷战时期的苏联，而是其同时代的盟友日本、韩国和德国。虽然联邦政府再次将教育与国家安危联系起来，但这一时期的高等教育领域中联邦政府逐步减少对大学的干预才是主要趋势。最重要的举措之一就是1981年国会颁布《多项预算调节法》（*Omnibus Budget Reconciliation Act*），要求将资助各地的多种专项教育拨款整合成“整批资助”拨给各州，由各州自行决定使用，联邦政府不再对经费的使用范围、申请条件做具体规定。这样，各州就拥有了更多资金支配的主导权，联邦政府也明确地把资助高等教育的权力转交给州、市场和社会。20世纪80年代伊始，州政府对公立大学资助的增长率远远高于联邦政府。对此，克拉克·克尔（Clark Kerr）指出：“高等教育的联邦时代已经清楚地结束了。至少在以后的30年，高等教育新的动力及新的资金源泉将来自州而不是联邦。”[①]至1992—1993学年，佐治亚大学所获得的办学经费中，直接来源于联邦政府的仅占总额的2.1%，州政府拨款占48.4%，科研经费收入占21.2%，学生学费占13.2%[②]。

20世纪80年代是美国高等教育急剧变化的时代，各州高等教育财政支出锐减，而高等学校的花费却在逐年增长，人们普遍认为大学的高花费是因为要付给教授高工资。然而，大学的高投入并没有带来学生的高质量。公众认为，终身教职制是教师无能的“庇护伞”，使教授变得不思进取。终身教职的存在是以牺牲大学组织的效率和活力为代价的。[③]除了来自公众的压力外，大学自身也开始意识到终身教职制的弊端，如直接导致学术职业缺乏竞争性。此外，间接增长的兼职教师人数也进一步影响了教师队伍的稳定和教育质量的提高。鉴于此，美国各大学开始严格控制终身教职的数量。多数时候教师在申请晋升副教授的同时会提交终身教职的申请，虽然两项评估活动是分开进行，但由于候选人材料完全一致，因此，这两项评估活动的结果往往也是相同的。也就是说，美国大学对终身教职数量的控制反过来会在一定程度上影响教师

---

① 梁忠义，李颖．世界教育大系：教育财政[M]．长春：吉林教育出版社，2000：150．

② Office Institutional Research and Planning. The University of Georgia Fact Book 2001[R]. Athens: The University of Georgia Press，2001：133.

③ 孟倩，许晓东，林静．美国大学终身教职制度改革的路径：从制度主义的视角分析[J]，比较教育研究，2013(6)：100.

晋升。

在佐治亚大学，1982—1991年学生和教师人数均实现了增长，但教师人数的涨幅明显跟不上学生。1982年时，学校全日制学生共有24 068人，到1991年时学生数已经增长至28 210人，增幅约为17.2%①。同时，全职教师的总人数也从1979年的1 860人增至1989年的2 025人，增幅约为8.9%②。

具体到教师晋升，据学校统计，佐治亚大学20世纪70年代的教师晋升成功率一直呈上升趋势，到1980年时已高达92%。表1-5显示，虽然80年代佐治亚大学的教师晋升成功率有波动，1984年到达99%的顶峰之后，第二年就下降至89%，此后也一直未突破90%，但相较于70年代，学校的教师晋升成功率总体实现了增长。与此同时，教师申诉意识开始提升，80年代的申诉比例高于70年代，但申诉成功率基本保持在30%以内，即，80年代学校教师申诉的难度实则越来越大。（详情见表1-5及图1-5、图1-6）

表1-5 1981—1987年佐治亚大学教师晋升情况

年份	申请数	晋升数	晋升成功率	否决数	申诉数	申诉比例	申诉成功数	申诉成功率
1981	98	89	91%	10	5	50%	1	20%
1982	119	114	96%	7	7	100%	2	29%
1983	117	107	91%	10	5	50%	0	0
1984	98	97	99%	1	0	0	0	—
1985	102	91	89%	13	9	69%	2	22%
1986	83	70	84%	16	10	63%	3	30%
1987	115	101	88%	17	11	65%	3	27%

资料来源：The University of Georgia Library. Results of The University of Georgia Annual Promotion Cycle[Z]. 1986-07-24.

① Office Institutional Research and Planning. The University of Georgia Fact Book 2001[R]. Athens: The University of Georgia Press, 2001:43.

② Office of Institutional Research. Full Time Professorial Faculty by Rank 40-Year Trend[EB/OL]. [2014-02-20]. http://oir.uga.edu/pdf/40yr8.pdf.

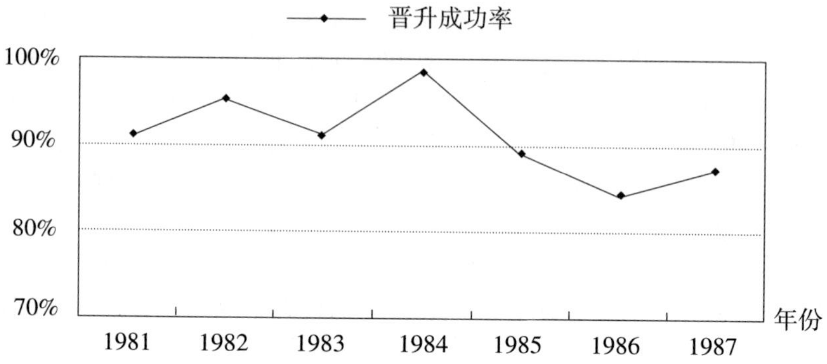

图1-5 1981—1987年佐治亚大学教师晋升成功率

资料来源：The University of Georgia Library. Vice President Virginia Y. Trotter's Archives[A]. Box 5, Folder 1.

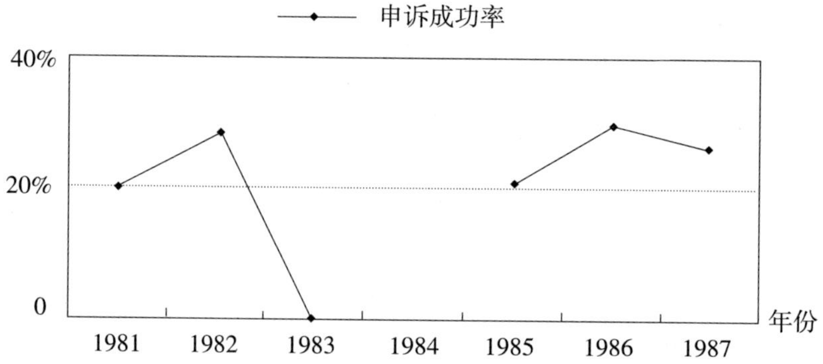

图1-6 1981—1987年佐治亚大学教师申诉成功率

资料来源：The University of Georgia Library. Vice President Virginia Y. Trotter's Archives[A]. Box 5, Folder 1.

（二）非正式制度环境

全球化浪潮的冲击改变了政府与市场力量的对比，市场力量得到增强，政府的行政力量逐渐减弱，再加上20世纪70年代末80年代初兴起的新公共管理运动在这一时期已席卷全美政府和公共服务部门，高等教育也不可避免地受到了影响。新公共管理的基本主张：首先是强调目标的达成，其次是使用私法工具（如合同、招标—投标等）创造公平竞争的环境，最后是配置和管制的结合[①]。新公共管理的核心思想是对绩效

① 莱恩．新公共管理[M]．北京:中国青年出版社，2004:42.

的强调。具体来说，以顾客需求为导向的服务型理念、对竞争机制的推崇、对政府职能转变的倡导、对效率的追求都是新公共管理的重要特征。

州立大学作为准公共机构也深受新公共管理思想的影响。在大学管理者的眼中，学生就是顾客，教师就是雇员。管理者的重任之一就是提升雇员质量以满足顾客需求。因此，教师质量自然而然地就成为了大学管理者们关注的重点，晋升评价制度是非常理想的质量保障方式。在大学里，教师晋升不仅是学术职业的分层，也是学校与教师之间契约关系的转换。在新公共管理运动之前，学校与教师的关系契约象征性意义更重，一方面具有很强的专业性，对教师权利充分关照，另一方面对教师责任的数量和质量要求又十分模糊[①]。而新公共管理运动对大学教师晋升评价制度产生的最显著影响就是加强竞争机制以提升教师的质量，精简评价程序以提升评价效率，行政管理者逐步退出评价制度以提升评价的专业性。这些影响在佐治亚大学1992年版的教师晋升评价制度中都淋漓尽致地体现出来了。

此外，受20世纪70年代初开始的以微电子技术、生物工程技术、新型材料技术为标志的新技术革命的影响，80年代初，美国大学的办学方向发生了根本性的转变，大学开始接受高等教育与经济发展相关联的观念，特别是大学应通过科学技术转化促进经济的发展，进一步密切了知识生产与经济的关系。20世纪80年代企业参与高等教育实践的成功让美国学者欧内斯特·博耶（Ernest L. Boyer）博士做出了坚定的判断，他在谈到大学发展的核心动力时指出："从高等教育发展史来看，大学的发展在较长时间内受到了宗教力量的影响，后来是联邦政府的力量主导，然后希望州政府承担更多责任，未来高等教育管理问题的关键是高等教育与企业的联合。"[②]但在同时期，美国高等教育又开始强调通识教育的重要性，教师晋升评价的重点又回归到教学领域。这些校外改革趋势也似乎对佐治亚大学产生了影响。七八十年代的佐治亚大学非常关注

① 孟倩，许晓东，林静．美国大学终身教职制度改革的路径：从制度主义的视角分析[J]．比较教育研究，2013(6):100.

② Carnegie Foundation for the Advancement of Teaching. The Control of the Campus: A Report on the Governance of Higher Education[R]. Lawrenceville: Princeton University Press, 1982:86.

教师的科研能力。进入90年代后，倡导高质量教学的风潮又开始占据校内舆论的上风。当时的大学战略规划委员会主席、动物学系教授里克·琼斯（Rick Jones）就公开表示："目前佐治亚大学在教师晋升和经费分配方面的原则都更倾向于科研。虽然学校领导开始强调教学的重要性，但目前仍停留在口头方面。学校应该将更多的经费直接投入到教学领域，并重新修改晋升标准，确保教学与科研享有同等重要的地位。"①

（三）1992年教师晋升评价制度的内容调整

1992年版的《手册》是由1991—1992学年的教师事务委员会（Faculty Affairs Committee）负责修改的。这届委员会成员共有17人，第一次没有学校管理者参与其中，都是来自各个学院的教师代表。②1992年的这次制度调整涉及范围较为广泛。在评价标准方面，大学管理与专业性活动的地位重新下调。佐治亚大学明确指出，"参与大学管理与专业性活动只是教师在教学、科研、社会服务之外的补充性责任"③。因此，《手册》中也直接将此前版本中列举的大学管理活动、专业性活动剔除。除此之外，更多的变革重点仍然集中在评价程序方面，目的在于使大学教师更充分地参与到晋升评价中，学校管理者的角色越来越被淡化。

第一，初设"第三年评估"。学校规定"助理教授在受聘的第三年里，系主任应该组建一个教师委员会对候选人的学术成就进行全面审核。委员会将第三年评估的结果告知系内所有的副教授、教授，再由他们来判断候选人目前所取得的成绩是否能够帮助其顺利实现晋升。同时，系主任应该提供给候选人一份第三年评估的书面总结报告，候选人也有权反馈自己的意见"④。

第二，初设"学系预先评价"（initial consideration）。此前，学系教师只需要在学系启动晋升评价后对符合晋升要求的候选人进行一次正式

① MCLEOD M. Teaching may Get Hand Up[N]. The Red and Black, 1991-10-17(1).

② The University of Georgia. Guidelines for Appointment, Promotion and Tenure[Z]. Athens: The University of Georgia Press, 1992:iii.

③ The University of Georgia. Guidelines for Appointment, Promotion and Tenure[Z]. Athens: The University of Georgia Press, 1992:3.

④ The University of Georgia. Guidelines for Appointment, Promotion and Tenure[Z]. Athens: The University of Georgia Press, 1992:17.

投票即可。从1992年起，学校开始增设“学系预先评价”，目的在于减少系主任获取外部同行评价信的工作量，守好学系晋升的第一道关卡。“每年，系主任都应根据候选人的聘用合同，提前与学系内不同职称的教师讨论候选人是否具备晋升资格。在学系的首轮投票中，候选人只需要提供最新简历及其他相关信息即可，不需要外部同行评价信。一般来说，候选人只有顺利通过学系预先评价后，系主任才开始帮助其获取外部同行评价信，进入学系的正式晋升评价。如果预先评价失败，候选人就不能再接受学系的晋升评价了。但如果能够获得系主任的许可，候选人也可以在获得外部同行评价信后申请一次学系复审。”①

第三，增加候选人在外部同行评价信中的权力。1992年以前，外部同行评价信的准备工作都是各系系主任的职责，学校仅对评价信的数量做出过说明。候选人在外部同行评价信环节中更多扮演着被评价者的角色，既不能参与外部专家的挑选，又不能阅读外部同行评价信的内容，可以说，他们几乎被排挤在这一过程之外。但这种情况在1992年得以改变。从1992年起，候选人可以在外部同行评价信的获取过程中表达自己的声音。学校规定：“候选人应该准备一份不超过6人的备选专家名单和一份不超过3人的禁选名单。系主任可以从候选人的备选名单中任意挑选2名，且保证不与禁选专家有任何联系。系主任在与系内资深教师商量后确定另外2—3名专家。无论怎么安排，系主任要保证外部同行评价专家中至少有2位是候选人自己的选择。”②此外，候选人从1992年起也首次有机会直接阅读外部同行评价信的内容，当然在此之前系主任必须剔除外部专家的个人信息③。

第四，合并学校层级的两个评价委员会，成立学校晋升评价委员会。此前佐治亚大学的学校层级共设有两个晋升评价委员会，即专业顾问委员会与顾问审查委员会。专业顾问委员会的成员主要是学校各领域的优秀教师代表，而顾问审查委员会则主要是学校层级的管理者。1992年，佐治亚大学对学校层级的晋升评价机构进行了整合，只保留了一个

① The University of Georgia. Guidelines for Appointment, Promotion and Tenure [Z]. Athens: The University of Georgia Press, 1992:18-19.

② The University of Georgia. Guidelines for Appointment, Promotion and Tenure [Z]. Athens: The University of Georgia Press, 1992:20.

③ The University of Georgia. Guidelines for Appointment, Promotion and Tenure [Z]. Athens: The University of Georgia Press, 1992:20.

专业顾问委员会，更名为“学校晋升评价委员会”（University Review Committees）。学校晋升评价委员会须获得2/3的票数才能否决学院晋升评价结果。学校晋升评价委员会的专业领域划分与人员构成均与专业顾问委员会一致，但其与学术事务副校长之间的桥梁——顾问审查委员会被取消，因此，学校晋升评价委员会需要直接将判定结果及理由转发给学术事务副校长。如果委员会的判定结果为“批准晋升”，学术事务副校长在与服务副校长、科研副校长商议后，可以将结果转发给校长。如果结果为“否定晋升”，学术事务副校长在与其他两位副校长商议后，应在五个工作日内将结果和理由返回给院长、系主任及候选人。① 由此可见，由大学教师组成的学校晋升评价委员会的地位被强化，大学管理者开始退出教师晋升评价的直接判断阶段，晋升评价开始真正成为“教授治校”的领域。

第五，第一次设立大学申诉委员会（University Appeals Committee）。申诉是教师维权的重要手段之一。佐治亚大学1992年时第一次设立专门的大学申诉委员会受理教师的申诉。大学申诉委员会的主席是学术事务副校长，但没有投票权。其他成员包括13位教师代表（由每个学院院长提名，学术事务副校长与科研副校长、服务副校长共同决定）、研究生院院长、科研副校长和服务副校长。申诉委员会在审核过程中，可以与候选人、系主任、院长或其他教师进行面谈。申诉判定的原则是“少数服从多数”。②如果申诉委员会判定“申诉理由不足”，则晋升结果仍维持原判。如果候选人仍想申诉就必须直接面向校长。如果申诉成功，一般的处理方法包括但并不限于：将候选人的晋升材料返回原晋升评价委员会；将候选人的材料返回到低一级晋升评价委员会；成立特别委员会专门对候选人进行评价；直接向校长推荐候选人晋升等。③

此外，1992年版教师晋升评价制度中还出现了多个“第一次”。例如，第一次出现了现代意义的“利益冲突”，即任何与候选人有私人关系及专业上有利益冲突的个人都必须事先声明，且必须回避对候选人的

① The University of Georgia. Guidelines for Appointment, Promotion and Tenure [Z]. Athens: The University of Georgia Press, 1992:25.

② The University of Georgia. Guidelines for Appointment, Promotion and Tenure [Z]. Athens: The University of Georgia Press, 1992:26-27.

③ The University of Georgia. Guidelines for Appointment, Promotion and Tenure [Z]. Athens: The University of Georgia Press, 1992:27.

晋升评价。具体来说，利益冲突是指“会妨碍客观、公正判断的关系”，配偶、直系亲属、有密切合作关系的同事都在此之列[①]。第一次明确要求“所有晋升评价委员会的投票都应该是匿名的，并由两名教师来统计票数”[②]。

三、2004年版教师晋升评价制度的调整

（一）正式制度环境

1992年克林顿当选美国总统，他的上台标志着里根时期经济政策的终结，民主党信奉的“政府干预主义”又重新登上了美国政治经济舞台。不过，由于克林顿选择的是介于凯恩斯主义和新保守主义之间的“第三条道路”，既加强政府干预，又精减政府机构，改革社会福利制度，削减财政预算赤字，因此，自克林顿新经济改革计划实施起，美国出现了长达10年的经济增长。其任内通过的《1997年平衡预算案》（*Balanced Budget Act of 1997*）和《1998年高等教育法修正案》（*Higher Education Amendments of 1998*）都是政府提高高等教育投入的法律依据。政府投入主要集中在学生贷款、远程教育、教师教育三个方面。进入21世纪以后，2001年的“9·11”事件、2002年的中东动荡，以及2003年的伊拉克战争使联邦政府的公共政策摇摆不定。但在教育领域，小布什总统的决心却很坚定。2002年通过的《不让一个孩子掉队法案》就明确成为小布什政府在教育领域的指导方针。小布什刚上任的2001年，联邦政府的实际教育总经费约为401亿美元，比2000年增长了37%。2001—2004年，联邦教育总经费也一直保持增长，2004年时已达557亿美元。[③]不过，小布什政府教育改革的优先领域主要集中在基础教育，其对高等教育的关注主要在学生资助方面。

在佐治亚大学，这一时期学校经历了查尔斯·纳普（Charles B.

① The University of Georgia. Guidelines for Appointment, Promotion and Tenure [Z]. Athens: The University of Georgia Press, 1992:3.

② The University of Georgia. Guidelines for Appointment, Promotion and Tenure [Z]. Athens: The University of Georgia Press, 1992:18.

③ 武学超．布什政府的教育财政与教育政策分析[J]．教育发展研究，2005(6)：95.

Knapp）和迈克尔·亚当斯（Michael F. Adams）两位校长。虽然整个国家的经济状况在克林顿的领导下日趋好转，但由于政府改革重点的转移，学校直接从联邦和州两级政府处获得的办学经费呈下降趋势。同时，竞争性科研合同与学生学费则呈上升趋势。尽管如此，州政府拨款仍然是学校最重要的经费来源。2003年时佐治亚大学的经费来源中州政府拨款占38%，科研合同收入占33.2%，学费收入占15.5%，联邦机构的直接资助占1%。①（详情见图1-7）

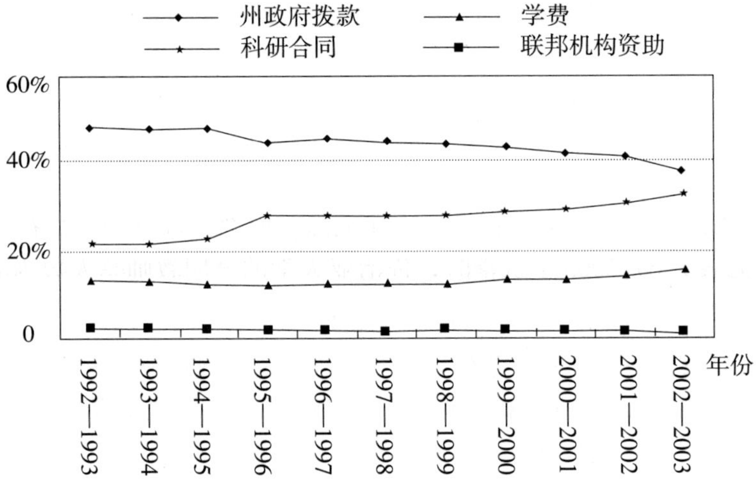

图1-7　1992—2003年佐治亚大学的经费来源比例

资料来源：作者根据佐治亚大学历年的自评报告整理而成。

造成学校经费变化的原因之一是州政府的一项重大教育举措。佐治亚州政府在州长泽尔·米勒（Zell Miller）的推动下于1993年正式启动了一项非常重要的高等教育改革——建立“希望奖学金”（Helping Outstanding Pupils Educationally Program，简称HOPE），这被高校领导者认为是“20世纪佐治亚州最伟大的改革”②。希望奖学金是佐治亚州当时

① Office Institutional Research and Planning. The University of Georgia Fact Book 2003[R]. Athens: The University of Georgia Press, 2003:77.

② The University of Georgia. Going Back Remembering UGA: an Oral History of the University of Georgia[EB/OL]. [2014-03-01]. http://uga.edu/livinghistory/transcript/mcbee/.

唯一一项资助学生接受公立、私立大学教育的州奖学金项目（公立大学为全额资助，私立大学仅为部分资助），全数来自州政府的博彩收入。希望奖学金的资助对象主要是佐治亚州居民，且平均GPA达到3.0或B以上的优秀高中毕业生。奖学金涵盖大学四年的全额学费和部分其他费用。1993年时，接受希望奖学金资助的学生数约为4.3万人，总资助金额为2 140万美元。2004年时，接受资助的学生已高达22.3万人，总资助金额为4亿美元，其中，佐治亚大学的大一新生中接受希望奖学金资助的高达98.2%。[①]希望奖学金的设立不仅惠及学生与大学，而且将优秀学生留在州内也有利于佐治亚州未来的发展。对于大学而言，接收越多的州内学生意味着能够获得更多的发展经费。因此，为了吸引更多的学生，佐治亚大学在这一时期将战略发展的重点放在提升本科生教学质量上，这也直接影响了学校在调整教师晋升评价制度时的方向选择。

此外，据学校统计，在2004年4月教师晋升评价制度调整之前的三年里，佐治亚大学的学生数量一直在上涨，但教师数量却一直在下降。（详情见表1-6）2003年秋季时，佐治亚大学的全职教师总人数为1 754人，有博士学位的教师占88%。其中，男性为1 259人，占72%；女性为495人，占28%。白人教师共1 525人，占87%。就职称分布而言，教授共794人，占45%；副教授516人，占29%；助理教授405人，占23%；讲师39人，占2%。[②]

表1-6　2001—2003年佐治亚大学的师生状况

年份	全日制学生总数	全职教师总数	教授	副教授	助理教授	讲师
2001	28 599	1 801	810	509	448	34
2002	32 683	1 790	812	520	428	30
2003	33 461	1 754	794	516	405	39

资料来源：作者根据佐治亚大学历年的自评报告整理而成。

① New Georgia Encyclopedia. Hope Scholarship[EB/OL]. [2014-03-01]. http://www.georgiaencyclopedia.org/articles/education/hope-scholarship.

② Office Institutional Research and Planning. The University of Georgia Fact Book 2003[R]. Athens: The University of Georgia Press, 2003:68-70.

（二）非正式制度环境

20世纪80年代兴起的新公共管理理论进一步得到美国社会的认可。在这一理论的指导下，克林顿政府于90年代掀起了一场声势浩大的“以市场机制改造政府，以企业家精神重塑政府”的新公共管理改革浪潮。公共部门中引进了竞争和责任机制，追求管理的“3E”目标，即经济（economy）、效率（efficiency）和效能（effectiveness）。这一理论也继续影响着高等学校的管理者，成为大学在市场环境下重新设计组织管理制度的重要指导思想。

同时，全球化浪潮在90年代也得以延续扩张。全球化时代的到来使得多元文化主义在美国大行其道。多元文化主义围绕少数族裔和其他亚文化群体的“认可”“平等”等问题提出了种种要求，教育领域更是多元文化主义的主阵地。他们强调要对少数族裔、女性等弱势群体实施倾斜式保护政策。然而，多元文化主义遭到了保守派的抵制，例如，为了维护西方价值体系的优越地位，新保守主义要求坚决抵制“承认种族差异”“承认差异平等”“强调共同文化的权威地位”之类的“奇谈怪论”，而应该维护美国传统价值观的主导地位，以保持美利坚民族的凝聚力。尽管如此，多元文化主义仍在诸多领域取得了可喜的成就，如女性和少数族裔教师占全体教师的比例显著增加。1992年时美国大学的全职少数族裔教师已达到13.6%，2003年增长至19.8%。2003年时女性全职教师的比例已接近40%，增长了近5%。[①]大学女性和少数族裔教师数量的提升，使他们开始要求在晋升评价中的话语权。佐治亚大学语言交流学系的黑人副教授瑟蒙·加纳（Thurmon Garner）1978年进入佐治亚大学工作，他认为80年代时学校的种族歧视情形已经有所缓和，但仍然存在。“学系总是尽力聘用最优秀的黑人教师，对白人教师的聘用要求就会有所下降。另外，我自己在晋升过程中也因肤色而被否决过两次，最终在1985年实现晋升。”鉴于此，加纳呼吁，学校应该在晋升评价委员会中吸纳更多的少数族裔教师。[②]

此外，20世纪90年代兴起的多元学术观也对大学教师的评价标准产生了影响。90年代初，时任卡内基教学促进基金会主席的博耶在《学

① 王立．美国大学教师发展研究[D]．上海：华东师范大学，2012：122．

② EDWARDS M. Minority Faculty Numbers Low [N]. The Red and Black, 1991-02-14(2).

术水平反思：教授工作的重点领域》（*Scholarship Reconsidered: Priorities of the Professoriate*）中提出了四位一体的“多元学术观”。博耶指出，学术应该包含四个彼此不同而又相互联系的部分：发现的学术（the scholarship of discovery）、综合的学术（the scholarship of integration）、应用的学术（the scholarship of application）、教学的学术（the scholarship of teaching）。[①]这样，博耶就将教学和服务提升到了与科研同等的学术水平，并将它们视为一个不可分割的有机整体。这就将美国大学教师工作的全领域学术化，从根本上改变了美国高等教育一直以来以“科研”为主的一元学术观，也为大学管理者重倡教学的地位提供了理论依据。据此，佐治亚大学90年代初期的校长纳普和1998年接任校长的亚当斯都开始将工作重心转向本科教学。纳普在回顾自己执政生涯时表示：“我上任前，州大学董事会给我的目标是‘将佐治亚大学建设成为全美最好的公立大学’。因此，学术声誉是我非常关注的领域，因为我认为一旦学术声誉提高后，其他所有的问题都会迎刃而解。教师的科研产出是我非常关注的部分，我希望每次招聘新教师都能进一步提高学校原有的教师平均质量。晚我一年上任的学术事务副校长威廉·普尔卡西（William Prokasy）在这方面与我观点一致，我十分倚重他在学术声誉方面的判断。我记得1985年时博耶刚刚对‘学术’的内涵进行了重新界定，将教学也划为学术范畴。鉴于此，我们的做法是通过设立一系列教学奖项和奖金将大批非常优秀的科研人员引回本科生课堂，而这些奖项都能作为申请职称晋升时的证明材料。”[②]亚当斯校长更是多次在公开场合强调教学的重要性。此举虽然遭到了学校多数教师的反对，但由于校长强有力的推动，仍然影响了校内教师晋升评价的标准。

在这一时期，科技的变革也对教师晋升评价产生了非常重要的影响。一方面，晋升信息更为公开。20世纪90年代以后，随着互联网技术在美国普及，几乎所有院校都设立了自己的门户网站，介绍学校和院系的基本情况，学术奖励、晋升评价等规章制度，为大学教师提供电子

① BOYER E L. Scholarship Reconsidered: Priorities of the Professoriate[M]. San Francisco: Jossey-Bass, 1990: 16.

② The University of Georgia. Going Back Remembering UGA: an Oral History of the University of Georgia [EB/OL]. [2014-02-28]. http://uga.edu/livinghistory/transcript/knapp/.

版的《手册》，教师可以很方便地从学校网站上获取学术生活所需的基本信息。另一方面，教师晋升评价的方式也有所变化。20世纪90年代以后，高等教育领域内“变革最快的也许是教育技术”，从录像机、投影仪到幻灯片、网络课程平台以及远程教学系统，教学技术日新月异①。这些技术革命除了促使大学教师改进教学方法外，还更加直接地影响到了晋升评价，包括学校对教师的晋升材料开始实行电子化管理，学生对教师的教学评价也开始迈入电子化时代等。

（三）2004年教师晋升评价制度的内容调整

2004年版教师晋升评价制度修订工作组是当时的教务长阿内特·梅斯（Arnett Mace）在2003年8月组建的，共17名成员。除了曾任1995年版教师晋升评价制度修订工作组组长的林业与自然资源学院教授大卫·纽曼（David H. Newman）外，其他16名成员均是新人。这一届的修订工作组又重新赋予了学校管理者一定的话语权——增加2位学校管理者。但在学院代表中，人数分布略微不均。文理学院的代表从以前的4人增加至5人，另外还有1位来自格威内特校区的代表，法学院、新闻与大众传播学院、商学院、教育学院、公共与国际事务学院、兽医学院、林业与自然资源学院、环境与设计学院、药学院各派出1名代表。②

为了留住优秀教师、促进教师的进一步发展，这一届的修订工作组对学校的教师晋升评价制度进行了全盘修改。新的评价制度不仅对教师晋升中涉及的各类名词专门进行了解释，进一步厘清了“利益冲突”“晋升单位”“预先评价”“程序性错误”等概念的操作范围，而且还对评价程序进行了重大修改，主要表现在以下几个方面。

第一，设置了递进性原则（principle of flow）。2004年以前，佐治亚大学教师晋升评价采取的是“即时死亡法”，即每一级晋升评价委员会只将通过审核的候选人的晋升材料送入高一级晋升评价委员会。也就是说，如果一位教师不能通过某一级晋升评价，他就基本失去了晋升的可能（申诉成功的候选人除外）。但从2004年起，佐治亚大学教师晋升评

① SORCINELLI M D, AUSTIN A E, EDDY P L, et al. Creating the Future of Faculty Development: Learning From the Past, Understanding the Present[M]. Bolton, Mass.: Anker Publishing Company Inc., 2006:12.

② The University of Georgia. Guidelines for Appointment, Promotion and Tenure [Z]. Athens: The University of Georgia Press, 2004:4.

价制度发生了一个重大的变化，即启用递进性原则。递进性原则是指“无论候选教师在每一级晋升评价委员会的结果如何，其晋升材料都能被送入高一级晋升评价委员会继续接受无偏见的再次评估”①。

第二，强调以学系评价结果为主。佐治亚大学主要从两方面来实现这一目标，一是要求各学系制定以学科为基础的学系晋升评价标准；二是为高一级晋升评价委员会否决学系结果设置程序障碍，即要求学院晋升评价委员会向此前的学校晋升评价委员会看齐——若要否决低一级的晋升结果，投票数必须超过总人数的2/3。

第三，提升“第三年评估”的地位。此前，佐治亚大学虽然也有针对助理教授的第三年评估，但评估程序比较松散，目的也仅是给予被评教师一种反馈，为其以后的正式晋升提供改进意见。然而，2004年版的《手册》则明确规定：“第三年评估是发生在助理教授受聘第三年末的一次正式程序。负责候选人第三年评估的系内教师委员会成员不得超过3人。委员会将候选人第三年评估的结果通报全系的副教授和教授后，这些教师要就‘候选人是否有资格晋升’进行正式投票，系主任和候选人均可以对投票结果给予反馈。第三年评估中的所有材料，包括投票结果、教师反馈等均要被正式纳入候选人的最终晋升材料。”②

第四，重新赋予学院院长独立的晋升评价权。1981年之前，学院院长一直是一个人负责学院层面的晋升评价，有“一夫当关”的气势。然而，佐治亚大学自1981年起设立学院晋升评价委员会以来，院长们的晋升评价权逐步被“架空”，虽然院长也有机会审阅学院内所有候选人的晋升材料，但其职责主要是“将通过学院晋升评价委员会的晋升材料转交给学校晋升评价委员会”，几乎没有话语权。然而，2004年版《手册》则重新要求“学院院长对候选人进行独立的、周密的评价。学院院长成为学院晋升评价委员会的当然成员，虽然没有投票权，但却负责学院晋升评价总结信的撰写”③。

第五，改变申诉委员会的选拔方法，学校管理者基本退出。1995

---

① The University of Georgia. Guidelines for Appointment, Promotion and Tenure [Z]. Athens: The University of Georgia Press, 2004:8.

② The University of Georgia. Guidelines for Appointment, Promotion and Tenure [Z]. Athens: The University of Georgia Press, 2004:26-27.

③ The University of Georgia. Guidelines for Appointment, Promotion and Tenure [Z]. Athens: The University of Georgia Press, 2004:32.

年，佐治亚大学申诉委员会是由13名教师代表和研究生院院长、科研副校长、服务副校长、学术事务副校长（没有投票权）4位学校管理者组成。其中，13名教师代表是由学校每个学院的院长提名，3位副校长共同协商决定。[①]2004年时，大学申诉委员会的人员构成发生了变化。主席是学术事务副校长（没有投票权），另外包括13名资深教师和1名研究生委员会（Graduate Council）代表，其他学校管理者退出申诉委员会。另一点不同的是，从2004年起，佐治亚大学申诉委员会的13名教师名单不再由学校管理者决定，而是由院长提名，大学委员会根据规定投票产生。研究生委员会代表则是研究生院院长、学术事务副校长与全体研究生委员会成员共同推举产生。[②]

此外，2004年版教师晋升评价制度还有一些细节也发生了变化。例如，学术职称的入门学位要求有所降低——“助理教授、副教授及教授应该拥有本学科的最高学位”[③]，而不是1995年版的“必须”。年度评估的地位有所提高——针对讲师、助理教授、副教授的年度评估从“应该”变为“必须”[④]。同时，2004年版教师晋升评价制度进一步阐释了预先晋升评价的适用情形，尤其是副教授晋升教授的预先晋升评价，即“副教授在第一次申请晋升教授时，以及此后的每5年都将接受预先晋升评价”[⑤]。

自2004年之后，佐治亚大学虽也对学校的教师晋升评价制度进行过调整，但多数集中在细节的解释或调整方面，改动幅度并不大。第二章将对2011年的教师晋升评价的正式规则进行深入研究，故此处不再赘述。

总的来看，佐治亚大学的同行评议式教师晋升评价制度自1969年建

---

① The University of Georgia. Guidelines for Appointment, Promotion and Tenure [Z]. Athens: The University of Georgia Press, 1995:31.

② The University of Georgia. Guidelines for Appointment, Promotion and Tenure [Z]. Athens: The University of Georgia Press, 2004:35.

③ The University of Georgia. Guidelines for Appointment, Promotion and Tenure [Z]. Athens: The University of Georgia Press, 2004:23-24.

④ The University of Georgia. Guidelines for Appointment, Promotion and Tenure [Z]. Athens: The University of Georgia Press, 2004:26.

⑤ The University of Georgia. Guidelines for Appointment, Promotion and Tenure [Z]. Athens: The University of Georgia Press, 2004:27.

立至今经历多次大幅调整，主要呈现以下发展趋势：

一是晋升评价权力经历了“学校—以学系为主”的发展路径，未来仍将以学系为主。1969年佐治亚大学首次在学校层面设置了两个晋升评价委员会，尽管彼时学系、学院仍是以个人评价为主，但学校层面晋升评价委员会的存在与行政权力本身的科层制特点使得晋升评价权几乎被集中至学校。1981年起，佐治亚大学增设学院晋升评价委员会，同时规定“学校晋升评价委员会否决学院结果须达到总人数的2/3”，又将部分评价权退还给学系与学院。2004年，学校更是明确规定学院及学校晋升评价应以学系标准为依据，同时也从计票方式上保障了学系晋升结果的地位。可见，佐治亚大学教师晋升评价制度变革过程中，晋升评价权一方面一直裹挟着行政权力与学术权力的博弈，但另一方面也逐步完成了“底部沉重”的以学术权力为主的体系构建。

二是学院晋升评价权越来越小。1969年制度伊始之际，学院层面只有院长一人负责审核学系推荐的晋升候选人。1981年佐治亚大学增设学院晋升评价委员会，但此时委员会遵循的评价原则是“以少数服从多数”否决学系评价结果。此举使学院晋升评价成为候选人眼中非常难过的关卡。直到2004年，学院晋升评价委员会被要求遵循“2/3成员的否决权”，尤其是递进性原则的保驾护航，学院的晋升评价权力几乎被架空。

三是教师申诉程序越来越简化。在佐治亚大学，1969年时教师晋升被否决后是没有正式申诉渠道的。1973年时学校才赋予教师申诉的权利，尽管权利并不大，但算是一个好的开始。自此以后，学校进一步细化教师申诉的程序，1981年时学校的申诉环节包括复审和正式申诉，且不能跳过第一个环节。复审主体是做出否决判断的原晋升评价委员会，申诉则是由高一级晋升评价委员会负责，程序相当烦琐。这个时期的晋升评价委员会身兼晋升评价和受理申诉两项职责，容易有“监守自盗”之嫌。直到1992年学校才专门设立大学申诉委员会负责统一受理教师的申诉。

四是管理者的角色越来越被弱化。1969年学校才开始将教师群体纳入晋升评价体系，旨在建立一个“同事评价系统”，但彼时各层级管理者均尚未直接将晋升评价权交给教师，在早期的制度设计中仍能见到管理者的身影。以学校层级的晋升评价为例，1969年时学校层面做最终晋升决定的是顾问审查委员会，其成员包括专业顾问委员会的当值主席、研究生院院长、教学副校长、教务长，其中只有1位是教师代表。到1992年，佐治亚大学对学校层级的晋升评价机构进行了整合，只保留了一个专业顾问委员会，且均由教师组成。但1992年时的大学申诉委员会中仍有学校管理者。到2004年时，学校管理者才基本退出教师晋升评价。

五是候选人的主体性越来越被尊重。候选人在之前的制度中基本处于被评估的状态，完全不参与晋升评价过程。候选人的晋升材料是由系主任一手准备，候选人的申诉也是由学院院长来提出。直到1981年，佐治亚大学才将提起申诉的话语权交给候选人自己，并且允许并鼓励他们参与到晋升材料的准备中来。甚至在1992年时，赋予候选人选择外部评价专家的权利。他们可以提交自己喜欢和希望回避的专家名单，且系主任必须要尊重他们的意愿。2004年的递进性原则更是保障了候选人完整经历整套晋升评价程序的权利。

教师晋升评价标准很大程度上是学校定位的重要观测指标，在晋升程序之外，佐治亚大学的晋升评价标准几十年来一直被反复调整。如1959年时学校公然否定教师的校外服务；1969年时教师晋升评价只要求候选人在教学、科研、服务中的两大领域有出色表现即可；1981年时则开始重视“服务”，明确指出了“大学管理”与“专业服务”的操作定义；1992年学校又重新下调大学管理与专业性活动的地位，教学重新受到重视；2004年服务又成为与教学、科研并重的评价指标。尽管如此，学校的教师晋升评价标准仍然基本呈现出以下几个特征：一是科学研究地位保持持续上升，二是教学的地位呈现“强—弱—强”的变化趋势，三是社会服务的地位呈现“弱—强”的趋势。至于三大标准之间的相对地位，则与学校每一时期的发展战略重心以及宏观环境的变化息息相关，呈现动态变化。

佐治亚大学教师晋升评价制度的发展变革并不孤立，其既是当时美国公立大学的一个典型缩影，又与不同时期的诸多宏观因素有关。

就联邦政府的作用而言，美国宪法没有将教育管理权赋予联邦政府，而是作为“保留权力”由各州行使。从绝对意义上讲，联邦政府不应干预教育事务。然而，由于教育特别是高等教育在社会发展中的重要作用，美国联邦政府不可能让其放任自流。简单来说，联邦政府主要是通过经费和立法来对美国大学施加影响的。然而，从20世纪60年代至21世纪初，代表不同政党理念和利益的总统们在执政时的工作重点变化较大。从思想取向层面来看，美国两大政党分别代表两种差别极大的政治哲学：民主党——自由主义；共和党——保守主义。自由主义和保守主义在不同的国家里有不同的含义，即使在美国也有不下几十种定义。总体来看，美国当代的自由主义理论推崇革新、容忍与社会平等，主张观念、制度和法律应随社会环境之改变而变迁；而保守主义思想则强调文化延续性，注重传统价值、社会稳定与宗教之作用。受国际局势和经济发展的影响，联邦政府在佐治亚大学教师晋升评价制度的“关键调整期”（即1969年、1981年、1992年、2004年）内的表现可以概括为“强—被动弱—主动弱—中”四种节奏。

就州政府作用而言，作为州立赠地高校的佐治亚大学直接受州大学董事会的领导，学校的所有政策都需要经过董事会批准，因而这种影响与联邦政府相比就表现得更为直接。但由于大学自主性的呼声越来越高，董事会对于教师晋升评价这种校内事务的干涉方式也越来越隐蔽。具体来说，州政府主要通过董事会遴选大学校长这一关键人物、拨款等方式来影响佐治亚大学的内部事务。另一方面，州政府也未能完全摆脱联邦政府的影响，其对佐治亚大学教师晋升评价制度“关键调整期”的影响与联邦政府相似，亦可以概括为“公开且强有力地干涉—间接批评—放任—通过经费间接影响”的路径，只是在各阶段的作用程度比联邦政府更深。

就佐治亚大学的内部环境而言，一是学校规模在这段时间内实现了跨越式增长，使得教师管理制度改革成为必然之选。同行式教师晋升评价制度初创时学生人数约为2.3万，教师总数为1 360人；到2003年，学生人数已增至3.3万，教师增至1 754人。学生增幅约为43%，教师增幅约为29%。学校规模的增长使教育质量成为校内外的关注重点，教师晋升评价制度无疑是提升教师质量的有效政策工具。

二是行政管理结构的变化会影响制度变迁的方式。1969年时新制度得以推行的重要原因是当时新设立的教务长几乎握有所有校内事务的决定权，由他主推的教师晋升评价制度尽管遇到了许多反对的声音，但仍因行政权力而得以强制推行。1976年学校以“学术事务副校长”取代教务长职称，并缩小其权力范畴，此举使得此后的制度调整中少了几分

“正当的专制主义”。加上校内教师主体地位的提升，越来越多的教师参与到政策的修订过程中来，佐治亚大学的教师晋升评价制度变迁方式从单一的强制性变迁走向强制性与诱致性并存的局面。

三是晋升评价制度本身的缺失引发的制度变迁。自1969年学校正式推行教师晋升评价制度起，此后制度调整的动因之一就是制度在实施中所存在的问题。佐治亚大学的教师事务办公室是学校层面处理教师相关事务的常设机构，教师对晋升评价制度有任何意见都可以直接反馈。该机构每年都会将教师的反馈意见提交到教师事务委员会上交由教师代表进行讨论。教师事务委员会是大学委员会的分支机构，其有责任对校内教师的反馈意见进行判断，并将获得他们认可的修改意见提交大学委员会全体会议上表决。例如，2004年的递进性原则的确立就是因为有不少教师向学校反映自己因私人原因被学系同事排挤而导致晋升申请被否决。因此，制度本身存在的问题也是制度变迁的重要推力。

四是关键人物的助推。在佐治亚大学的制度变迁史上，每次制度变迁总离不开关键人物。关键人物的人选可以是管理者，也可以是教师个人。最典型的一次就是1969年教务长佩尔蒂埃在争议声中强制推行教师晋升评价制度改革。虽然此后他也因独断专行被迫辞职，但其在晋升评价制度推行过程中的作用却是有目共睹的。此外，70年代教育学院的古尔斯比副教授，80年代的学术事务副校长普尔卡西，90年代的校长纳普、州长米勒等人都在教师晋升评价制度变迁中发挥了重要作用。

就非正式制度环境而言，佐治亚大学并不是“象牙塔”，各个时期的主流社会思潮都会对学校管理者、教师、学生等校内主体的思想和行为方式产生影响，从而对制度变迁产生引导作用。20世纪60年代的自由主义思潮、人力资本理论使学校管理者意识到教师权利，并致力于新建一套有教师声音的“同行评议制度”。70年代的经济危机和女权主义则使学校开始推崇应用型知识，认可校外服务在教师晋升中的作用，并致力于改善女性教师的晋升环境。80年代的新公共管理思潮和新技术革命则使学校开始强调科研在晋升评价中的绝对主角地位，注重提高晋升评价的效率和竞争性。90年代的多元文化主义、“教学学术”思想的出现又使学校重新开始重视本科生教学，并在兼顾制度效率的同时关注公平。

此外，法院、专业组织、其他大学也在佐治亚大学教师晋升评价制度的变迁中起到了一定的推动作用。教师晋升评价制度中涉及教师权利，虽为大学内部事务，但教师作为社会公民依旧可以将法院作为保障自身权利的最后一道防线。无论是在申诉程序尚不完备的制度初期，还是在制度相对稳定的20世纪八九十年代，佐治亚大学都曾被教师告上过法庭。其他大学的经验则在学校前几次的制度调整中表现得非常明显。1969年教师晋升评价制度草案的参考范本是美国19所顶尖大学，而1981年的参考依据则是50个州的其他赠地大学。2004年时，学校要求各个学系制定更具针对性的晋升标准，不少学系都是以专业内的顶级学校为范本。如高等教育研究所是参照密歇根大学教育学院，大众传播学系则是参照俄亥俄州立大学的标准等。专业组织对佐治亚大学制度的作用方式则更为多元，既有直接的，如美国大学教授协会佐治亚大学分部主席在20世纪80年代就直接加入了当时的教师晋升评价政策修订委员会；也有间接的，如全美教育协会（National Education Association）资助教师以性别歧视对学校的晋升评价提起诉讼，90年代卡内基教学促进委员会对“教学学术”的新释义使得学校重新重视本科生教学等。

第二章

应然的正式规则：佐治亚大学现行教师晋升评价的政策文本

2012—2013学年佐治亚大学实行的教师晋升评价制度基本源于2004年版教师晋升评价制度。近10年间，学校基于教师在实践中的反馈意见，分别于2006年、2007年、2010年、2011年、2013年对这一制度进行了微调，但基本框架改动不大。本章主要以2012—2013学年的教师晋升评价政策为研究对象，这一政策文本主要记录在学校2012年版《手册》中。

第一节　教师晋升评价的程序

在美国大学中，教师晋升一般是逐级进行的。每所大学都对其内部的教师晋升评价有着自己的规定，佐治亚大学也不例外。

一、终身轨教职的入职要求

佐治亚大学对每一级教师在最终学位、工作年限、工作表现等方面都有特定要求。其中，最终学位是指教师在某一学科所取得的最高学位。在佐治亚大学，除室内艺术（studio arts）等少数学科外，绝大多数学科所能提供的最终学位都是博士学位。工作年限是指候选人在佐治亚大学的服务时间。如果候选人此前在其他大学任职或参与过其他相关专业活动，其工作量一旦获得系主任及院长的正式批准也可以被用于冲抵佐治亚大学所要求的服务时间，但最多只能抵销3年。校外服务时间的认定必须在受聘之初进行，且获得校长的批准。工作表现则主要是指候选人的学术成就，当然也包括他们在相关机构的社会服务经历等。

1. 助理教授的职称要求

助理教授是佐治亚大学教师的主要入门职称。这一职称属于终身轨，但并不具备被授予终身教职的资格。教师作为助理教授的服务时间最多为7年。①

佐治亚大学对助理教授的要求主要包括：

（1）候选人应该获得自己所在学科的最终学位；

（2）候选人不需要在更低的职称上完成最低服务时间，但如果候选人之前是在佐治亚大学担任教员一职，则需要满足最低服务时间；

（3）候选人应该表现出能够胜任该职称未来工作的潜质。②

2. 副教授的职称要求

副教授是佐治亚大学教师的中级职称。这一职称也属于终身轨，但已经具备被授予终身教职的资格。一般而言，佐治亚大学的绝大多数副教授同时亦拥有终身教职。对于未获得终身教职的副教授而言，他们作为副教授的服务时间最多不能超过7年。③

佐治亚大学对副教授的职称要求主要包括：

（1）候选人应该获得自己所在学科的最终学位；

（2）大多数情况下，候选人在晋升副教授前必须作为助理教授在佐治亚大学服务至少4年时间（包括晋升考核的时间）；

（3）除非候选人的工作成绩在当地或全州范围内十分突出，否则，他们就必须提供明确证据来证明自己在地区性或全国性官方机构中的确

① The University of Georgia. Guidelines for Appointment, Promotion and Tenure [Z]. Athens: The University of Georgia Press, 2013:40.

② The University of Georgia. Guidelines for Appointment, Promotion and Tenure [Z]. Athens: The University of Georgia Press, 2013:22.

③ The University of Georgia. Guidelines for Appointment, Promotion and Tenure [Z]. Athens: The University of Georgia Press, 2013:40.

切地位。[①]

3. 教授的职称要求

教授是佐治亚大学教师的最高职称。这一职称同样属于终身轨，且具备被授予终身教职的资格。绝大多数佐治亚大学的教授拥有终身教职。如果教师未获得终身教职，那么，其作为教授的服务时间最多不能超过7年。[②]

佐治亚大学对教授的职称要求主要包括：

（1）候选人应该获得自己所在学科的最终学位；

（2）大多数情况下，候选人在晋升教授前必须作为副教授在佐治亚大学服务至少5年时间（包括晋升考核的时间）；

（3）候选人必须获得与职称本身的工作要求以及所在学系的发展使命相契合的高水平成就。除非候选人的工作本身是针对某一专门地区的，否则，他们就应该提供明确证据来证明自己在专业领域所获得的全国性或国际性认可。[③]

除以上规定外，佐治亚大学对于"最终学位"的规定也有例外。即可以破格录用那些虽然未取得其所在学科最终学位，但仍然在其工作领域有卓越表现的候选人。不过，这种例外必须首先获得所在学院院长的推荐，再由学术事务高级副校长批准。

二、教师的晋升途径

晋升是教师在进入大学后面临的一个重要责任，不同职称的教师面临着不一样的晋升渠道。在佐治亚大学，终身轨教职与非终身轨教职之间基本不存在交叉。(详情见图1-2)

教师在晋升过程中可能会经历评价、申诉、培训等系列活动，评价是其中最核心的部分。在职称晋升的过程中，终身轨教师需要经历两次

① The University of Georgia. Guidelines for Appointment, Promotion and Tenure [Z]. Athens: The University of Georgia Press, 2013:23.

② The University of Georgia. Guidelines for Appointment, Promotion and Tenure [Z]. Athens: The University of Georgia Press, 2013:40.

③ The University of Georgia. Guidelines for Appointment, Promotion and Tenure [Z]. Athens: The University of Georgia Press, 2013:23.

晋升评价，即助理教授升副教授的评价、副教授升教授的评价。在晋升副教授的节点上，多数教师还会经历终身教职评价。

1. 助理教授升副教授

助理教授是很多教师进入佐治亚大学的初始职称，也是终身轨教职的正式起点。佐治亚大学规定，助理教授的任职时间达到4年即可晋升为副教授。由于整个晋升评价过程大致需要1年时间，也就意味着助理教授可以在其任职的第4年初提出晋升申请。[①]

助理教授升副教授的评价对于美国大学教师的职业发展是一个非常重要的阶段。它不仅有时间限制，而且还配有惩罚措施。佐治亚大学规定，助理教授如果在7年内不能成功晋升为副教授就必须离开学校教师岗位。也就是说，对助理教授而言，任职的第4年或第5年可以自行决定是否递交晋升申请，主动权掌握在教师自己手中。但如果此前晋升失败或未提交晋升申请，那么，任职第6年及第7年的助理教授们就必须接受学校的晋升评价，这一评价带有强制性。可见，这一阶段是助理教授努力提升实力向学校证明自己的时间，压力非比寻常。

对于以助理教授作为初聘身份进入佐治亚大学的教师而言，他们在通往副教授的晋升道路上并非只有职称晋升这一项任务，同时，他们还面临着终身教职的评定。理论上来说，职称晋升与终身教职的评定是两种不同的评价活动，需要分开进行，但在实际操作过程中，由于在申请材料、申请时间、评价主体等方面有许多相同之处，因此，这两项评价多数是同步进行的，但结果可以是不同的。

2. 副教授升教授

多数情况下美国大学的终身教职与副教授评价是同时进行的，且结果基本保持一致，故成功晋升为副教授的教师们一般都被认为已经获得了终身教职这一“铁饭碗”，即使他们晋升教授失败也不会被佐治亚大学解雇。因此，从职位保障这一角度来看，对于副教授们而言，晋升教授的压力要小得多，有不少教师是以副教授职称结束自己的职业生涯。可以说，这一阶段的职称晋升更大程度上是教师对自我价值的一种追求。

---

① The University of Georgia. Guidelines for Appointment, Promotion and Tenure [Z]. Athens: The University of Georgia Press, 2013:22.

在佐治亚大学，副教授需要服务至少5年时间才能晋升教授[①]。理论上来说副教授拥有无数次申请晋升教授的机会。基于教师成长规律和评价成本的考量，佐治亚大学规定，“副教授在第一次申请晋升教授时，或距离上次晋升失败达5年及以上时，无论学系内部的评价结果如何，只要申请人本人提出要求，都可以经历一次完整的评价程序。除此之外，此类晋升一旦被学系内部否决就即刻终止评价程序”[②]。

3. 终身教职评价

终身教职是美国大学人事管理制度中非常有特色的设计。虽然它并不属于大学教师的职称序列，但却是美国大学教师职业生涯中的重要分水岭。终身教职不仅能够保障教师的个人利益，而且也能保障大学自身在民主社会中的角色，为学者自由地探索及应用知识提供了制度保障。

佐治亚大学将终身教职的功能界定为“保护为学校服务一定时间的教师免受无理由的解雇”，并规定“教师获得终身教职前的最低服务时间为5年（包括接受终身教职评价的1年）”[③]。这5年时间必须是连续的，除非候选人因病假（包括产假）或兼职服务而获得学校批准的假期（假期最多不超过2年）[④]。

佐治亚大学认为授予教师终身教职的决定会在很长一段时间内影响学校的未来发展，因此，其对终身教职的评价有较为详细的规定：

（1）只有学校聘用的全职副教授和教授才有资格获得终身教职，讲师及助理教授不能被授予终身教职。

（2）对于副教授和教授而言，如果其初聘状态是助理教授、副教授或教授，则需要在7年内获得终身教职；如果其初聘状态是讲师，则需要在10年内获得终身教职。如果教师未能在规定的时间内获得终身教职，学校有权终止聘用。如果教师因病假希望延长终身教职的考查时间，必须向学术事务高级副校长提交书面申请。

---

① The University of Georgia. Guidelines for Appointment, Promotion and Tenure [Z]. Athens: The University of Georgia Press, 2013:22.

② The University of Georgia. Guidelines for Appointment, Promotion and Tenure [Z]. Athens: The University of Georgia Press, 2013:27.

③ The University of Georgia. Guidelines for Appointment, Promotion and Tenure [Z]. Athens: The University of Georgia Press, 2013:39.

④ The University of Georgia. Guidelines for Appointment, Promotion and Tenure [Z]. Athens: The University of Georgia Press, 2013:40.

（3）教师此前在其他学校终身轨教职的工作经历或在佐治亚大学担任讲师的工作经历或在其他专业机构（由学系自行界定）的工作经历可以转换为终身教职所需的服务时间，但最多只能抵销3年。服务时间的转换应在初次受聘为助理教授或更高职称时完成，并由佐治亚大学校长签署书面证明。

（4）未获得终身教职的终身轨教师（包括助理教授、副教授及教授）在进入第6年服务期时必须接受终身教职评价。

（5）发生以下情况时，教师将失去终身教职或被取消终身教职的服务时间：辞职，或从终身教职转为非终身职称（如行政岗位），或从提供终身教职服务时间的职称转为不提供终身教职服务时间的职称（如非终身轨岗位）。[①]

佐治亚大学的终身教职并不与副教授职称直接勾连。虽然大多数情况下两者的评价是同步进行的，但仍需经历两次投票过程，且结果有可能并不一致。对于以助理教授身份在学校“成长”起来的教师而言，副教授与终身教职的评价基本是等同的概念；而对于在其他学校已获得副教授或教授职称的教师们而言，他们需要单独再经历一次终身教职评价。根据他们与学校的协定，这种终身教职评价可以有多种方式。终身教职评价也并非一蹴而就，多数大学都建立了“终身后评价”来对抗教师们的惰性。因此，终身教职评价与职称评价可以视为教师评价中的两轨，职称晋升多用于肯定教师在学术上的进步，而终身教职则主要是为教师提供工作保障，两者只是在助理教授晋升副教授的关键节点上出现了重叠。本书所关注的是职称晋升评价，故后文不再单独阐述终身教职评价。

除了前文所述的常规晋升途径及规定外，佐治亚大学还为特别优秀的教师开辟了提前晋升渠道（early promotion）。提前晋升指候选人比规定时间更早完成学校的规定任务，从而提出职称晋升申请。提前晋升的程序与常规晋升并无二致，只是时间上占有优势。当然，候选人申请提前晋升时，需要提供大量的推荐信来作辅证材料。

① The University of Georgia. Guidelines for Appointment, Promotion and Tenure [Z]. Athens: The University of Georgia Press, 2013:39-41.

三、教师晋升评价的基本原则

佐治亚大学2012—2013学年的教师晋升评价政策所倡导的基本原则既是整套政策的指导思想，也是晋升评价实践中的行动依据。

（一）促进教师的职业发展

不同职称的教师有不一样的职业发展目标。对助理教授而言，他们因学科、职业发展阶段有独特的发展需求，如何尽快适应环境并证明自己的实力是其面临的主要任务。对副教授、教授而言，他们也有自己的职业发展任务，如成为本学科的学术带头人，更好地为所在学院及学校服务等。鉴于此，佐治亚大学明确提出，“本校教师晋升评价制度的目的是促进教师的职业发展，为他们创造一个卓越、诚信、公平的发展环境”。①

（二）递进性原则

该原则创建于2004年，是佐治亚大学教师晋升评价制度史上的一次里程碑式的重大变革，目标旨在保障候选人能够接受最全面、最公平的评价，将歧视或错误的概率降至最低。佐治亚大学教师晋升评价主要有三轮，依次为学系、学院和学校。递进性原则主要是指确保候选人完整地经历系、院、校三级晋升评价程序。候选人无论在哪一级评价中被否决，其负面评价结果将连同申请材料一同被递交到高一级的晋升评价委员会，以做进一步的参考。学校晋升评价委员会拥有最终决定权。②

（三）晋升评价的结果以学系判断为主

尽管递进性原则要求教师的晋升申请经历所有层级晋升评价委员会的评估，但学校也明确指出，“来自同一学科的教师才是候选人的最佳评估者”。佐治亚大学认为，研究领域相近的同事最清楚本学科的内部发展规律，了解应该以什么样的标准来判断一位学者的成就。学院及学校晋升评价的设置主要是为了监督晋升评价程序，防止程序性错误的出现。据此，佐治亚大学规定，只有当投票数超过评审总数的2/3时，学

---

① The University of Georgia. Guidelines for Appointment, Promotion and Tenure [Z]. Athens: The University of Georgia Press, 2013:8.

② The University of Georgia. Guidelines for Appointment, Promotion and Tenure [Z]. Athens: The University of Georgia Press, 2013:8.

院及学校晋升评价委员会才能否决低一层级的晋升评价意见。[①]

（四）教师晋升评价的操作细则和标准由学系制定

佐治亚大学的《手册》较为清晰地阐述了学校教师晋升评价制度的程序，但却模糊处理了晋升评价标准。为了让晋升规则更细化，且与学科特征更契合，学校要求每一个基层晋升评价单位都必须制定一套更具学科特色的晋升评价标准，并明确提出“学院及学校晋升评价委员会对候选人的判断必须以学系晋升评价标准为依据”，从制度上肯定了学系在教师晋升评价中的地位。

学校仅对晋升评价标准的制定程序做出了规定，具体的操作细则交由学系负责，包括晋升评价委员会的组建及标准等。“晋升评价标准必须获得部门内所有教师的认可（每个晋升评价单位中的全体教师依据‘少数服从多数’的原则投票表决），且获得学院院长及学术事务高级副校长的批准。对晋升评价标准进行的任何改动必须获得系内所有教师、学院院长及学术事务高级副校长的批准。所有新教师在入职时都必须了解系内的晋升评价标准。”[②]

（五）平权原则

佐治亚大学是一所州立大学，除了正式签署平权行动（Affirmative Action）[③]，建立平权办公室外，学校还积极响应《1974年越战退伍军人保护法案》（*Vietnam Era Veterans Readjustment Act of 1974*）、《1990年美国残疾人法案》（*The Americans with Disabilities Act of 1990*）等促进社会公平的法案。

佐治亚大学教师晋升评价中的平权原则内涵更宽泛，指确保教师在晋升评价过程中不受任何种族、性别、肤色、国籍、年龄、宗教信仰、

① The University of Georgia. Guidelines for Appointment, Promotion and Tenure [Z]. Athens: The University of Georgia Press, 2013:8.

② The University of Georgia. Guidelines for Appointment, Promotion and Tenure [Z]. Athens: The University of Georgia Press, 2013:8.

③ 平权行动最早出现在1961年3月6日约翰·肯尼迪总统(John Kennedy)签署的行政命令,它是用来照顾少数族裔和弱势群体的优惠措施。1965年,林登·约翰逊总统(Lyndon Johnson)正式颁布平权行动的行政命令,要求国防工程承包商雇佣工人时,不考虑种族、宗教、信仰和籍贯。1967年,约翰逊总统又将性别歧视也纳入平权行动的范畴。目前的平权行动是指防止基于“肤色、宗教、性别、性取向或民族出身”等因素而对少数群体的歧视,主要集中于就业、教育、工程承包和医疗领域。

退役军人身份或身体残疾等偏见的影响。[①]

四、教师晋升评价的一般程序

佐治亚大学的教师晋升评价是按照一定的时间表来进行的，既要与教师的学术发展时间一致，又要使校长能在每年1月份之前收到最终的晋升推荐结果，便于教师事务办公室及时公布教师晋升的最终结果。晋升启动通知一般会在每年4月份左右发布，所有晋升候选人的申请材料必须在10月份左右被提交至学校层级的相关负责办公室，等待学校晋升评价委员会的审核，也就是说此前的晋升评价必须在这个时间点之前完成。

佐治亚大学终身轨教师的晋升评价程序大致需要经历学系、学院、学校三级评价（部分规模较小的学院教师只需要经历两级评价）。按规定，佐治亚大学第一轮晋升评价是由晋升与终身教职的基层评价单位（promotion and tenure unit，以下简称PTU）来负责。一般来说，PTU是指学系，但对于规模较小的学院而言，学院本身就是PTU。佐治亚大学共有16个学院，2个研究所，其中本身即为PTU的7个学院分别是生态学院、工程学院、环境与设计学院、林业与自然资源学院、法学院、公共卫生学院、社会工作学院。对于这7个学院的教师而言，他们仅需要经历学院和学校两级评价即可。鉴于学校大部分教师经历的是学系、学院和学校三级晋升评价，且50位受访者中仅有1位来自两级评价的学院，因此，后文将直接以学系替代PTU。

（一）学系晋升评价

基于佐治亚大学教师晋升评价的基本原则，学系晋升评价是候选人的晋升起点，且理论上对最终晋升结果具有重大影响力。

1. 候选人的正式晋升材料

无论教师申请哪一职称都需要按照佐治亚大学的相关要求来准备申请材料。晋升申请材料一共包括七个部分，分别是职称晋升推荐表、学系晋升评价总结信（cover letter）、学系晋升评价标准、申请人简历、申请人成果证明、申请人受聘条件及第三年评估结果、外部同行评价信。

① The University of Georgia. Guidelines for Appointment，Promotion and Tenure [Z]. Athens: The University of Georgia Press，2013:9.

具体来说，第一部分职称晋升推荐表只是一份长度为1页的简单汇总表，包括候选人的个人基本信息、申请职称、各个阶段晋升评价的结果记录及最终晋升结果等信息。助理教授晋升副教授时一般需要同时填写职称晋升推荐表和终身教职晋升推荐表，而副教授晋升教授时一般只需要填写职称晋升推荐表即可，具体情况取决于候选人需要申请的职称。各阶段的晋升评价结果由各阶段的评价负责人填写。

第二部分学系晋升评价总结信主要是学系对候选人的总结性评价，从候选人受聘时的工作量、候选人现阶段的工作成果及影响力、学系晋升评价的正式参与人数及结果等方面全面衡量候选人与其申请职称的匹配度。这一部分一般在学系正式评价结束后由系主任撰写，能够反映其对候选人的主观评价。

第三部分学系晋升评价标准是根据各学科特征，经系内全体教师同意的晋升评价依据。这份评价标准将随候选人的申请材料一同被送入下一阶段的晋升评价，其他阶段的晋升评价也是以此为依据的。因此，理论上来说，它是贯穿佐治亚大学教师晋升评价全过程的评价标准。

第四、五部分为申请人简历和成果证明。这两部分主要是总结候选人受聘现职以来在教学、科研、服务方面所取得的成绩。佐治亚大学规定这两部分的长度不得超过25页，且候选人应该在简历后附上成果的影响力说明，标明具有全国性或国际性影响的成果①。在三级晋升评价的任何阶段，候选人都可以将自己最新获得的科研资助证明、论文接收函或其他重要成果增添到晋升材料中，增强自己的竞争力。不过新增添的证明文件都需附上一封由候选人撰写的书面申请信，且应该在晋升评价总结信中有相应记录。

第六部分申请人受聘条件是指候选人在初聘到现职时与学校签订的劳动合同，包括对工作量的分配或其他特殊的职称要求。这份材料主要是用来衡量候选人是否完成了现职的工作要求。如果候选人受聘期间通过协商方式对初聘合约内容进行了更改，则需要系主任出具简短证明并说明更改理由。对助理教授而言，他们还必须提供第三年评估的结果。

第七部分外部同行评价信是指候选人必须从佐治亚大学以外的机构获取至少4封本学科专家的评价信。外部同行评价信主要是由校外专家

---

① The University of Georgia. Guidelines for Appointment, Promotion and Tenure [Z]. Athens: The University of Georgia Press, 2013:45.

根据候选人的个人简历以及他们的代表性成果对候选人在本学科的学术声誉进行评价。校外专家不能是候选人的导师、以前的学生、亲密的朋友或学术合作者。

就晋升材料的准备而言，第一部分、第二部分和第七部分主要是系主任的责任。但如果系主任反对候选人的晋升要求，候选人可以从本学系自行指定一名资深教师代替系主任之职，并由这名资深教师负责准备候选人的申请材料。在申请材料被递交至学院晋升评价委员会之前，候选人应该自行核查申请材料的前六大部分，确保信息的准确性。在候选人审查自己的档案之前，校外专家的身份信息必须全部删除。需要强调的是，候选人只能对涉及自己的事实性数据进行修改，无权改变他人意见。

2. 学系晋升评价委员会的组建

学系晋升评价委员会主要由系主任来组建。关于评审们的身份，佐治亚大学要求，“除了与候选人存在利益冲突（conflict of interest）的教师外，所有符合投票资格的教师都应该参与到学系晋升评价中，对候选人投出‘是’或‘否’的选票”。[①]利益冲突者主要是指任何会影响对候选人进行客观、公平判断的群体，包括与候选人有亲戚关系（如配偶），或与候选人存在专业或经济冲突等[②]。判断教师是否具有投票资格的依据主要是候选人所申请的职称。助理教授申请副教授时，只有副教授和教授有资格参与投票，学系的其他成员不具备投票资格；副教授申请教授时，只有教授才有投票资格；教师申请终身教职时，只有已经获得终身教职的教师才能参与投票。

如果一名教师同时受聘于两个学系，则任何一个学系都可以启动晋升程序，并准备相关材料。这些材料将被送往两个学系中符合评审资格的教师手中。每一个学系的投票结果都应该被记录到候选人的档案中。如果两个学系的投票结果均同意候选人晋升，则他的材料将直接被送入下一阶段接受审核。但如果两个学系的投票结果出现分歧，则候选人的

① The University of Georgia. Guidelines for Appointment, Promotion and Tenure [Z]. Athens: The University of Georgia Press, 2013:29.

② The University of Georgia. Guidelines for Appointment, Promotion and Tenure [Z]. Athens: The University of Georgia Press, 2013:10.

材料将立刻被送入大学申诉委员会（University Appeals Committee）。[①]不过这种情况在佐治亚大学并不常见，为了节约资源，这类教师的学系晋升评价一般会由其中一个学系主要负责，学系晋升评价委员会可以邀请另一学系符合评审资格的教师参与评价。

关于评审人数，佐治亚大学规定“只有当实际参与投票的教师人数达到学系中有资格投票教师总人数的2/3时，评价结果才有效”[②]。

3. 学系晋升评价的正式程序

多数情况下，只要候选人本人不反对，当教师通过系内的预先评价就可以进入正式的晋升评价程序。

（1）外部同行评价信的获取

在学系晋升评价委员会正式对候选人的晋升材料进行审核前，系主任必须协助候选人获得外部同行评价信。外部专家的名单由系主任和候选人共同拟定，但系主任拥有最终决定权，且候选人无权知晓最终的专家名单。

具体操作程序是，候选人根据自己的研究领域先自行拟定两份专家名单呈交给系主任，一份是不超过6人的推荐名单，一份是不超过3人的禁忌名单。按规定，系主任必须从候选人提供的推荐名单中至少选择2人作为正式的外部评价专家。而对于禁忌名单，系主任和其他教师必须保证不能联系这份名单上的专家获取关于候选人的晋升评价意见。此外，外部同行评价信还必须有至少2封来自候选人推荐名单之外。[③]

关于外部同行评价信的数量，一般需要4—6封，具体数量由各学系自行决定，但不能少于4封。一旦开启外部评价程序，无论结果如何，所有的外部同行评价信都必须纳入候选人的晋升材料中。由于外部同行评价信的往来需要一定的时间，因此，这一程序一般在暑期（5—7月）进行。

（2）学系晋升评价委员会的规程

在准备好晋升所需的正式材料后，学系负责人会在秋季学期开始时

---

① The University of Georgia. Guidelines for Appointment, Promotion and Tenure [Z]. Athens: The University of Georgia Press, 2013:30.

② The University of Georgia. Guidelines for Appointment, Promotion and Tenure [Z]. Athens: The University of Georgia Press, 2013:29.

③ The University of Georgia. Guidelines for Appointment, Promotion and Tenure [Z]. Athens: The University of Georgia Press, 2013:28.

召开学系晋升评价会议，正式对候选人进行评价。

在会议上，首先，系主任或其他受委托的教师会对候选人的基本情况进行介绍，评审们在对每一位候选人的晋升资格进行讨论后，以匿名方式投票。参与正式投票的教师不允许弃权。缺席正式投票的教师也可以对候选人进行投票，但选票必须在晋升评价会议开始前以书面形式送呈系主任才算有效，否则将被视为无效。缺席的有投票资格的教师的选票如果表述模糊也将会被视为无效。投票结束后，将由两名评审负责统计投票结果，并在会议结束前将结果告知全体与会成员。

学系层面的晋升投票结果按实际票数计算，即少数服从多数。如果投票结果正负相当，则学系晋升视为失败。按规定，系主任的选票必须在统计选票时被公开。[①]如果系主任个人对候选人的投票为“否”，那么，候选人申请材料中的学系晋升评价总结信则应由系内其他资深教师代替完成。当学系总体结果为“否”时，系主任需要对这个结果进行简要说明，并将说明材料作为候选人的正式晋升材料送呈下一轮学院晋升评价。

学系投票结果和具体票数必须在会议结束后3个工作日内告知候选人。候选人有权查阅包括学系教师投票结果在内的所有信息。在晋升材料被送入学院之前，候选人有5个工作日的时间通过书面形式对学系晋升评价结果进行解释、反馈，这一材料也将被纳入晋升材料中。

在学系晋升评价委员会的投票结束后，候选人的晋升材料就不允许再改动了。任何对事实性错误的修改只能通过系主任（或其他委托教师）准备的学系晋升评价总结信或候选人自己的书面反馈来更正或澄清，并随其他晋升材料一同进入学院晋升评价。

（二）学院晋升评价

学院晋升评价是佐治亚大学教师在职称晋升过程中需要经历的第二道关卡。

1. 学院晋升评价委员会的组建

在佐治亚大学，每个学院都会设立晋升评价委员会对学系上报的候选人进行考核。学院晋升评价委员会的职责主要有两项：一是对学系的晋升评价程序进行监督，确保候选人不因程序性错误而遭受不公正待

① The University of Georgia. Guidelines for Appointment, Promotion and Tenure [Z]. Athens: The University of Georgia Press, 2013:29.

遇；二是确保候选人满足学系的晋升要求。[①]一般来说，每个学院只设立1个晋升评价委员会，但也有一个例外——文理学院。由于文理学院下设30个学系，横跨艺术、社会科学、生物科学、物理与数学科学、人文学科等基础学科，各学科知识跨度较大，因此，该学院共设有5个学院晋升评价委员会。

学院晋升评价委员会由1名主席和若干名评审构成。《手册》建议，"学院晋升评价委员会至少应由学院内5名教师组成，主席必须具有终身教职"。[②]一般来说，学院院长不会担任学院晋升评价委员会主席，而是委任一名资深教师负责。评审们则来自学院下设的各个学系，每个学系每年必须有1名副教授或以上职称的教师担任学院晋升评价委员会评审。学院评审既可以直接由院长任命，也可以由学系推荐。关于评审的职称资格，学院的要求与学系一样，即根据候选人申请职称而定，此处不再赘述。为了简化评价程序，有些学院明确规定，学院晋升评价委员会的成员只能是教授，剥夺了副教授参与学院晋升评价的权利。

2. 学院晋升评价委员会的规程

在学院召开晋升评价会议前，学院评审们应对候选人的晋升材料有较为全面的了解。出席会议的人员除了学院晋升评价委员会全体成员外，还包括1名学院副院长，但副院长在整个会议讨论期间不能干涉评价委员会的判断，只负责提供关于晋升评价程序的咨询意见。

一般来说，学院晋升评价由评价委员会主席主持，缺席委员人数不得超过1人。会议开始后，主席根据学系上呈的候选人晋升材料进行基本情况介绍，并引导其他成员逐一对所有的晋升申请进行讨论。讨论结束后，所有评审进行匿名投票。学院晋升评价不允许弃权，且缺席委员不能进行委托投票。在对申请教授职称的候选人进行评价时，评审中的副教授没有投票权。需要强调的是，除了前文提及的"利益相关者"外，与候选人来自同一学系的评审也不能在学院层级参与对自己同事的晋升评价，他们需要在讨论开始前回避。

投票结束后，评价委员会主席将指派2名评审统计票数。由于佐治

① The University of Georgia. Guidelines for Appointment, Promotion and Tenure [Z]. Athens: The University of Georgia Press, 2013:31.

② The University of Georgia. Guidelines for Appointment, Promotion and Tenure [Z]. Athens: The University of Georgia Press, 2013:31.

亚大学的教师晋升评价遵循“以学系判断为主”的原则，因此，在学院晋升评价中，评审结果不再遵循“少数服从多数”的计票原则。按规定，如果学院晋升评价委员会要推翻学系的晋升投票结果，则不仅票数需要超过总投票数的2/3，而且还需要明确指出学系晋升评价中存在的程序性错误。①例如，当学院晋升评价委员会有9位评审时，必须有6人的意见一致才能够否决学系的晋升结果。如果出现5人反对4人赞同的情形，则学院的最终评审意见仍被视为“与学系一致”。最终的投票结果和具体分数必须在会议结束之前告知所有的参会人员。

当学院晋升评价委员会确实发现学系晋升评价中存在程序性错误时，依据错误的严重性程度，学院晋升评价委员会可以采取以下任意一种措施。第一种情形是如果程序性错误能够在现阶段被更正的话，即刻将候选人的晋升申请连同修改意见一同返还至其所在学系进行更正。第二种情形是如果学院评价委员会超过2/3的成员认同程序性错误严重到可能会影响学系对候选人的晋升判断，那么，学院晋升评价委员会就废除学系的晋升决定，并依据现有资料对候选人的晋升申请重新投票。此时，学院层面的投票结果将依据“少数服从多数”的原则来进行统计，新的晋升结果将替代被废除的学系晋升决定被送入学校晋升评价委员会。当“赞成”与“反对”的票数相同时，晋升视为失败。第三种情形是在候选人的配合下，尽可能地将晋升材料补充完整，力图实现晋升评价的公平性。第四种情形是当这种错误对候选人的晋升判断不造成任何严重影响时，学院晋升评价委员会可能会直接选择忽略。

基于佐治亚大学的“递进性原则”，无论学院晋升评价委员会的最终结果如何，候选人的晋升材料都将继续接受学校晋升评价。此外，学院晋升评价委员会还必须对其晋升判断附上书面说明，与具体的投票数一同反馈给候选人。候选人有权在7个工作日内对学院晋升评价委员会的决定进行书面反馈。候选人的反馈意见和学院晋升评价委员会的书面理由说明都将随晋升材料一起进入学校晋升评价委员会。

3. 院长的职责

在整个学院层面的晋升评价中，院长（或其委托人）虽然是学院评价委员会的默认成员，但没有投票权。不过，佐治亚大学规定，在学院

① The University of Georgia. Guidelines for Appointment, Promotion and Tenure [Z]. Athens: The University of Georgia Press, 2013:31.

晋升评价委员会做出决定后，所有候选人的晋升材料连同评价委员会的判断结果都必须交由学院院长进行审核。院长（或其委托人）将对每一位候选人的晋升申请进行独立且全面的评估，并负责撰写学院晋升评价总结信。这一规定是在2004年后确立的，目的是在教师晋升过程中重新赋予院长一定的“话语权”。虽然院长无权左右学院晋升评价委员会的判断结果，但可以通过总结信的方式来表达自己对候选人的资质判断。院长负责的学院晋升评价总结信内容一般包括院长本人对候选人的独立评估意见、学系及学院晋升评价委员会的投票结果。

按规定，在所有晋升材料被送入学校晋升评价委员会之前，候选人有5个工作日的时间来对院长出具的学院晋升评价总结信进行书面回应。候选人的反馈信息将与其他晋升材料一同进入学校晋升评价。

（三）学校晋升评价

对于候选人而言，学校晋升评价是他们在晋升过程中面临的最后一次也是实质上最重要的一次评价。如果候选人能够顺利通过这一级考核，那么，无论其在此前的晋升评价中结果如何，候选人都将成功获得晋升。相反，如果候选人未能通过学校层级的晋升评价，那么，即使其顺利通过此前所有的晋升评价，其最终晋升结果也将被判为失败。

1. 学校晋升评价委员会的组建

佐治亚大学是一所涵盖多门学科的综合性研究型大学。因此，在学校层级，佐治亚大学根据学科属性设立了多个学科委员会（area committees），如艺术与应用艺术、物理科学、人文学科、社会与行为科学、生命科学、健康与临床科学、专业与应用研究等方向。

每个学校晋升评价委员会至少包括7名拥有终身教职的正教授，其中1位为主席。学校晋升评审由各学院院长推荐，由学术事务高级副校长直接聘任。学校晋升评审必须在自己的学科内有所建树。学校会在晋升评价结束后，正式公布学校晋升评价委员会的全体名单。[①]

系主任在与候选人及学院院长协商后，决定具体由哪一个学校晋升评价委员会来受理候选人的晋升材料。同一个学系当年度申请晋升的所有候选人不必交由同一个评价委员会来审核。尤其对于从事跨学科研究的教师而言，他们有权决定自己的学校晋升评价委员会。

---

① The University of Georgia. Guidelines for Appointment, Promotion and Tenure [Z]. Athens: The University of Georgia Press, 2013:33.

2. 学校晋升评价委员会的规程

学校晋升评价委员会的职责与学院层级并不完全一样。《手册》明确指出，“学校晋升评价委员会在审核候选人的晋升材料时应关注三个重点：一是评估学系晋升评价委员会和校外专家对候选人做出的判断是否切合实际，即确保候选人达到了其所申请职称的要求；二是确保不同学科间评价标准的统一性；三是判断学院晋升评价委员会的评审过程是否存在程序性错误”[①]。

需要强调的是，在评估候选人的晋升申请时，学院及学校晋升评价委员会都需要考查程序性错误。在佐治亚大学，这种程序性错误主要包括：未对候选人进行第三年评估或年度评估；未让候选人参与外部专家的挑选；学系的投票未与规定程序保持一致；评估候选人时未严格遵照学系制定的标准；其他任何未与规定程序或标准保持一致的行为。

由于学校晋升评价的具体程序与学院层级一致，故不再赘述。两者的区别主要在于对晋升评价结果的处理。学校晋升评价委员会的最终意见及理由说明将被送至学术事务高级副校长。如果推荐意见为赞成晋升，则副校长会直接将晋升材料上交校长获取最后批复。如果推荐意见为否决晋升，则副校长会将候选人的晋升材料以及候选人在7个工作日内递交的书面申请一同移交至大学晋升申诉委员会。大学晋升申诉委员会会依据候选人的书面申请来检视晋升评价过程中的所有程序。

（四）申诉

在佐治亚大学，如果候选人的职称晋升申请被学校晋升评价委员会批准，即意味着他成功获得了晋升，其所需要经历的晋升评价程序基本到此为止。但如果候选人被学校晋升评价委员会否决了，也并非意味着晋升程序已经终止，因为学校规定，“除非候选人主动书面申请终止晋升程序，否则，其晋升材料就将自动被送入大学晋升申诉委员会”。[②]从这个意义上看，申诉是一轮完整晋升评价程序的最后一个环节，是教师维护自己正当权利的正式渠道。

① The University of Georgia. Guidelines for Appointment, Promotion and Tenure [Z]. Athens: The University of Georgia Press, 2013:34.

② The University of Georgia. Guidelines for Appointment, Promotion and Tenure [Z]. Athens: The University of Georgia Press, 2013:36.

1. 大学晋升申诉委员会的组建

整个佐治亚大学只设立了1个学校层级的晋升申诉委员会，由1名主席和17名委员组成。申诉委员会的主席不需要重新选举，是由学术事务高级副校长直接担任，但他没有投票权，其他成员必须是已获终身教职的正教授。17名申诉委员分别代表着佐治亚大学的16个学院和研究生院。来自研究生院的代表必须是研究生委员会（Graduate Council）的成员，经研究生院院长、研究生委员会及学术事务高级副校长共同推荐。每个学院的代表教授则是由佐治亚大学委员会选举产生。按规定，大学晋升申诉委员会必须在每年5月1日前成立，负责下一学年的教师晋升申诉审核。①

2. 申诉双方的职责

整个晋升评价程序耗时将近1年，在此期间，候选人完全有可能获得新的成就。虽然前文曾提及学校允许候选人在整个晋升评价的任何阶段补充新增的、有助于晋升的事实性材料，但需要强调的是，一旦进入晋升申诉阶段，申诉委员会将不再接收候选人所补充的事实性申请材料。在申诉阶段，候选人所能补充的书面材料只能是针对此前晋升评价中所出现的程序性错误，澄清自己被否决晋升的原因是程序性错误而非能力未能达到申请职称的要求。

具体来说，候选人可以申诉的程序性错误主要包括两类：一是在学系的阶段性评价中存在重大的程序违规；二是学院或学校晋升评价委员会的评审过程存在重大程序性违规，包括投票程序不符合规定等。

同时，对于大学晋升申诉委员会的职责，《手册》也做出了明确规定，即针对以下情况做出最正确的判断：

（1）是否存在申请材料错误、不准确或程序性错误；

（2）申请材料的错误、不准确或不符合规定是否会对候选人的晋升评价结果产生重大的负面影响。

3. 申诉审查的规程

教师的晋升申诉并不是通过一次会议就可以完成，而是需要申诉委员会对候选人在书面说明材料中所针对的某一级或几级晋升评价进行全面审核。

---

① The University of Georgia. Guidelines for Appointment, Promotion and Tenure [Z]. Athens: The University of Georgia Press, 2013:36.

具体而言，在处理申诉案例时，大学晋升申诉委员会可以分别对候选人、系主任、院长或其他相关人员进行当面访谈。如果申诉案例过多，申诉委员会可以设立几个特别委员会分别处理不同的申诉案例，然后再统一在晋升申诉委员会全体会议时进行汇报，全体成员根据特别委员会的调查结论再对申诉案例进行判断。需要强调的是，与候选人来自同一学系的评审委员必须回避，不能参与申诉阶段的任何调查、审核工作，包括前期的核实调查和后期的正式投票。

在正式投票阶段，有几点原则必须注意：第一，与会成员必须至少达到全体成员数的2/3，投票结果才能被视为有效。缺席成员没有投票权，且所有参会成员不允许弃权。第二，申诉阶段的投票结果统计采用“少数服从多数”原则，当票数相当时，投票结果视为“否决”。第三，申诉结果出来后晋升申诉委员会应首先向学术事务高级副校长汇报，结果的呈现方式有两种，即“关于候选人晋升的否决投票中不存在产生重大影响的错误”或“候选人的档案材料确实存在不准确、不符合规定之处，可能会或已经对投票结果产生干扰”。

针对不同的申诉处理结果，佐治亚大学会采取不同的应对措施。如果大学晋升申诉委员会的最终鉴定意见是“申诉理由不足以推翻此前学校晋升评价委员会做出的晋升判断”，那么，学术事务高级副校长就会正式通知候选人、系主任和院长“晋升失败”的最后结果。如果候选人仍有疑义，那么，这份晋升申请案例就将被呈报校长，由校长本人进行二次判断。

如果大学申诉委员会的最终鉴定意见是候选人的“申诉理由属实”，那么，学术事务高级副校长就会采取相应措施来解决问题，例如，通知原晋升评价委员会或组建特别委员会再次审核候选人的晋升材料；直接对候选人的晋升申请做出判断，并将自己的审核意见汇报校长；与校内或校外权威机构磋商候选人的晋升申请等。

需要强调的是，无论申诉委员会对候选人做出哪种判断，他们都应该在5个工作日内将申诉结果告知候选人、系主任和院长，并与他们及时沟通学术事务高级副校长将采取的相应措施。

任何希望向校长再次申诉的候选人必须在获知申诉委员会判断结果后的7个工作日内提出书面申请。由校长本人进行的二次申诉不需要再对候选人或其他相关负责人进行面对面的访谈，校长只需依据候选人提交的申诉材料进行判断即可。当所有程序完成后，学术事务高级副校长会将候选人最后的晋升结果通知本人和相关负责人。

五、教师晋升评价的特色程序

除一般性晋升程序外，佐治亚大学还存在一些与教师晋升有着直接或间接联系的特殊程序。这些特殊程序主要集中在学系层级。

（一）学系的辅助性晋升评价程序

在正式进入晋升评价之前，候选人还需要从学系获得一系列必要的"通行证"，包括年度评估、第三年评估、预先评估等，这些评价结果是系主任判断候选人是否有资格申请晋升的重要依据。

1. 年度评估

学校规定，系主任必须每年对系内的每一位助理教授、副教授和教授进行年度评估。教师在被评估后有权对评估结果进行反馈，最终，书面的年度评估结果和被评估人的书面反馈意见将一同被送入佐治亚大学董事会。

具体来说，年度评估主要包括以下方面：

首先，评估人是系主任个人，其他教师不直接参与年度评估。但在某些情况下，如系主任不太了解被评估人的具体研究方向时，系主任会咨询其他教师的辅助性意见。

其次，年度评估的主要依据是学校的相关政策、被评估教师所签订的聘用合同及其在前一年的实际工作表现。系主任主要据此对教师与岗位的适切性进行综合判断，并提出改进意见。

再次，年度评估的结果不直接影响教师的未来晋升。年度评估只是对教师一年的工作表现进行评价，目的主要是为教师续聘和未来发展提供指导性意见。教师的正式晋升材料中并不包括年度评估结果，因此，即使教师的年度评估结果并不理想，也不会直接影响教师晋升。不过，如果一位连续获得正面年度评估结果的教师最终却在职称晋升时失败，那么，年度评估就可能成为候选人在申诉阶段的有力法宝。

2. 第三年评估

佐治亚大学的助理教授在晋升副教授前还需要经历一项特别的评价，即第三年评估。第三年评估是指助理教授在其职业生涯的第三年春季必须接受学校的中期审核，旨在根据候选人入职以来所取得的成就判断其能否顺利晋升为副教授。第三年评估属于学系层级的评价，其他层级的评审不参与其中。

具体来说，系主任在将候选人自行准备好的评估材料交给系内所有有资格投票的副教授和教授审核后，择期主持召开第三年评估特别会议。会上，一般由系主任或1名资深教授负责介绍候选人近年来在教学、科研、服务方面的表现，与会教师就候选人的发展潜力进行讨论后，分别对其在职称晋升和终身教职晋升的表现进行匿名投票。如果助理教授不能成功通过学系的第三年评估，那么，他就有可能要被终止聘用合同。具体处理方式由各学系自行决定，例如，有些学系会给不能顺利通过第三年评估的助理教授多1年的时间证明自己。

对于中途转入佐治亚大学的助理教授而言，如果其在此前任职的大学中已经通过了第三年评估，即可以申请将此前的评估结果直接带入佐治亚大学，无须再次经历第三年评估。

3. 预先评价

一般来说，教师决定正式申请晋升后，会在接受正式的学系晋升评价之前先经历一次内部的预先评价。预先评价主要在春季学期进行。有投票资格的教师会基于候选人的最新简历及其他相关材料对是否启动学系正式晋升评价进行判断。系主任必须在学系预先评价结果出来后的3个工作日内将决定告知晋升候选人。系主任不需要公开自己的投票结果。

对于助理教授而言，如果内部预先评价的结果是正面的，除非候选人自己书面提出终止晋升程序，否则，候选人将默认正式进入晋升评价程序，即系主任会开始组织学系正式晋升评价，并帮助候选人获取外部同行评价信。如果内部预先评价的结果是负面的，系主任将取消正式晋升评价。但以下两种情形例外：一是如果助理教授处于职业生涯的第5年，且其本人强烈要求启动正式晋升评价；二是如果助理教授已经进入职业生涯的第6或第7年，那么，无论学系内部预先评价的结果如何，候选人都必须正式进入晋升评价程序。

对于副教授而言，一旦完成5年服务期，那么，他在第一次申请晋升教授时或距离上次晋升失败达5年及以上时，无论预先评价的结果如何，他们都可以完整地经历一次正式晋升评价程序。除此之外，只要内部预先评价失败，副教授们都不能进入正式的晋升评价程序。

需要指出的是，由于预先评价并不属于正式的教师晋升评价，因此，预先评价的结果不需要纳入候选教师的申请材料。

（二）个别学系的特色晋升评价程序

教师晋升虽然是人事管理的重要组成部分，但佐治亚大学还是赋予了学系较大的自主权，允许他们在不违背学校基本原则的前提下，自行规定学系内部的评价细则。研究发现，公共与国际事务学院、物理与天文学系等少数组织充分发挥了自主权，出台了颇有特色的晋升评价程序。

1. 公共与国际事务学院

公共与国际事务学院下设3个学系，分别是公共管理与政策学系、政治学系和国际事务学系。该院的特色晋升程序在于其对助理教授严谨的年度评估和特殊的投票方式。

在公共与国际事务学院，所有助理教授的聘用合同都是每年签订一次。每年，助理教授们都需要经历两次评估，一次是学校要求的由系主任个人进行的年度评估，而另一次则是由系内全体已获终身教职的教师对助理教授进行的投票评估。后一种评估并非学校要求，而是学院自行设计的评价程序，用于判断是否续聘该助理教授。刚入职的助理教授必须在第2年的2月15日左右被告知第2年的聘用意见；入职第2年的助理教授必须在当年的11月15日左右被告知第3年的聘用决定；入职2年及以上的助理教授必须在当年的8月15日左右被告知下一学年的聘用意见。[①]

具体来说，每年系内投票评估开始前，候选教师应自行准备好最新简历，并提交给系内所有的资深教师审核。系主任在学校规定日期之前择日召开正式投票会议。会上所有的投票都是匿名的，并遵循“少数服从多数”的原则进行结果统计。不同的是，公共与国际事务学院的年度投票评估的票面意见不是简单地以“赞成”“否决”进行区分，而是像

① The University of Georgia. Promotion and Tenure Guidelines in Department of Public Administration and Policy[EB/OL]. [2013-11-24]. http://provost.uga.edu/documents/ptucriteria/spia_pubadm.pdf.

交通信号灯一般分为三类，即“赞成”“有保留地赞成”“否决”①。其中，“有保留地赞成”是用来表示候选教师仍有需要提升的领域，带有警示作用。在票数统计时，“有保留地赞成”与“赞成”一样被计为正面意见。会后，系主任将投票结果告知候选人，并针对具体的投票情况为其提供改进建议。需要说明的是，该学院助理教授在入职第3年末所接受的年度投票评估等同于学校所规定的“第三年评估”，只是这次的评估会比其他年度投票评估考查的内容更为广泛。

该学院尽管创造性地增设了“有保留地赞成”的投票方式，有助于评审们更准确地表达自己的意见，但每年的投票评估无疑强化了年度评估对助理教授的威慑作用，无形中增加了他们的心理压力。

2. 物理与天文学系

隶属于文理学院的物理与天文学系的晋升评价程序也颇有特色，即系内分别设置教学评估分委员会（Teaching Subcommittee）和科研评估分委员会（Research Subcommittee）来替代系主任的部分职责。

在其他学系的晋升评价中，候选人需要经历的评价程序可简单地归纳为“准备晋升材料—组建评价委员会—预先评价—系主任获取外部专家信—正式评价”五大步骤。而在物理与天文学系，系主任的权力和责任被稀释，学系晋升评价委员会不仅仅要对候选人进行两次投票，还承担了更多的具体工作。首先，候选人根据学系要求自行准备好申请晋升所需的文档材料，学系晋升评价委员会根据材料对候选人的晋升资格进行初步判断。如果学系晋升评价委员会同意继续对候选教师进行评价，那么，接下来的工作就是由学系晋升评价委员会根据候选人的研究领域分别组建教学评估分委员会和科研评估分委员会。接下来，两个评估分委员会将依据候选人提供的材料分别对其在教学与科研领域所取得的成就进行判断，并各自出具一份评估报告。随后，学系晋升评价委员会将综合考量候选人提交的材料以及两个分委员会出具的评估报告，对候选教师的晋升申请做出预先评价。此后的评价程序与其他学系并无二致，只是物理与天文学系还允许与学系晋升评价委员会决定意见相左的教师可以另外提交一份自己的评审意见作为补充材料，随候选人的其他晋升

① The University of Georgia. Promotion and Tenure Guidelines in Department of Public Administration and Policy[EB/OL].［2013-11-24］. http://provost.uga.edu/documents/ptucriteria/spia_pubadm.pdf.

材料一同被送入学院层级。[①]

此外，物理与天文学系还对教学评估分委员会和科研评估分委员会的组建和职责进行了详细说明。具体来说，科研评估分委员会由3名教师组成，其中至少有1位教师的研究领域与候选人不相近。科研评估分委员会除了搜集并核实候选人的科研成果及其影响力，据此出具科研能力评估报告外，如果候选人顺利通过预先评价进入获取外部同行评价信的阶段时，他们还需要负责拟定不多于6人的校外专家名单供学系晋升评价委员会参考。教学评估分委员会则由2名教师组成。教学评估分委员会的职责除了出具候选人的教学能力评估报告外，在获取外部同行评价信阶段，还可以向学系晋升评价委员会提交不超过6人（包括候选人曾指导过的学生和佐治亚大学的同事）的名单，并说明候选人与这些人的关系。[②]需要指出的是，科研评估分委员会和教学评估分委员会均有义务在学系预先评价之前的几个工作日将评价报告分发给参与晋升评价的系内教师，以便他们有更充分的时间深入了解候选人的教学和科研表现。

除了设立教学与科研评估分委员会外，物理与天文学系晋升程序中的外部同行评价也与其他学系略有不同。首先，其他学系的外部同行评价信的内容是对候选人的教学、科研、服务三方面进行的综合评价，而物理与天文学系则主要要求外部同行专家对候选教师的科研成果进行评价，再另行向其他群体（包括候选人曾执导过的学生和佐治亚大学的同事）获取对候选人的教学评价。其次，在其他学系，外部同行评价的专家名单是由候选人和系主任两方参与决定的，且系主任拥有最终决定权。而在物理与天文学系，专家名单由候选人、教学（科研）评估分委员会及系主任三方决定，且最终的校外专家名单是由系主任和学系晋升评价委员会2/3成员共同决定。

该学系的晋升评价的特点在于弱化了系主任的个人权力，使系内更多教师深入地参与到晋升评价过程中来，突出“共同掌权”的民主式管

① The University of Georgia. Procedures and Policies Governing Nomination for Promotion to Associate Professor[EB/OL]. [2013-11-24]. http://www.physast.uga.edu/policies/PromotionPolicies/AssociateProfessor.

② The University of Georgia. Procedures and Policies Governing Nomination for Promotion to Associate Professor[EB/OL]. [2013-11-24]. http://www.physast.uga.edu/policies/PromotionPolicies/AssociateProfessor.

理方式。

3. 作物与土壤学系

作物与土壤学系是林业与自然资源学院的一个学系。该学系既包括分子生物学、基础植物生化学等基础研究方向，又涵盖牧草耕作、栽培变种等应用研究方向。基于研究方向的多样性，学系也聘用了不同类型的教师，除了助理教授、副教授及教授外，还包括公共服务教师（public service faculty/extension faculty）。公共服务教师是指专以公共服务为工作内容的教师，其虽是学系聘用的全日制教师，但并不属于终身轨，故不在本书的研究范围内。对于助理教授、副教授及教授而言，作物与土壤学系的特色晋升评价程序就是社会服务评价。

终身轨教师接受社会服务评价的时间有所不同。对于助理教授而言，社会服务评价一般发生在其进入佐治亚大学后的第3年或提交晋升申请的前1年。对于副教授而言，社会服务评价则应在其晋升为副教授后的第3或第4年，且至少距离其提交教授晋升申请的前1年。

社会服务评价的具体操作程序是：首先，社会服务评价委员会的组建。候选人根据自己的研究领域向系主任推荐5名教师，系主任从中选择3名组成该候选人的社会服务评价委员会，并指定其中1位担任主席。社会服务评价委员会的所有成员应具有丰富的服务经验，且必须至少有1位委员与候选教师不属于同一个分校区。作物与土壤学系所有具备终身教职的教师均有资格成为备选评审。其次，社会服务评价的操作过程。社会服务评价委员会主席通知候选人按学系要求准备一份说明材料，包括服务类出版物、所有相关信息的链接和采纳证明材料等。同时，评价委员会还应指定1名或多名评审至少参加1次候选人与客户间的产品说明会议，考查候选人与客户之间的互动。最后，社会服务评价委员会将基于候选人提供的说明材料、用户（如农民、工厂代表、政府官员等）反馈等材料对候选人的服务表现进行整体评价，向系主任提交一份1—2页的书面评估报告。[①]系主任在收到报告后与候选人进行沟通，为其指出今后工作改进的方向。

作物与土壤学系的社会服务评价虽然不用对候选人的表现进行投票，且不属于系内所有终身轨教师必经的晋升评价程序，但却是与学系

---

① The University of Georgia. Crop and Soil Sciences Promotion and Tenure Criteria [EB/OL]. [2013-11-28]. http://provost.uga.edu/documents/ptucriteria/caes_cropsoilsci.pdf.

签署了社会服务合约的终身轨教师必经的晋升评价环节，而且会对这部分教师最终的学系晋升评价结果产生重要影响。

该学系增设的社会服务评价反映了教师晋升评价的学科差异与研究类型差异。对于应用性学科而言，教师晋升不能一味固守其他学科的晋升评价程序和标准，而应依据学科属性适当调整考核重点。

第二节　教师晋升评价的标准

与当代其他美国大学相似的是，佐治亚大学同样认同“大学的基本功能主要包括教学、科研与服务”的理念，并将其列为学校的发展目标。教师作为大学的主体之一，必然要成为大学基本功能的主要承担者。因此，佐治亚大学明确地从教学、科研、服务三方面来制定教师晋升评价的标准。

一、学校层级的晋升评价标准

佐治亚大学的学科门类齐全，不同学科之间的差别较大，很难从学校层级为所有教师设立一套普适的评价标准，但学校仍然在《手册》中进行了尝试。更确切地说，学校层面的晋升评价标准更倾向于一份纲领性文件，是各院系自行制定晋升评价标准时的参考依据。

（一）教学评价标准

教学是大学的初始使命，也是大学作为教育机构的立命根本。因此，知识传授、人才培育是大学教师的基本任务之一，无论何种职称的教师都不能逃避这一责任。佐治亚大学虽然是一所研究型大学，但却十分重视教学在教师考核中的地位。《手册》指出，“教学不仅能够传授学生知识，而且能够唤起学生继续学习的愿望，赋予他们继续学习的能力”[①]。具体而言，佐治亚大学将教师教学分为日常课程教学以及科研辅助类教学两类。前者主要指教师在教室、实验室等场域中的正式授课，而后者则是指其对本科生及研究生的学术指导。

---

① The University of Georgia. Guidelines for Appointment, Promotion and Tenure [Z]. Athens: The University of Georgia Press, 2013:14.

教师教学的有效性主要由学生成绩来反映。除此之外，教师还可以提供其他材料来证明自己在教学领域所取得的成就。佐治亚大学在《手册》中列举了几项学校认可的证明材料，并指出各院系有权根据本学科实际情况在此基础上进行补充。具体来说，学校认可的教学证明材料主要包括：

1. 与教学相关的专门奖项

为了鼓励教师在教学领域投注更多的精力，佐治亚大学设立了“理查德·罗素本科卓越教学奖”（Richard B. Russell Awards for Excellence in Undergraduate Teaching）和“约西亚·梅格斯杰出教学教师奖”（Josiah Meigs Distinguished Teaching Professorships）。这两个奖项是学校认可教师教学成就的主要校内奖项。区别在于，前者是专门为了表彰在本科生教学中表现突出的教师而设立的，而后者则是不分授课对象的教学类专项奖。此外，校外机构颁发的教学类相关奖项也能作为教学考核的支持性材料。

2. 对专业和课程的发展或重大变革做出贡献

教师在教学方面的责任绝不仅限于教室，如何引导本学科往更合理的方向发展也是大学教师的职责之一。佐治亚大学所认同的“贡献”主要包括两个方面：一是创新地使用教学材料、教学方法，或在本学科领域开设创新课程；二是参与校内外的跨学科课程或跨学科专业的合作教学。需要强调的是，候选人在提交合作类项目的证明材料时应注明自己的角色和贡献程度。

3. 学生评价反映出的教学效果

学生是教学行为的对象，他们的反馈是对教师教学行为最直接的评价，因此，学生评价是佐治亚大学衡量教师教学效果的重要依据。学生评价的形式有多种，教师可以提供以下任何形式的学生评价作为晋升考核时的证明材料。

（1）课程评价

课程评价主要是调查教师教学的有效性与创新性，而不是教师的受欢迎程度。每门课程结束后，学生都可以通过电子或纸质形式对教师的课程教学进行评价。在晋升考核时，候选人可以提供前3年所教所有课程的学生评价信息。如果候选人属于提前晋升，则只需要提供前2年的课程评价数据即可。

（2）学生代表的课程推荐信

晋升候选人可以邀请个别学生代表对教师的教学能力给予详细评价。学生推荐信的重点主要应关注教师在启发学生学习兴趣方面的表现。有效推荐信的时间范围与课程评价一致。

（3）学生提供的实习评价

这一类评价主要是指由正在诊所、实验室、体育馆、附属医院受训的学生对相关学科的候选人提供的评价。评价偏重于教师在其实习过程中所提供的帮助，包括专业性、心理性等多方面。

（4）此前学生的评价信

这里的“此前学生”是指候选人曾经教授过的学生，且主要是指佐治亚大学的学生。评价信的具体内容可涉及候选人在传统课堂上及课堂之外的教学表现。

（5）学生考试成绩

为了使考试成绩具有可比性，佐治亚大学所认可的“学生考试成绩”必须是学生参加统一性或标准化考试中的成绩，由此才可以在同一维度证明候选教师的教学有效性。

（6）学生的成就

候选人如果能够提供其现阶段或此前所指导的学生所取得的成就，也能作为教学有效性的证明材料。学生的成就既可以是他们掌握了本学科的核心知识，又可以是指他们在求知过程中习得的其他知识。

（7）对研究生的有效指导

研究生在求学过程中会参与许多学术活动。教师会在其中发挥正式或非正式的影响。佐治亚大学对“有效指导”的认可主要是通过研究生的课程论文和毕业论文来进行，候选人必须提供明确证据证明自己在论文指导过程中的角色和作用。

（8）其他学校的学生评价

除了佐治亚大学本校的学生外，其他学校的学生也可以对候选人出具评价信，尤其是由曾经跟随候选人学习过的外校学生所提供的评价信可信度更高。这项证明材料对于从外校转入佐治亚大学工作的教师而言非常重要。

（9）对学生的个别指导

教师在学生作为个人研究者的项目中的有效指导同样可以作为判断

教师教学有效性的依据。学生作为个人研究者的情形包括独立研究、特殊学生项目、学生研讨会等。

（10）对学生的有效建议

“建议”是一项非正式色彩十分浓厚的指导。因此，学校要求候选人应该提供确切材料证明自己对学生的建议是有效的，如学生发表论文的参与作者等。

4. 同行教学评价

除了多种形式的学生评价外，候选人的同行所给出的教学评价意见也十分具有参考价值。尤其在学生课程评价的客观分数不够理想时，正面的同行教学评价能够为候选人加分不少。佐治亚大学认可的同行教学评价主要包括以下形式：

（1）同事教学评价（peer evaluation）

这种评价方式主要是由熟悉候选人教学水平的同事或晋升导师来实施的。“同事”的筛选条件可以是以下任一种：曾与候选人有合作教学经验；曾经使用过候选人设计的教学材料；曾经与候选人教授过同一批学生。具体而言，晋升候选人可以邀请1—2名本学系的同事或晋升导师到自己的课堂上去听课，次数不定，再由听课人从专业人员的角度对候选人的教学能力进行评价。

（2）特殊课程的教学经历

如果候选人曾被选中参与特殊课程的教学，如教学示范课等，那么，这种被同行认可的教学经历也能成为帮助候选人顺利晋升的有利材料。

（3）校外教学经历

佐治亚大学非常鼓励教师参与到校外的教学活动中去，如专题演讲、研讨会、国际交流项目等。因为学校认为，如果候选人能够获得校外机构的这类邀约，即可证明这名教师的教学能力是受到外界认可的。

（4）担任与教学相关的专业组织或管理机构的成员

如果候选人能够被聘为与教学相关的专业组织成员，如教学认证机构或特殊委员会等，就可以证明这名教师在教学领域达到了较高水准。此外，如果候选人担任教学类杂志的编辑或评审专家，其受聘证书也能成为证明材料。

（5）参与教学评估活动

教师可以将其曾经参与学术团体或政府机构组织的教育项目评估活动的邀请函作为证明材料提交给晋升评价委员会，以此说明自己在教学领域中的地位。

5. 与教学相关的出版物

教师自己的教学经验、教学心得也是证明自己教学能力的重要证明材料之一，尤其是被正式出版的成果更具说服力。不过，佐治亚大学对“出版物”有自己的界定。

具体来说，佐治亚大学所认可的“出版物”有以下形式：一是上课的教材、出版的讲义、摘要、论文或综述等能够反映候选教师教学能力和科研能力的材料；二是候选人教学成果的采用情况，主要是指候选人主编的教材被高校使用的情况，尤其是反复利用率更是能够反映候选人的教学能力；三是关于教学研究的论文，如在国内外会议上介绍自己的教学研究成果等。

6. 与教学相关的资助项目

除了常规的课程教学外，学校希望教师也能够将教学活动作为研究对象之一，给教学活动注入新鲜的改革血液，实现教学与科研的互动相长。因此，候选人获得的创新性教学研究经费，以及其作为评审专家在这类教学资助项目中的工作经历也能成为教学评价时的证明材料。

7. 教学政策的制定经历

教师参与学校管理并不是强制性的责任。然而，教师不仅是个体研究者，同时也是大学组织中的成员。为了鼓励教师积极参与学校决策，佐治亚大学认为候选人参与院系或学校层级的教学管理或学术政策制定的工作经历也可以作为职称晋升的辅助材料。

（二）科研评价标准

自洪堡1810年创立柏林大学开始，科学研究就作为大学新功能的变革性因素开始进入公众视野。大学不但要培养人才，还要发展科学，成为研究高深学问的机构。时至今日，科学研究已经成为最理所当然的教师晋升评价标准，尤其对于研究型大学的教师而言。佐治亚大学明确指出，“探究与原创是学校的核心功能。校内教师应志在探索新知识，对古老知识赋予新的解释，并积极参与到这些知识的应用中”[①]。

学校对“科研成果”的界定是“科研是专注的求知过程，尤其是旨在促进学科知识发展与应用的重大调查或实验，既包括对已有知识的修正，也包括对新知识的应用。此外，艺术领域的创新活动也属于科研成果的范畴”[②]。因此，教师应该结合自己的学科与院系发展任务，积极开展创新活动，并利用合适的媒介推广自己的研究成果。同时，学校也鼓励教师在权责分明的前提下，开展跨学科与合作性的研究。

佐治亚大学在《手册》中列举了几项学校认可的证明材料，各院系可根据本学科实际情况在此基础上进行补充。在合作类项目中，候选人应明确自己的参与程度和贡献程度，如作者排序、课题主承担人等。具体来说，学校认可的科研评价成果主要包括：

1. 学术研究或创新性成果

不同学科的学术研究成果的表现形式略有不同。在传统学科中，佐治亚大学认可教师正式出版的学术专著、合著书的章节、综述、书评、论文及其他发表在本学科重要期刊上的学术作品。此外，为特定组织提供的研究报告、已接收用稿通知的书稿、科研笔记等也可计算在内。需要注意的是，如果接收研究成果的出版社或期刊的审稿方式属于同行评议，候选人应特别标明，以示此类成果的高规格、高质量。

而对于音乐、舞蹈等艺术类学科而言，科研成果的呈现形式与传统学科不同。学校规定，这些学科的教师可以将其创新性成果作为晋升证明材料，包括建筑作品、舞蹈、软件、设计、电子媒体、电影、园艺、文学、音乐、戏剧、视觉艺术等原创性作品的展览、演出或发表等。

2. 成为本学科的评审委员

在美国，不少杂志社和期刊都建立了同行评议的审稿机制，他们会邀请本学科颇有建树的专家为刊物稿件“把关”。因此，只要候选人能够提供自己身为评审委员的身份证明，即意味着自己的学术能力获得了外界认可。此外，艺术作品的评审委员或表演试镜的评审委员、顾问，各类奖项评选组织、政府机构、专业组织、教育机构中的同行评议员

---

① The University of Georgia. Guidelines for Appointment, Promotion and Tenure [Z]. Athens: The University of Georgia Press, 2013:16.

② The University of Georgia. Guidelines for Appointment, Promotion and Tenure [Z]. Athens: The University of Georgia Press, 2013:16.

“身份”也同样具有说服力。

3. 学术成果的影响力

为了说明自己的学术成果在本学科内的影响力，候选人可以从多种途径搜集证明材料。例如，本学科其他同行针对候选人的科研成果所进行的学术评论、科研成果的引用率、专利获得情况、新艺术形式的开创等。

4. 获得资助的科研项目

获得项目资助是大学教师从事科学研究最主要的途径之一，尤其对于应用学科，项目资助有时甚至是一个实验室能否继续顺利运作的决定性因素。佐治亚大学要求，候选人在提供科研项目的资助证明时应注明项目的来源机构、启动及结束时间、项目名称、资助金额及项目进度等信息。

5. 参与专业性会议

闭门造车不是当代大学教师的理想工作方式。教师必须要走出自己的办公室，与同行或客户进行交流，这样不仅能够开拓研究视野，而且也能够碰撞出合作的火花。佐治亚大学鼓励教师参加各种形式的会议，如大型学术会议、小型研讨会等。教师需要提交的证明材料包括会议意义、会议名称、时间、主办单位以及自己在会议中的角色等。参与大型学术会议的教师还需要提交参会论文和完成会场报告的证明。

6. 科研类奖项

对于研究型大学的教师而言，科学研究是一项不能逃避的责任，同时也是提升学校声誉最有效的工具。佐治亚大学鼓励教师积极从事科学研究，为此设立了一系列的科研奖项，如“董事会教授”（Regents Professorships）称号、“杰出科研教授”（Distinguished Research Professor）称号、“创新科研奖章”（Creative Research Medal）、“迈克·亚当青年学者奖”（Michael F. Adams Early Career Scholar Award）、“威廉·欧文奖”（The William A. Owens Award）等[1]。如果教师在申请职称晋升时能够获得这些校内或某些校外机构颁发的科研类奖项，无疑会使申请材料增色不少。

① The University of Georgia. Internal Competitive Research Awards [EB/OL]. [2013-11-18]. http://www.ovpr.uga.edu/iga/awards/.

7. 新课程的开发证明

课程开发不仅涉及教学领域，同时也是教师科研能力的体现，尤其是新课程的开发更能证明教师的创新能力。佐治亚大学认可的新课程包括将科研与新知识融合的服务型学习课程、海内外课程等。同时，新专业或研究方向的开拓也能作为教师科研能力的证明。

8. 对教学领域的改进

教学与科研虽然是两个相对独立的领域，但并非完全分割。很多情况下，教师可以将自己最新的科研成果作为上课的教材，更新课程内容。同时，教师也可以将教学方法作为科学研究的对象，实现教学与科研的相互促进。鉴于此，佐治亚大学认为教学领域的革新也算是候选教师的科研成果，可以将与教学相关的科研项目及合同作为辅证候选人科研能力的材料。候选人应指明自己在相关项目中的角色。

9. 科研知识的应用

教师从事科学研究有两大基本目标，一是探索新知识，二是服务社会。科研知识的应用主要是指用于服务社会，包括政府机构、专业组织、工业机构或教育机构的新技术的开发与测试，新系统或程序的评估，技术的转让或应用等。如果教师能够提供成果采纳证明，就会对晋升评价有很大帮助。

10. 学生所取得的科研成就

与基础教育阶段相比，虽然教师在大学师生关系中的绝对权威地位已不那么明显，尤其是研究生阶段，教师与学生在很多时候是合作研究者，但教师的指导作用仍然不可忽视。学校规定，教师所指导的研究生及博士后所取得的学术成就也能作为候选人的晋升材料，如学生公开发表的论文、获得的科研资助或奖项等。

（三）服务评价标准

尽管当代大学的服务功能遭受了许多捍卫大学传统的“卫道士”的抵制，但不可否认的是随着大学与社会关系的日益密切，大学的服务功能越来越受重视。

在佐治亚大学，服务功能有三层含义，即社会服务、学校服务、专业服务。其中，社会服务是指为了履行学校发展使命，应用学术知识使校外群体直接获益的活动，包括应用研究、服务型教学活动、科研项目以及技术支持。具体来说，佐治亚大学在晋升评价中认可的社会服务应该满足以下条件：一是使用教师的学术和专业知识；二是知识直接用于解决与人类需求相关的社会问题、社会热点；三是最终目的是为了公众的共同利益；四是新知识的产生是为了推动学科发展以及（或者）满足客户的需求；五是外部项目与学系的发展目标有明确的联系。学校服务指参与学系、学院或学校层级的管理工作，参与行政支持工作（如在学校委员会中担任院系代表），管理学术项目等。专业服务指在专业组织和学术团体中从事委员会工作，组织专业会议，从事稿件的审核与编辑工作，专业类奖项的审核工作等。①

佐治亚大学在《手册》中列举了教师在晋升评价过程中可以提交的证明材料，具体来说，学校层级认可的服务评价主要包括：

1. 服务类荣誉

相较于教学和科研在教师工作中的重要地位，虽然服务在教师工作量中的比重并不高，但佐治亚大学仍然希望教师能够积极参与服务，一方面可以促进知识的转化，达到使知识服务现实生活的学校发展目标，另一方面也能够为学校带来一定的收益，如有形的资金、无形的声誉等。为此，佐治亚大学设立了许多奖项专门表彰致力于服务的教师，如公共服务与推广奖（Public Service and Outreach Awards）等。此外，候选人从校外机构获得的服务类奖项、认可等也可以作为晋升材料。

2. 项目开发及其他创新活动

项目开发和创新活动是大学教师进行服务的主要方式，例如旨在为社会服务的学术研究成果（如专著、合著书的章节、学术论文等）、展览（如竞争性展览、邀请性展览等）、电子产品（电脑程序、网页设计、多媒体开发）等。对于这类应用型成果的申报，佐治亚大学有较为详细的要求：

（1）简述项目的需求评估、目的、方法和目标受众，并详细说明候选人在项目中的贡献。

（2）简述项目与学院、学校发展使命的兼容之处，以及这些活动如何补充学院、学校的教学、科研使命。

（3）描述候选人在项目设计和执行过程中的角色。这些项目能否反映候选人的专业与社会相关问题的关系？是否需要其他专业的融入？能否为本专业或客户生产新知识？这些项目能否使候选人的专业知识获得更广泛的认同？

（4）描述项目所产生的影响。说明项目对目标受众所产生的影响，

---

① The University of Georgia. Guidelines for Appointment, Promotion and Tenure [Z]. Athens: The University of Georgia Press, 2013: 18-19.

包括量化（如测评分数的变化、产品增加或技术应用范围的拓展等）和质性（如客户评价、权威学者的评估意见等）两方面。

3. 以服务为目标的教学活动

如果教师进行的教学活动是以服务为目的，如服务型课程、公司培训等，那么，这类活动也可以作为服务类晋升材料被学校认可。佐治亚大学要求教师在提交证明材料时应包括的内容：一是课程或讲座的名称、类型（如课程、工作坊、讲座）、持续时间、候选人的角色、目标受众、授课方式（如会议、讲座、实地考察）；二是教学活动所产生的影响，包括对目标受众产生的直接或间接影响。

4. 咨询和技术类服务

大学教师还能直接参与到外界活动中去，为目标群体提供咨询、技术援助等服务。一般来说，这类服务的证明材料可以由客户代表提供，包括服务类型、客户介绍、服务的贡献程度和次数等内容。此外，与服务相关的版权、专利、合同、项目资助等证明材料也可作为辅证材料。

5. 其他服务活动

除了上述服务活动外，佐治亚大学认可的其他类型服务活动还包括：①获选参与州外或国外的特殊服务项目，如跨国志愿者项目等；②获得与经济发展、服务创新相关的竞争性经费；③参与旨在解决重大问题的专利或仪器的开发；④在兽医院、心理诊所、阅读诊所、临床药学研究所等服务性机构参与临床工作；⑤来自州外或国外的个人要求学习候选人的创新成果，那么，这类申请书也可以成为候选人从事服务活动的证明材料。

6. 候选人的角色说明

如前所述，学校认为教师的服务活动可以在社会、学校、专业三个层级展开。因此，候选人在准备申请材料时应对自己的服务机构予以说明。一般来说，教师的角色身份包括以下几种：①担任学系、学院或学校层级各类专业委员会的评审委员；②担任大学管理机构的成员，如大学基金会、董事会成员等；③负责学术项目或留学项目的制定、执行或管理工作；④在专业组织或学术团体中承担编辑、评审、选举等工作；⑤专业会议的组织工作；⑥应用型项目的评审工作等。

自中世纪大学诞生以来，大学功能的变化就与社会需求的变化相互联系。大学的三项基本功能既相对独立，又有内在联系。尽管佐治亚大学在《手册》中分别罗列了候选人在申请晋升时应该提交的教学、科研、服务类材料，但在具体实践中，三者是很难完全区别开来的。某些时候，一项材料可以有多种用途。例如，候选教师指导的学生如果成功发表一篇学术论文，且教师是作者之一，那么，这篇文章就可以同时用于证明教师的教学能力和科研能力。

需要强调的是，以上只是学校层级认可的证明材料中的一部分，并未涵盖所有可能的情况。在具体的操作过程中，候选人还可以根据学科特性准备晋升材料。学校强调教师能否晋升的唯一标准是教师的能力与学系晋升标准的契合度。就教学、科研、服务三者在教师晋升评价中的地位而言，至少学校的《手册》是将三者并列，没有高低之分。

二、学系层级的晋升评价标准

《手册》对教师晋升应提交的申请材料只是一种指导意见，不可能也不应该过于细化，细化教师晋升评价标准的责任还是由学系承担。自2004年起，各院、系、所陆续出台学系晋升评价标准作为系内教师职称晋升的依据。

（一）基本情况

目前，佐治亚大学设有16个学院、2个直接隶属于学校的研究所。其中，高等教育研究所直接由学术事务高级副校长管理，而学业提高部（Division of Academic Enhancement）则是由教学副校长（vice president for instruction）管理，这两个研究所本身就是晋升与终身教职的基层评价单位。依照佐治亚大学的院系设置，2013年时16个学院一共下辖84个学系。需要指出的是，生态学院、林业与自然资源学院、法学院等规模较小的6个学院本身只有1个学系，这些学院分别也只有1套学系晋升评价标准。商学院、新闻与大众传播学院及公共卫生学院3个学院虽然下设多个学系，但因学科相似度高，院内所有学系都是执行同一套标准。而在公共与国际事务学院，除了下设3个学系各自拥有1套学系晋升评价标准外，学院层级还单独制定了一套学院的晋升评价程序说明，但并不涉及评价标准。此外，文理学院的心理学系、教育学院、药学院、兽医学院的大型动物医学系（Department of Large Animal Medicine）、小型动物医学与临床学系（Department of Small Animal Medicine and Surgery）还专门出台了临床类教师的学系晋升评价标准，但因临床类教师不属于终身轨教职，故不在本书的研究范围内。因此，佐治亚大学针对终身轨教师的学系晋升评价标准共有74份。（详情见表2-1）

表2-1 佐治亚大学学系晋升评价标准

学院	下设学系数量	PTU 晋升评价标准数量	有学术成果数量规定的标准数量	有晋升辅导项目的标准数量
农业与环境科学学院	9	9	0	1
文理学院	30	29*	18	23
商学院	7	1	0	0
生态学院	1	1	0	0
教育学院	9	9	0	6
工程学院	1	1	0	0
环境与设计学院	1	1	0	0
家庭与消费科学学院	4	4	0	0
林业与自然资源学院	1	1	1	0
新闻与大众传播学院	3	1	0	1
法学院	1	1	1	0
药学院	2	2	0	0
公共卫生学院	4	1	0	0
公共与国际事务学院	3	3	1	0
社会工作学院	1	1	0	1
兽医学院	7	7	2	3
学业提高部	1	1	0	0
高等教育研究所	1	1	0	0
总计	86	74	23	35

资料来源：The University of Georgia. UGA Promotion and Tenure Unit (PTU) Criteria [EB/OL]. [2013-11-20]. http://provost.uga.edu/index.php/PTU-criteria.

注：作者根据佐治亚大学网上公布的PTU晋升评价标准统计而成。

*尽管文理学院官方称有30个学系，但其中的生物科学部（Division of Biological Sciences）本身并非一个学系，而是包括了隶属于文理学院的生物化学与分子生物学系（Department of Biochemistry and Molecular Biology）、细胞生物学系（Department of Cellular Biology）、遗传学系（Department of Genetics）、海洋科学学系（Department of Marine Sciences）、微生物学系（Department of Microbiology）、植物科学学系（Department of Plant Biology）和生态学院，以及隶属于农业与环境科学学院的昆虫学系（Department of Entomology）八个院系的跨学科机构，并没有专门的学系晋升评价标准。故文理学院的实际学系晋升评价标准数应该是29个。

学系晋升评价标准主要是在《手册》的基础上，依据各学科的特点，对学系内部的晋升评价程序、参考标准、辅助方式等内容进行详细注解。其中，就参考标准而言，候选人最关心的指标之一就是学系对论文发表数量的具体规定。尽管学校明确指出“在判断候选人的科研成果时应该是质量优于数量”[①]，但为了使标准的操作性更强，仍然有部分学系明确规定了本学科教师在晋升各类职称时的论文发表数量。辅助方式则主要是指系主任为助理教授配备一位或多位资深教授，对其在教学、科研、服务等方面提供专业性意见，帮助他们更快地适应学校学术环境，成功实现晋升。可以说，对于绝大多数候选人而言，专设辅导项目是有助于晋升的利好因素。

佐治亚大学的这74份学系晋升评价标准并非整齐划一，有些学系的标准十分详尽，但也有些学系仅是摘列学校层级的标准。文本统计结果显示，佐治亚大学目前出台的所有学系晋升评价标准中，有23个学系对教师晋升做出了明确的论文发表数量要求，占总数的31.1%。由此可见，佐治亚大学的多数学系选择不对教师晋升所需的学术成果提出明确的数量要求，即使有，也并非所有的学系标准都是强制性要求，多数学系会提出“特别高质量的学术论文可以帮助候选人脱离具体的数量限制”等备用解决之道。同时，有35个学系出台了专门的晋升辅导项目，占总数的47.3%。至于评价标准的合理性问题，各学系教师对于“是否应该设置晋升辅导项目”“是否应该规定学术成果数量”等问题都有自己的看法，具体情形将在后文深入探讨。

（二）学系晋升评价标准的学科特征

纵观74份学系晋升评价标准，所有学系对教师教学的要求都是相似的，即与《手册》保持一致，学系间的学科差异主要体现在科研及服务方面的要求。故本部分对学系晋升评价标准的学科特征分析主要集中在科研及服务领域。

为了使佐治亚大学学系晋升评价标准的分析更具结构性，此处拟采用美国临床心理学家安东尼·比格兰（Anthony Biglan）针对大学学科领

① The University of Georgia. Guidelines for Appointment, Promotion and Tenure [Z]. Athens: The University of Georgia Press, 2013:17.

域分类所建构的理论模型——比格兰模型（the Biglan Model）来对佐治亚大学的学系进行抽样分析。比格兰模型初创于1973年，是比格兰基于经验研究、以认知为基础对学科领域进行的模型划分，后经高等教育研究者大量实证研究证明其有效性的开创性研究。比格兰模型主要是依据硬科学（hard）与软科学（soft）、应用科学（applied）与纯科学（pure）、生命系统（life system）与非生命系统（nonlife system）3个维度对35个传统学科领域进行排列的分类系统阵形①。（详情见表2-2）比格兰模型在高等教育领域应用广泛，尤其是人事招聘、教师评价政策与评价标准的制定、校内资源分配制度改革、教师教学方法改革等领域，该模型强调能够使"学校高层管理者在审查教师晋升资格证明材料时意识到不同学科教师的知识生产方式存在差异"②。依据比格兰学科分类模型和佐治亚大学的院系结构，本部分将对表2-2中的学系或学院的教师晋升评价标准进行详细介绍。

表2-2　比格兰模型的学术工作领域（academic task area）分类

学术工作领域	硬科学		软科学	
	非生命系统	生命系统	非生命系统	生命系统
纯科学	天文学 化学 地质学 数学 物理学	植物学 昆虫学 微生物学 生理学 动物学	英语 德语 历史 哲学 俄语 沟通交流学	人类学 政治科学 心理学 社会学
应用科学	陶瓷工程学 市政工程学 计算机科学 机械工程学	农艺学 乳业学 园艺学 农业经济学	会计学 金融学 经济学	教育行政与管理学 初等与继续教育 特殊教育 职业与技术教育

资料来源：BIGLAN A. Relationships between Subject Matter Characteristics and the Structure and Output of University Departments[J]. Journal of Applied Psychology, 1973, 57(3):207.

① BAYER A E. The "Biglan Model" and the Smart Messenger: a Case Study of Eponym Diffusion[J]. Research in Higher Education, 1987, 26(2):212-223.

② ROSKENS R W. Implications of Biglan Model Research for the Process of Faculty Advancement[J]. Research in Higher Education, 1983, 18(3): 285-296.

1. 硬科学—纯科学—非生命系统

依照比格兰模型，硬科学—纯科学—非生命系统中的学科包括天文学、化学、地质学、数学、物理学。佐治亚大学的物理学与天文学是同属于物理与天文学系，共用同一套学系晋升评价标准，且这一类属中的学系均属于文理学院。

化学系认为在评价教师的科研能力时有三大依据非常重要，分别是科研出版物、受邀的科研讲座以及外部科研经费。依据这一原则化学系对申请晋升不同职称的教师做出了相关规定。对于申请副教授的候选人，化学系要求“候选人应发表9—11篇同行评议论文。同时，候选人还应在全国性会议或其他学术机构就自己的研究成果进行3—5次的学术报告。此外，候选人还应该至少获得1项全国性的竞争性科研经费，且自己是项目主持人”[①]。对于晋升教授的候选人，化学系又提出了更高的期望，即“经同行评议的科研论文每年应发表3—4篇；每年应在全国性或国际性会议或兄弟院校完成2—3次学术报告；至少获得1项全国性的竞争性科研经费，且自己是项目主持人”[②]。关于论文发表的数量，化学系并非十分僵化，而是允许部分论文数量可以用著作、获奖专利等学术成果来替代，但不能代替全部。对于合作成果，化学系只认可候选教师担任主要作者而非通讯作者（corresponding author）的成果。经历严格审核程序的网络学术成果与传统纸质成果地位等同。

数学系明确指出教师科研能力的晋升评价标准主要是高质量的学术论文，包括已发表的和接收到用稿通知的。关于论文发表数量，数学系并未做出非常明确的规定，只是说明“在绝大多数情况下，申请晋升副教授的候选人应达到每年1篇或以上的数量，但论文的质量仍是首要因素。而申请晋升教授的候选人标准应高于副教授”[③]。关于外部科研经费，美国学术界的一个客观事实是用于资助数学研究的外部科研经费数量非常少，而且很难获得，因此，佐治亚大学数学系并不要求助理教授

① The University of Georgia. Promotion/Tenure Criteria [EB/OL]. [2013-11-25]. http://provost.uga.edu/documents/ptucriteria/as_chem.pdf.

② The University of Georgia. Promotion/Tenure Criteria [EB/OL]. [2013-11-25]. http://provost.uga.edu/documents/ptucriteria/as_chem.pdf.

③ The University of Georgia. Criteria for Tenure and Promotion in Department of Mathematics[EB/OL]. [2013-11-26]. http://provost.uga.edu/documents/ptucriteria/as_math.pdf.

们必须获得外部科研经费。这也意味着，候选人一旦获得外部经费将会对其晋升产生很大的推动作用。对于申请晋升教授的候选人而言，外部科研经费则是他们申请晋升需要提供的必要佐证材料。关于外部同行评议，无论是申请副教授还是教授，数学系都非常看重从美国以外获取的国际同行评价信。需要指出的是，在数学领域，合作成果的署名方式并非按贡献度来进行排序，而是按照作者姓氏的首字母。基于这一特殊的学科特点，数学系规定“候选教师在合作成果的贡献度按署名作者的总人数平均分配”①。

在物理与天文学系，该学系明确指出“科研与教学是评价教师最重要的领域”②。按规定，申请晋升副教授或教授的候选人必须在专业领域取得不同程度的认可，在权威期刊上发表论文是证明自己科研能力的重要途径之一，但学系并未对论文发表的数量做出明确要求。同时，证明材料中还必须包括1个正在进行的科研项目，因为拥有获取大量外部科研经费的能力也是物理与天文学系对副教授或教授科研能力的期许。两个不同职称的区别主要在于学术声誉的影响范围——申请副教授时教师应证明自己在地区或全国的学术地位，而申请教授时则应证明自己在全美或国际上的学术地位。

地质学系对教师的科研能力有较为明确的期许。按规定，晋升副教授的候选人必须主持1个独立的研究项目，并能够获取足够的外部经费来支持自己的研究项目。此外，候选人平均每年还应发表1—2篇论文，但如果论文的影响力较大，这一数量规定也可以忽略不计。③晋升教授的要求与副教授基本一致，只是对其独立承担的研究项目有较高要求，即应具备全国性或国际性影响。在地质学系，专著、合著书的章节等成果都可以被算作学术论文。

硬科学—纯科学—非生命系统中的学科均为基础学科，不强调应用

---

① The University of Georgia. Criteria for Tenure and Promotion in Department of Mathematics[EB/OL]. [2013-11-26]. http://provost.uga.edu/documents/ptucriteria/as_math.pdf.

② The University of Georgia. Procedures and Policies Governing Nomination for Promotion in Department of Physics and Astronomy[EB/OL]. [2013-11-27]. http://provost.uga.edu/documents/ptucriteria/as_phyastro.pdf.

③ The University of Georgia. Promotion/Tenure in Department of Geology[EB/OL]. [2013-11-26]. http://provost.uga.edu/documents/ptucriteria/as_geol.pdf.

研究。佐治亚大学这一领域的学系晋升评价标准主要表现出以下共同特征：一是这些学科均比较重视教师在科研领域的表现，对服务几乎不作要求；二是科研领域中最重要的成果是经同行评议的学术论文，著作所占权重并不高；三是科研项目在这些学科中的地位显著，学系非常看重教师获取项目及项目经费的能力，仅数学系因学科特点而对助理教授的晋升申请放松了这一方面的要求。

2. 硬科学—纯科学—生命系统

比格兰将植物学、昆虫学、微生物学、生理学、动物学共同纳入硬科学—纯科学—生命系统这一维度，前三项分别对应于佐治亚大学的植物学系、昆虫学系、微生物学系。而佐治亚大学的生理学与药理学被绑定在一起，隶属于兽医学院，主要是针对动物；动物学与乳制品科学属于同一个学系，隶属于农业与环境科学学院，这种院系结构很难将其中某一学科从学系中剥离出来，故本书将只对植物学、昆虫学和微生物学进行具体分析，其中，植物学系与微生物学系隶属于文理学院，而昆虫学系则隶属于农业与环境科学学院。

植物学系的晋升评价标准根据教师与学系签订的聘用合同而有所区别。绝大多数教师的聘用合同中不包括“服务”，因此，佐治亚大学植物学系的教师合同主要包括“以科研为主”和“以教学为主”两种。尽管如此，由于学系并未对教师的科研成果做出明确的数量要求，故从论文数上无法凸显出两类教师在晋升评价过程中的区别。学系只对一般性标准进行了陈述，即“候选教师应发表合理数量的同行评议论文，取得较高的国内或国际学术声誉。获得正式认可的专利可以等同于1篇学术论文。如果审核过程十分严谨，那么，被国家数据库采纳的数据或发布在网上的信息也可以等同于1篇学术论文”。[①]然而，对于“以科研为主”的教师，植物学系则在科研经费方面有特殊要求。例如，申请副教授的科研型教师应该组建1间独立的实验室，并努力获取外部科研经费，但外部经费并不属于晋升的必需条件。而申请教授的科研型教师则

① The University of Georgia. Promotion and Tenure Advisement and Criteria in Plant Biology Department［EB/OL］.［2013-11-26］. http://provost.uga.edu/documents/ptucriteria/as_plantbio.pdf.

必须获得充足的外部科研经费才能成功获得晋升。[①]此外，植物学系还指明了该学科对合作科研成果的计算方式，即按贡献程度。

佐治亚大学微生物学系与昆虫学系的教师晋升评价标准都极为简单，只是在学校规定的基础上依据本学科的特色筛选了学系认可的证明材料，既未对学术成果的数量做出明确要求，也未对材料的具体执行进行过多的说明。其中，微生物学系指出“被正式授权的专利可以作为学术成果之一，但不能取代候选教师所有的科研活动；候选教师应努力获取外部经费支持实验室的独立运转”。[②]需要强调的是，微生物学系教师的聘用合同中基本不包括“服务”。而在昆虫学系，申请晋升副教授与申请晋升教授的候选人需要遵循的标准主要有三处不同：一是科研项目的资金来源，前者不限，后者则应为外部科研经费；二是科研成果的影响范围，前者是地区性或全国性，后者则是全国性与国际性；三是对合作研究的态度，前者可以提交合作研究成果，后者则被鼓励从事独立研究。[③]

在硬科学—纯科学—生命系统维度，教师晋升标准的文本特征主要包括：一是比较重视科研与教学在教师评价中的地位，不太重视教师的服务活动；二是未明确规定学术论文的发表数量；三是鼓励教师申请专利，1项专利可以等同于1篇学术论文；四是强调申请晋升教授的教师需要具备获取外部科研经费的能力。

3. 软科学—纯科学—生命系统

比格兰模型中属于软科学—纯科学—生命系统维度的包括人类学、政治科学、心理学、社会学四个方向。在佐治亚大学的院系结构设计中，人类学系、心理学系及社会学系均隶属于文理学院，而政治学系则属于公共与国际事务学院。

心理学系尽管没有明确规定教师申请晋升需要完成的任务，但却在

① The University of Georgia. Promotion and Tenure Advisement and Criteria in Plant Biology Department[EB/OL]. [2013-11-26]. http://provost.uga.edu/documents/ptucriteria/as_plantbio.pdf.

② The University of Georgia. Promotion and Tenure Procedures and Criteria in Department of Microbiology[EB/OL]. [2013-11-27]. http://provost.uga.edu/documents/ptucriteria/as_micro.pdf.

③ The University of Georgia. Department of Entomology[EB/OL]. [2013-11-27]. http://provost.uga.edu/documents/ptucriteria/caes_entomlgy.pdf.

教师晋升评价标准中对各领域的重要性进行了说明。在科研领域，心理学系强调："尽管学校要求晋升评价的主要标准是研究的质量而非数量，但本系认为科研产量是证明教师在本学科内学术地位的重要途径之一，因此，心理学系在评价教师科研成果时既重视质量也重视数量。"[①]心理学系虽然并未对所有晋升材料的判断标准进行说明，但还是对几项常用证明材料的判断原则进行了解释。具体来说，心理学系认为被高质量杂志刊登的学术论文质量最高，因为这类杂志的稿件录用是要经过同行评议的；不需要经历同行评议的学术成果，如合著书的章节、书评等，以及非原创性成果，如教科书、合编书等在晋升评价中的权重次之；电子类学术成果的重要性判断标准参照纸质刊物；教师在合作研究中的重要性由作者排序决定。对于科研经费，心理学系认为外部经费比学校提供的内部经费更重要。不过，该学系也明确指出："尽管科研经费不是教师晋升的必要条件，也不能保证教师能够实现晋升，但学系仍然非常鼓励教师尽力争取外部科研经费。"[②]此外，心理学系认同参加国际会议是扩大教师研究成果影响力的重要途径，但也明确表示会议论文的重要性低于正式出版的论文，其与专业奖项在晋升评价中的地位一样，虽然备受推崇，但却无法保证候选教师可以顺利实现晋升。在服务领域，心理学系教师所签订的聘用合同并不包括服务部分，因此，对社会、大学或专业组织进行服务并不是教师晋升评价中必须被考核的部分，但心理学系仍然鼓励系内教师积极参加服务活动。需要指出的是，心理学系对教师晋升副教授和教授的评价原则保持一致，只是在等级上要求更高。

虽然属于比格兰模型中的同一纬度，社会学系对教师晋升的要求则要明确许多，区别主要集中于对科研成果的评价上。在判断候选人的科研成果时，社会学系对科研成果重要性的排序与心理学系一致，只是对申请晋升副教授和申请晋升教授的科研成果数量标准进行了区分。对于申请晋升副教授的助理教授而言，社会学系的要求是"平均每年在同行

① The University of Georgia. Departmental Promotion and Tenure Guidelines in Department of Psychology[EB/OL]. [2013-11-24]. http://provost.uga.edu/documents/ptucriteria/as_psych.pdf.

② The University of Georgia. Departmental Promotion and Tenure Guidelines in Department of Psychology[EB/OL]. [2013-11-24]. http://provost.uga.edu/documents/ptucriteria/as_psych.pdf.

评议刊物上发表1—2篇学术论文（或合著书的章节），且在提交晋升申请时发表论文（或合著书的章节）总数应达到10篇左右。其中，至少一半的出版物应为独著或候选人在其中担任重要角色，且发表在本学科的顶级期刊。如果候选人在高水平出版社出版1本专著，或成功获得外部科研经费，或发表文章的影响力非常重大，学系可以适当放宽对候选人论文发表数量的要求”①。对于申请晋升教授的副教授而言，社会学系要求他们提交的科研成果必须是作为副教授服务期间的，助理教授阶段的成果不在计算范围内。“候选人应在全国性或国际性期刊（或出版社）发表论文（或合著书的章节），总数应达到20篇或以上，这一数量规定也可以在候选人获得外部科研经费、或为学科发展做出突破性贡献时适当放宽。”②需要强调的是，社会学系的教师经常从事跨学科研究，因此，在对跨学科成果进行评价时，学系要求候选教师应提供刊物说明，证明其在相关领域的影响力。

与社会学系、心理学系一致，人类学系也非常重视教师的科研能力。该学系对教师晋升的期望是“申请副教授的助理教授必须独立主持1个研究项目，平均每年发表1—2篇论文，并获取足够支持研究项目运作的外部经费。论文发表数量的规定在某些情况下可以协调，如候选教师的成果获得校内外教师的广泛认同等”③。人类学系对于申请教授的候选人的科研要求没有太大区别，只是对其主持的研究项目级别进行了提升，即需要具备全国性或国际性的影响力。在人类学系，同行评议的著作、主编或合编的书籍、合著书的章节及发表的学术论文都被认可为学术成果，在有公信力的网站上发表的电子成果只要符合传统刊物的审核流程也可获得与纸质成果等同的认可度。

而政治学系的教师晋升评价标准与学校《手册》基本一致，只是突出了经同行评议的期刊论文和学术专著在教师晋升评价中的重要性，其他学术类成果的排序均位于这两项成果之后。与心理学系、社会学系和人类学系不同的是，政治学系从文本上更鼓励教师参与服务活动，明确

① The University of Georgia. Promotion and Tenure Criteria in Department of Sociology[EB/OL]. [2013-11-24]. http://provost.uga.edu/documents/ptucriteria/as_soc.pdf.

② The University of Georgia. Promotion and Tenure Criteria in Department of Sociology[EB/OL]. [2013-11-24]. http://provost.uga.edu/documents/ptucriteria/as_soc.pdf.

③ The University of Georgia. Promotion/Tenure Criteria in Department of Anthropology[EB/OL]. [2013-11-25]. http://provost.uga.edu/documents/ptucriteria/as_anth.pdf.

指出“评价候选人服务的最重要标准是服务活动本身产生的效果”①。

综上，佐治亚大学的软科学—纯科学—生命系统学科对教师晋升要求的共同特征包括：一是科研活动的地位高于服务活动；二是经同行评议的学术论文是判断候选人科研能力的最重要依据；三是部分学系对教师论文发表数量做出了明确规定；四是学系鼓励教师获取外部科研经费，但不做硬性要求；五是肯定科研成果形式的多样性，强调对网络科研成果的认可度。

4. 软科学—纯科学—非生命系统

比格兰模型将英语、德语、历史、哲学、俄语、沟通交流学划分在软科学—纯科学—非生命系统维度中。佐治亚大学并未设立俄语系，但是设有同属语言类研究的拉丁语系，同时，由于进行德语研究的日耳曼语斯拉夫研究学系的教师晋升评价标准与拉丁语系相似，故只选其一进行深入分析。鉴于此，本部分主要对文理学院的英语系（母语）、拉丁语系（第一大外语）、历史系、哲学系、沟通交流学系的教师晋升评价标准进行研究。

英语系明确指出：“本学科下设多个研究方向，教师的研究领域较为多样，很难列举出固定的出版社和杂志，因此，在对候选人的学术成果进行评价时需要多方面的佐证材料。”具体来说，英语系要求“助理教授在申请晋升时应该拥有1本由权威出版社出版的专著，以及至少2—3篇同行评议的高质量论文或合著书的章节。申请教授的副教授则应出版1本具有全国或国际影响力的专著和若干篇高质量论文”。考虑到书籍出版的客观周期和研究成果的多样性，英语系表示可以考虑已接收用稿函的论文、合著或合编书籍等，但候选人必须提供书评、引用率等证明成果影响力。对于研究经费，英语系明确指出：“外部研究经费是帮助教师提高科研产量的重要途径，但不能取代书籍和论文在晋升过程中的地位。”②此外，英语系在教学、科研、服务之外还将管理工作纳入晋升考核，主要是针对聘用合同中有“管理”工作量规定的教师（如系主

① The University of Georgia. Criteria for Promotion and/or Tenure in Department of Political Science [EB/OL]. [2013-11-25]. http://provost.uga.edu/documents/ptucriteria/spia_polisci.pdf.

② The University of Georgia. Promotion/Tenure Criteria in Department of English [EB/OL]. [2013-11-25]. http://provost.uga.edu/documents/ptucriteria/as_eng.pdf.

任、兼任学院或学校管理工作的教师等)。

拉丁语系教师晋升评价最重要的三项指标是“有效的教学表现、由权威出版社出版的学术专著、经同行评议的学术论文”。关于候选人学术成果的数量，拉丁语系对著作的表述较为清晰，对论文的要求较为模糊，即晋升副教授应“出版1本独立编写的专著（多数为博士论文），并发表若干篇同行评议论文”；晋升教授则要求“1本具有全国性或国际性影响的专著与大量同行评议论文”①。

历史系明确要求“晋升副教授的候选人应出版1本专著，或提交1份已经完成、即将出版的书稿及出版社的出版合同”②。对其他学术成果，如论文、合著书籍、合编书籍等并未提出硬性要求，但这类额外的科研成果必然会提升候选人的晋升竞争力。晋升教授的标准与副教授从文本上而言是一样的，区别在于影响范围应有所提升。

哲学系在制定教师晋升标准时充分考虑了哲学期刊的录稿传统——拒稿率超过90%，即使是一般刊物的拒稿率也是非常高。此外，哲学系还强调“科研成果的重要性既不能依据论文发表的数量，也不能依据论文的长度进行判断。因此，哲学系的副教授和教授才是科研能力评价的最佳工具”③。也就是说，候选人的科研能力主要依据本学科资深教师的主观判断。就成果形式而言，无论是申请副教授还是教授，同行评议的期刊论文都是候选人证明科研能力最主要的方式。哲学系对候选人没有著作方面的要求，这种成果认同方式与语言类学系、历史系有较大的不同。

沟通交流学系在《手册》的基础上制定了较为灵活的评价标准，尤其是对副教授的评价标准。沟通交流学系基于学科本身多样性传统，在借鉴其他学校经验的基础上为不同的候选教师提供了不同的评价模型。第一种是“以期刊论文为主的评价模型”：在这套模型下，助理教授应

---

① The University of Georgia. Promotion and Tenure Criteria in Department of Romance Languages[EB/OL].[2013-11-25]. http://provost.uga.edu/documents/ptucriteria/as_romlang.pdf.

② The University of Georgia. Promotion and Tenure Guidelines in Department of History[EB/OL].[2013-11-26]. http://provost.uga.edu/documents/ptucriteria/as_hist.pdf.

③ The University of Georgia. Guidelines on Promotion and Tenure in Department of Philosophy[EB/OL].[2013-11-26]. http://provost.uga.edu/documents/ptucriteria/as_phil.pdf.

在服务期内每年平均发表2篇经同行评议的学术论文，如果论文具有突破性影响，这一数量要求可适当减少。此外，在候选人发表的所有论文中，至少有4篇应为第一或独立作者，至少3篇论文发表在学科顶级期刊上。第二种是“专著与论文并存的评价模型”：这套模型的前提条件就是教师必须有1本由权威出版社出版、经同行评议的原创性著作或拟出版书稿。此外，教师还应有至少2篇自己担任第一作者或独立作者的高质量论文。如果已发表的论文被收录到著作中，应按照“著作”计算成果。第三种是“以竞争性的跨校辩论项目为主的评价模型”：这套模型的操作前提是候选人创办了一个成功的地区性或全国性辩论项目，或带领项目组在国际性辩论赛中取得优异成绩。此外，候选人还需要发表至少5篇同行评议论文，其中至少2篇应为第一作者或独立作者，至少1篇应发表在学科顶级刊物上。为了推动辩论项目的发展，这类教师还应积极开展服务活动，如担任公共辩论赛的评委或为辩论项目提供咨询意见等。[①]当然，除了这三大评价模型所要求的晋升材料外，《手册》中所列举的科研类奖项、同行评议的会议论文、科研项目经费等也会在教师晋升评价中发挥一定的作用。不过该学系并未对系内晋升教授的规定进行详细阐述，尤其是在具体数目方面，只是强调学术成果应具备全国性或国际性影响。

软科学—纯科学—非生命系统中的学系晋升标准主要存在以下共性：一是非常重视教师的科研能力，且有具体数量的规定，对服务领域的要求与学校保持一致；二是著作成为教师晋升过程中的必要成果，同样数量的著作比论文的地位更高；三是认可经历谨慎且专业评估的网络成果，将其等同于传统纸质成果；四是对外部科研经费不做要求。

5. 硬科学—应用科学—非生命系统

比格兰模型将陶瓷工程学、市政工程学、计算机科学、机械工程学纳入硬科学—应用科学—非生命系统维度。佐治亚大学并无陶瓷工程学方向，其市政工程学、计算机系统工程学、机械工程学均属于新成立的工程学院，计算机科学系则隶属于文理学院。

工程学院虽是2012年7月成立的，但其并非完全的新生产物，而是

① The University of Georgia. Promotion and Tenure Guidelines in Department of Communication Studies [EB/OL]. [2013-11-26]. http://provost.uga.edu/documents/ptu-criteria/as_commstu.pdf.

由此前已存在的两个工程学研究单位——工程学部（Faculty of Engineering）和生物与农业工程学系（Department of Biological and Agricultural Engineering）合并而成。新成立的工程学院无下设学系，其本身即为基层晋升评价单位，包括市政工程学、机械工程学等多个研究方向。工程学院的教师评价标准基本是沿用生物与农业工程学系的版本，正式标准还在摸索过程中。工程学院2013年的教师评价标准并未在《手册》的基础上对论文发表数量提出更为具体的要求，而是将晋升评价的重点放在科研项目上。具体来说，工程学院要求教师晋升时应提供1个长期科研项目以及至少1份为特定对象提供相关服务的证明材料。此外，学院还十分鼓励教师积极参与跨学科研究或服务项目。[①]2013年2月，工程学院组建专门委员会，正式开启学院教师晋升评价程序及标准的制定。

计算机科学系包括应用性研究和基础性研究，系内教师的晋升要求也是基于这一现实结构而制定的。在科研方面，首先，学系要求候选教师应至少主持1项获得地区性或全国性学术声誉的科研项目。其次，经同行评议的论文质量是该学系评价教师的主要考量依据。鉴于系内教师研究方向较为多元，多数情况下学系对教师论文发表数量的要求是每年2篇或以上。再次，学系对教师获取外部经费的能力有较为灵活的要求。鉴于计算机基础理论方向的现实情况是外部经费的总量非常少且难以获得，故学系并不要求这一研究方向的助理教授们在申请晋升时提供外部经费证明，而是允许他们可以提供项目申请书作为科研质量的评价参考。[②]不过，对于申请晋升教授的副教授而言，尽管外部经费并非强制性要求，但正常情况下候选人应提供外部经费的证明材料。

综上，硬科学—应用科学—非生命系统中的学系晋升标准主要存在以下共性：一是突出强调教师的科研与服务能力，要求教师为不同对象提供相关专业服务；二是尽管对教师的论文发表数量没有具体要求，但却明确要求教师至少主持1项高质量的科研项目；三是对于申请晋升教授的副教授们有外部经费的期许，但助理教授们在经费获取方面则几乎

① The University of Georgia. 2013 Promotion and Tenure Procedure for College of Engineering［EB/OL］.［2013-11-28］. http://provost.uga.edu/documents/ptu_criteria_cengr.pdf.

② The University of Georgia. Promotion/Tenure Criteria in Department of Computer Science［EB/OL］.［2013-11-29］. http://provost.uga.edu/documents/ptucriteria/as_compsci.pdf.

没有压力。

6. 硬科学—应用科学—生命系统

在比格兰模型中，农艺学、乳业学、园艺学、农业经济学同属于硬科学—应用科学—生命系统维度，这些学科在佐治亚大学的对应组织机构分别是作物与土壤学系、动物与乳制品学系、园艺学系、农业与应用经济学系。这四个学系均隶属于农业与自然科学学院。

农业与应用经济学系的教师主要分为两类，即科研型教师和服务型教师。不同类型教师的评价标准应取决于其与学系签订的聘用合同类型。对于科研型教师，学系明确指出“学术研究的质量是最重要的考核因素”①。候选人必须表现出优秀的科研能力，其中，在学科顶级期刊上发表论文是最被看重的方式，论文的引用率、刊载期刊的影响因子等也是重要的证明材料。虽然学系并未对科研成果的数量做出明确要求，但却对其诸多表现形式按重要性由高至低进行了粗略排序：学术性刊物（如经同行评议的论文、独著或主编书籍、合著书的章节、书评等）；科研项目及研究经费（候选人为主持人或合作者）；会议论文；学生为第一作者、候选教师为指导教师的论文。

对于服务型教师，农业与应用经济学系期望他们“应用学术知识更好地服务校外客户，实现学系和学校的发展目标”②。基于此，服务型教师应将工作重点集中在推动专业发展、扩大知识影响力、从事应用型研究、获取经费四大领域。其中，推动专业发展主要是指依据客户需求确定研究方向，为佐治亚州或其他地区客户解决实际问题。扩大知识影响主要是指通过短期培训、技术支持、咨询服务等形式扩大知识的应用范围。从事应用研究主要是通过启动专项研究项目来满足佐治亚州客户的要求。获取经费主要是指教师通过申请项目资金，或与客户签订合约来获取研究所需的运作经费。关于四项服务内容的具体评价方式，学系除了对服务成果的影响范围（副教授应至少实现地区性影响，而教授则应达到全国性或国际性影响）进行规定外，并未对具体考核方式进行

① The University of Georgia. Agricultural and Applied Economics Promotion and Tenure Guidelines and Criteria [EB/OL]. [2013-11-27]. http://provost.uga.edu/documents/ptucriteria/caes_agecon.pdf.

② The University of Georgia. Agricultural and Applied Economics Promotion and Tenure Guidelines and Criteria [EB/OL]. [2013-11-27]. http://provost.uga.edu/documents/ptucriteria/caes_agecon.pdf.

说明。

动物与乳制品学系、园艺学系对教师晋升的要求较为简略。相较于农业与应用经济学系，这两个学系教师晋升评价标准的特别之处在于均十分重视教师在孵化项目（Hatch Projects）上的表现，强调科研成果的转化。园艺学系要求教师在晋升时应至少主持1项孵化项目，而动物与乳制品学系虽未提出具体数目要求，但也明确表示希望教师能获得此类项目。此外，动物与乳制品学系还特别强调，“无论教师与学系签订的是哪种聘用合同，在对教师进行晋升评价时只需要其在教学、科研、服务中的任两个领域表现出色即可”①。对于园艺学系设立的全职服务型教师，学系要求他们应积极与校外客户进行沟通，而且还要与系内其他类型的教师互动，为学系、学院、学校、佐治亚州乃至全美服务。

作物与土壤学系研究方向较为多元，既包括基础研究又包含应用研究，因此该学系的教师晋升评价标准无法过于翔实。学系明确指出，制定这套标准的原因是“鼓励教师追求长远而卓越的专业发展，而非简单在某一项活动中的表现”②。在科研领域，学系依据聘用合同对科研型教师提出了较高的要求，即所有科研型教师都应获得1个以上的孵化项目。此外，外部科研经费、学术出版物（期刊论文、专著、学术报告等）、合作研究等也是教师展现科研能力的重要途径。其中，学系对助理教授在获取外部科研经费时应注意的事项进行了详细说明，即建议他们以申请短期的专项项目（如产品检测）获取适量经费为主，因为此类项目结项速度快，且经费可以单独操作。不过学系也提醒，产品评估类项目并不能充分促进教师的专业发展，因此，教师还应注意与其他类型的科研项目进行配合。在服务领域，学系的基本任务之一就是为社会提供专业服务，因此，尽管有专聘的服务型教师，学系也会要求终身轨教师从事一定的服务工作。在对候选人的服务成就进行评价时，学系非常认可客户评价。

综上，硬科学—应用科学—生命系统维度的学系晋升评价标准的共

---

① The University of Georgia. Animal and Dairy Science[EB/OL]. [2013-11-28]. http://provost.uga.edu/documents/ptucriteria/caes_anidairysci.pdf.

② The University of Georgia. Crop and Soil Sciences Promotion and Tenure Criteria [EB/OL]. [2013-11-28]. http://provost.uga.edu/documents/ptucriteria/caes_cropsoilsci.pdf.

性特征包括：一是更加重视教师的科研与服务能力，尤其是服务能力；二是系内同时聘用多种类型教师，专设服务型教师，重视客户评价；三是评价教师科研能力时，除了认可经同行评议的期刊论文外，也十分重视教师获取外部科研经费的能力；四是均未对教师的论文发表数量做出明确要求；五是重视教师的科研转化能力，对孵化项目有明确要求。

7. 软科学—应用科学—非生命系统

比格兰模型的软科学—应用科学—非生命系统维度包括会计学、金融学、经济学。在佐治亚大学，这些专业方向均属于经济学院，整个学院的教师使用的是同一套晋升评价标准。

在科研方面，经济学院主要从学术科研产量、高质量科研成果和有重大影响力的科研成果三大方面来考查候选教师的科研能力，但并未对科研成果的具体数量做出要求。学院从以下途径来衡量科研成果的质量：学术成果本身，包括权威期刊上发表的论文、会议论文、专著；学院同事的意见，尤其是与候选人来自同一个学系的同事意见；外部评价专家的意见；引用率分析报告等。不过，经济学院也表示，“并非候选人的所有发表物都能被视为科研产出”。例如，未对专业领域做出新贡献的教材一般只能被视为教学成果，某些不具备科研贡献力的会议论文也不能被算作科研产出。当然，外部科研支持、科研类奖项等也可以作为科研成果，但重要性稍次之。在服务方面，经济学院希望教师能够为学系、学院、学校、专业组织，甚至金融界提供行政性或专业性服务，但并不作强制性要求。此外，经济学院的某些学系会将“有效指导博士研究生”作为候选人晋升教授的必要服务类要求。①

透过经济学院的个例可以将这个领域晋升评价标准的特点归纳为：一是重视教师的科研及服务能力，但科研的地位更高；二是科研成果中高水平论文最重要；三是未明确对科研成果做出数量要求；四是鼓励教师进行各类服务。

8. 软科学—应用科学—生命系统

比格兰模型将几个教育学的二级学科作为软科学—应用科学—生命科学维度的代表性学科，分别是教育行政与管理学、初等与继续教育、

① The University of Georgia. Terry College of Business Criteria and Procedures for Promotion and Tenure[EB/OL].[2013-11-30]. http://provost.uga.edu/documents/ptucriteria/bus.pdf.

特殊教育、职业与技术教育。对应佐治亚大学的院系结构，此处将主要分析隶属于教育学院的终身教育、行政与政策学系（Department of Lifelong Education, Administration, and Policy）、传播科学与特殊教育学系（Department of Communication Sciences and Special Education）、职业与信息研究学系（Department of Career and Information Studies）。

终身教育、行政与政策学系系内教师的研究方向较为多元，且以实践为出发点，故该系的教师晋升评价原则是尊重成果的多元化，寻求理论研究与实践研究之间以及科研质量与数量之间的合理平衡①。学系援引了学校对教师在教学、科研、服务领域的要求，并强调“尽管学系会从整体上来考核助理教授的表现，但他们在学科顶级杂志上发表学术论文的能力无疑是重中之重。对于申请晋升教授的副教授而言，学系还会在此基础上关注他们论文发表的数量和影响力”②。

交流科学与特殊教育学系的教师晋升评价标准较为注重细节。例如，学系考虑到研究方法对科研成果的影响，调整了评价标准——应用研究、质性研究较其他研究方法需要更长的时间和更多的资源，因此，学系要求晋升评价委员会在评价参与这类研究的教师时应适当放宽对论文数量的要求。至于外部科研经费，则主要是对晋升教授的候选人的要求，对申请晋升副教授的教师没有这一要求。此外，学系鼓励教师积极参加合作研究，强调“合作研究成果可以等同个人研究成果”。尽管如此，学系还是对申请晋升教授的候选人有更高的期待，即他们应该展现出一定的科研独立性，如发表的大部分学术论文应为第一作者、成为科研项目的第一主持人等。③

职业与信息研究学系的教师晋升评价标准也颇具特色。该学系以质量（quality）、向心性（centrality）、需求（demand）为维度对教学、科

① The University of Georgia. Promotion and Tenure Guidelines in Department of Lifelong Education, Administration, and Policy[EB/OL]. [2013-11-28]. http://provost.uga.edu/documents/ptucriteria/coe_lifeedadmin.pdf.

② The University of Georgia. Promotion and Tenure Guidelines in Department of Lifelong Education, Administration, and Policy[EB/OL]. [2013-11-28]. http://provost.uga.edu/documents/ptucriteria/coe_lifeedadmin.pdf.

③ The University of Georgia. Appointment, Promotion and Tenure Guidelines in Department of Communication Sciences and Special Education[EB/OL]. [2013-11-29]. http://provost.uga.edu/documents/ptucriteria/coe_commscisped.pdf.

研、服务三大领域的晋升评价标准进行了再次划分。其中，质量被认为是迈向卓越的标准；向心性主要指与学系、学院及学校发展目标相匹配的活动；需求则是指对需要投入自己的时间与智力的请求所给予的反馈，即按需供给。学系详细列举了教师最可能进行的各项活动（并未穷尽），并将其逐一进行分类，却并未按重要性进行排序。（详情见表2-3）

表2-3　职业与信息研究学系的教师晋升评价标准分类

一级分类	二级分类	佐证材料
教学领域的成就	教学质量	学生评价；同事评价；科研成果在教学中的应用；教学类奖项等
	教学向心性	与教学相关的科研项目；在教学委员会中的工作经验；对专业及课程的重大改革；参与院系或学校层级的教学及科研政策制定；与教学相关的出版物等
	教学需求	为学生提供学术性建议；担任硕士导师；指导硕士论文；参与硕士论文委员会；参与博士论文委员会等
科研领域的成就	科研质量	经同行评议的期刊论文；专著；合著书的章节；经同行评议的会议论文；专著；公报；赞助人特定的研究报告等
	科研向心性	受资助的研究项目；科研成果的转化或应用；未受资助的项目申请；参与研讨会的记录；在社区、政府机构、专业协会或其他教育机构中应用专业知识等
	科研需求	科研经费及合同；专利及新产品研发；新计算机软件或其他电子产品；促进多媒体发展；科研成果对社会产生的影响；引用率；科研类奖项等
服务领域的成就	服务质量	推动专业及项目发展；确保项目经费用于服务创新；参与政府工作；服务类奖项等
	服务向心性	与服务相关的合约及项目；为政府及相关机构提供服务；与服务相关的版权、专利等
	服务需求	以服务为基础的教学活动；服务产品；为政府及相关机构提供服务；编审委员会成员；咨询及技术帮助；参与实践活动；入选佐治亚州或美国以外的特殊服务活动；佐治亚州或美国以外的个人提出学习候选人学术成果的申请等

资料来源：The University of Georgia. Promotion and Tenure Unit Criteria for Tenure Track Faculty in Department of Career and Information Studies[EB/OL]. [2013-11-29]. http://provost.uga.edu/documents/ptu_criteria_coe_cis.pdf.

在软科学—应用科学—生命系统维度中，各学系教师晋升评价标准的共性特征主要包括：一是科研表现在晋升中占主要地位；二是经同行评议的学术论文是反映教师科研能力的最重要的指标，对外部科研经费，尤其是助理教授获取外部经费的能力不做硬性要求；三是对论文或项目数量没有明确要求；四是关注研究方法对科研成果周期的影响；五是鼓励教师进行合作研究，合作研究的重要性可以与独立研究等同。

以比格兰模型为分析框架深入分析佐治亚大学代表学系的晋升评价标准后证实，教师晋升评价不能回避的一个重要因素就是学科属性。例如，英语系、哲学系、拉丁语系等软科学—纯科学—非生命系统的学科一般要求教师晋升必须要有专著，完全不重视科研经费的获取能力。乳业学系、园艺学系等硬科学—应用科学—生命系统维度的学科非常重视教师的服务能力，还特别强调客户评价的重要性。学科属性与教师的知识生产方式息息相关，同时也决定了晋升评价的侧重点，这种逻辑顺序不能被本末倒置。

另外一个重要结论是对教师按类评价。尽管佐治亚大学是一所研究型大学，科研是教师工作的主旋律，但不少学系也会依据学科属性和市场需求设置不同类型的终身轨教师，如服务型教师、教学型教师等。学系对不同类型的教师进行评价时会适当调整重心，而不是简单地“唯科研至上”。故晋升评价时，除了学系的晋升标准外，另一项重要依据就是教师与学系签订的聘用合同。如果聘用合同明确规定教师在服务方面的工作量为零，那么，理论上来说，只要教师完成其聘用要求，即使他“只顾埋首故纸堆”，从不进行任何服务活动也不会影响他的晋升。这一假设在实践中是否成立，将在后文深入探讨。

第三章 实然的正式规则：佐治亚大学现行教师晋升评价政策的实施与补充

第二章全面梳理了佐治亚大学教师晋升评价的正式规则，学校层面的政策相对更宽泛，学系层面的政策虽更细化，但也并非面面俱到。另外，政策从文本到实施仍有可能发生调整与位移。佐治亚大学的教师在申请晋升时一般需要经历“系—院—校”三级评价，无论哪一级晋升评价都需要考查教师的教学、科研、服务能力，故本章将以此三大核心标准为线索探究教师晋升评价正式规则的实然状态。

第一节 教学评价

佐治亚大学200多年的校史中大部分时间是以教学为主要责任的。为了保障学校的教育质量，教师的教学能力自然成为晋升评价的重要部分。学校在《手册》中将学生评价、课程计划、教学类奖项、同事评价等诸多材料都纳入教师教学能力的认可范围。然而，实践究竟如何呢？

一、教学的地位

今天的佐治亚大学已经是一所研究型大学，不再是成立之初的州立小学院。随着大学自身定位的变化，学校的发展使命及对教师的要求也发生了巨大的变化。虽然教学行为仍然在这所古老的学校里日复一日地存在着，但人们对于教学的地位，以及教师教学能力的要求却在悄然发生变化。

虽然教学是大学的传统职能，但人们对新知识的探求，以及知识经济时代为知识创新所赋予的经济效益使得当代研究型大学越来越重视科学研究。学校定位的变化也直接影响了教师的晋升考核重点。今天，佐治亚大学越来越多的教师和管理人员都从内心认可“教学不再是教师工作的重心”。

一位在佐治亚大学工作超过30年、且有过8年系主任经历的微生物学系教授就明确表示：

“在我们的教师晋升评价中教学从来就不是一个很重要的考核领域。当然，我们会对教师的教学能力进行考核，作为系主任，我在评价总结信中也会涉及教师教学能力的评价，但这从来就不是一个非常重要的考核标准。作为系主任，我从来不会要求助理教授把太多的精力放在教学领域，因为我不认为那会影响他们的晋升。如果他们已经在科研上有了非常突出的成就，那就可以适当考虑一下教学。所以，在我们的教师晋升评价中，科研能力是第一位的。”（A17）

艺术学系的某任系主任也在将佐治亚大学与文理学院比较后坦承学校“自下而上”的研究性。

“佐治亚大学是所研究型大学，我所认识的绝大多数老师非常热爱科研，他们对教学的关心很大程度上只是出于自我意识（ego）以外的延展，很少有真正热心钻研并提升自己教学能力的。虽然这听起来很负面，但却是真实的，这就是研究型大学！我曾在一所文理学院里工作过4年，那边的氛围就完全不一样了，所有教师的工作重心就是教学，就像参加教学竞赛一样！但佐治亚不同，佐治亚是一所完完全全的研究型大学！”（A16）

另外，一位社会学系教授甚至激动地强调学校不能进一步提升的最大原因是过于重视教学。

“我认为教师晋升评价中最重要的考核方面应该是科研！尽管佐治亚大学对教师的科研能力的确非常重视，但仍存在一个最大的问题——太重视教学！课程评价本就是十分具有争议，太过重视教学是阻碍佐治亚大学继续前进的主要原因！从很大程度上来说，重视教学是佐治亚大学

与其他大学相比的弱势所在！”（F7）

尽管今日的研究型大学从不讳言对科研的重视，身处其中的教师也都承认这一点。但不可否认的是，还是有不少教师非常看重教学对一所大学的意义。佐治亚大学因其历史发展，更是有这方面的传统。毕竟学校是从20世纪70年代才开始由以教学为主要任务的州立高校向以科研为主的全国性高校转型，传统痕迹的影响仍不可小觑。访谈发现，更多教师对教学的态度是“不支持不反对”的中立态度。

文理学院的某副院长就表示：

“大部分晋升评价委员会的判断标准是，科研可能要重于教学。但前提条件是，候选人的教学能力不至于太糟糕。我不想给你一个错误的概念就是‘只要你科研出色，即使教学糟糕也能实现晋升’！”（A8）

也就是说，在佐治亚大学，教师晋升评价始终绕不开教学评价。教学虽不至于成为决定性因素，但至少是教师晋升的“敲门砖”，关键在于如何有效地评价教师的教学能力。不同于科研评价，大学教学评价的困难程度早已有论证，学科壁垒、评价主体、教学材料的异质性等都会阻碍对教师教学能力的客观评价。尽管学校及各学系的晋升规则中列举了大量的教学能力辅证材料，但很难对它们按晋升重要程度一一排序。

文理学院的某副院长对此也表示认同，同时他还进一步强调：

“很难说哪一项晋升材料是教学评价中最重要的，因为对教学能力的判断需要依据课程计划、学生评价、同事评价等多方面的信息，很难说哪一项更重要一些。这与25—30年前的情况不一样，那时对候选教师进行教学评价一般只看学生评价结果，但现在有太多的材料可以参考。事实上，我们很容易就能判断一个教师教学能力的好与坏，但大部分中间水平的教师你很难去界定他的水平到底如何。”（A8）

由此可见，尽管佐治亚大学的晋升评价政策将教学与科研、服务并列为学校发展的三大任务，明确指出“所有的终身轨教师无论是否获得终身教职都必须表现出杰出的教学能力”，同时，管理人员也多次强调“教师不应忽视教学”，然而，在政策的执行过程中，教师的教学能力仍然无法受到与科研能力同等的重视。甚至，不少学系会将教学作为“惩罚”未能通过终身后评价的副教授或教授的方式，即在重新调整他们的聘用合同时刻意提高这些不合格教师的教学工作量，降低他们的科研工作量。

二、学生评价

就政策规定而言，佐治亚大学的教师可以在申请晋升时提供多种形式的教学证明材料。访谈发现，教师使用最多的证明材料还是学生评价。

佐治亚大学的学生评价主要是指学生在每门课程结束后，对教师的教学设计、教学过程、课程内容、教学效果等内容进行的客观等级评价，同时也包括主观意见反馈。客观分数从1到5分别对应的是“非常不满意”和“非常满意”五个等级。学校规定，教师在申请晋升时必须将近3年的学生评价悉数纳入晋升材料。

在实际的晋升评价中，教师对学生评价的态度却不尽相同。客观上来看，学生评价是唯一来自受教育对象的量化证据，理论上是评价教师教学能力最直观的晋升材料。很多教师也的确承认学生评价教师教学能力的身份合法性，毕竟学生才是教师教学行为的直接受众。

宗教学系一位刚刚晋升成功的副教授表示：

“学生评价是教师反省教学能力的重要工具。佐治亚大学要求，教师在申请晋升副教授前，学生评价至少要达到2.5分。”（F13）

另一位刚刚晋升为副教授的受访教师也认同：

“在我们学业提高部，教师的教学能力可以从多方面来证明。但我认为，学生评价是其中最重要的评价依据。事实上，我认为学生是评价教师教学能力的最佳群体。”（F31）

然而，仍有不少教师认可“多数学生在评价教师的教学能力时是依据自己对教师的喜恶”这个观点，他们认为“仅靠直观性的数字并不能说明教师的教学能力”，“学生评价不应该成为评价教师教学能力的主要依据”。

公共卫生学院的一名管理人员就明确解释：

“学生评价中有很多问题是学生可以回答的，如教师的备课是否充分、课堂组织效果如何等，但也有很多问题是学生无法判断的，如‘教师的课程内容是否涵盖本学科的前沿知识’等。一个刚刚开始专业学习的本科生怎么能够对这类问题进行合理判断?！因此，对于学生评价，我不会太看重。”（A9）

受访者认为，学生评价会受到以下因素的影响，而教师晋升评价应该对这些因素予以考虑。

（一）课程类型

课程类型可以有多种分类维度，受教育阶段、班级规模、课程性质等均可以成为分类依据。不同类型的课程可能对学生评价的分数产生不同的影响。

首先，必修课更容易带来负面的学生评价。佐治亚大学的课程可按大类分为必修课和选修课。必修课是学生完成学位必须要修习的课程，可以是公共课程，也可以是专业课程。必修课的特色之一就是，不论学生的喜好如何，而是根据专业设置或学生发展需要强制学生修习。因此，对于部分学生而言，必修课的这种强制性很容易激起学生的反感，甚至怒气。

宗教学系某教授对此深有感悟：

“如果学生被迫选择了某些他们不愿意上的课程，他们会倾向于给那个上课教师差评，因为他们每次进入课堂时都是不情愿的！这种坏心情导致的差评与课程本身有何关系?！就像你去一家餐厅吃饭，如果你对当晚的菜色不满意，你唯一的发泄渠道就是不给服务员小费！你不能对厨师或经理做出什么事来！”（F14）

其次，研究生课程比本科生课程的学生评价更理性。显然，无论是从身心发展还是知识累积来看，研究生普遍比本科生更成熟，想法也更为客观。因此，在对任课教师进行评价时，研究生往往能更理性地将对教师个人的喜恶控制在合理的范围内。

高等教育研究所的一位副教授就表示：

“我的观点可能比较非主流，我对学生评价没有太强烈的感觉。说实话，我十分理解也非常同情需要进行本科大班教学的教师，尤其是大一、大二的学生。你知道，我们所主要开设研究生课程，我从来不认为研究生的判断是情绪化的，我认为他们的评价是很理性的，既包括教师的优点也包括缺点，非常公平。此外，研究生们的反馈意见也非常有价值，能够进一步促使我改进自己的教学。就这一点而言，我们高教所是非常特别，且幸运的。从另一个角度来说，一旦研究生们对你的教学评价不高，那就说明你的教学能力真的很有问题！”（F30）

还有教师表示，相较于本科生课程，研究生课程更受晋升评审们的重视，对候选人的帮助更大。兽医学院一位助理教授语带不满地透露了这一标准：

“在我们学系，不同类型的课程受重视程度也是不一样的。按理说，我在教授100多人的大班时需要投入更多的精力，应该更有价值。但学校认为我们每年使用的是相同的教学材料，教师投入精力不如研究生的小班教学。因此，同样是课堂教学，教授研究生班级对教师的晋升帮助更大！”（F2）

但学校主管教学的副校长办公室却有一位高级官员并不认同这个观点。他在进入教学副校长办公室之前，也曾在佐治亚大学教育学院作为教授工作多年。他认为研究生课程的学生评价分数区分度不高。

“每个教师都要接受学生评价，从理论上而言这一切都是标准化的，学生评价是最容易判断的晋升材料。但事实并非如此。教育学院的教师所教授的多为研究生课程，因此，大家的学生评价分数都很高，参考性并不算太高。”（A3）

再次，大规模班级的学生评价分数取决于考试难度。班级规模较大的课程一般都是公共课，学生人数有时甚至达到100人左右，这种情形下即使有个别学生缺席，授课教师也很难察觉。因此，大规模班级的学生逃课率较高。逃课学生出具的学生评价的信度是有待商榷的。

生物化学与分子生物学系某教授就表示：

“很多大班教学的学生评价并不能说明真正的问题。因为很多学生平常并不来上课，他们对这门课程的评价完全是基于最后考试的难度！”（F19）

（二）课程难度

佐治亚大学的课程编号由开课院系代号和四位数字组成，课程难度可以很容易地从课程编号上看出来。一般来说，数字越小的课程越简单。课程难度不仅是影响学生课程成绩的主要因素之一，有时也是引发学生怒气的原因之一。因为如果学生们不能顺利完成课程中间的各项任务，可能会使他们非常讨厌这门课程。而这并非是任课教师教学能力的体现，属于不可控因素。

宗教学系某教授在谈及“学生评价”时就曾愤怒地表示：

“学生是教学质量最糟糕的评价主体！因为学生评价能够反映出来的只是‘学生们是否开心’‘学生们是否喜欢这门课程’等信息，他们无法体现‘教师是否教得好’这个事实。一般来说，如果这门课程偏难，学生评价也会较低，因为学生获得分数低。佐治亚大学是一所‘派对大学’（party university），每门课程的学生评价分数基本由学生所获得的分数来决定。如果学生得了A，那么，教授就会得到4.0。”（F14）

他无奈地耸了一下肩后，稍微平复了一下心情：

“影响学生评价的因素实在是太多了。佐治亚大学对教师的教学评价看的是他过去几年间所有的课程评价，是一个整体的数字，并没有考虑到课程的难度。事实上，课程难度会对学生评价产生较大的影响。就我自己而言，我在给学生们上《美国宗教学》时就很容易得高分。因为课程的阅读材料都是学生们感兴趣的，且与他们生活相关，容易懂。但当我教授《亚洲宗教》《佛教》《儒学》等课程时，由于课程内容是以别国文化为基础，学生们很容易会觉得无聊，而且很难。这些课程的学生评价就很难得高分！你知道，这就像是给飞行员评分，从洛杉矶飞往纽约的飞机上，乘客被要求给飞行员打分。如果一路顺利，完全没有颠簸，那么飞行员很有可能会得分很高。但如果稍有颠簸，乘客的评分很有可能就会降低很多。但事实上，飞机颠簸并不一定能够反映飞行员的驾驶水平，很有可能是风暴等不可控因素。有许多顺利完成航程的飞行员只需设定自动飞行键即可，根本不需要太多的飞行技巧。这就跟学生评价之于教师是一样的道理。”（F14）

这一观点同样得到了另一位来自新闻学系教授的认同：

“我认为学生的感受很重要，但只能作为部分参考。就像让人们在水、可乐和果汁之间做选择时，人们普遍会选择可乐的原因是可乐比较甜，但这并不说明可乐对所有人来说都是最好的选择。一般来说，学生都不喜欢在课堂上备受压力的状况，他们喜欢娱乐性较强的课堂。你可以用多种方法来取悦学生，帮助自己获得高评，但你知道学生真正在课堂上是需要掌握知识和技能的。”（A11）

然而，如果教师希望依据学生反馈来调整自己的课程难度，那也不一定会有好的结果，因为他（她）所面对的学生群体已经发生了改变。生物化学与分子生物学系的一位资深教授的经历证实了这一判断：

“当我还是助理教授时曾有一次获得很高的学生评价总分，但在其中一项‘这门课程是否激发了我最大的努力？’上的分数却并不高。基于学生的这个反馈意见，我在下一年度修正了自己的课程教学要求，提高了课程难度，而这么做的唯一结果就是我最终的学生评价分数非常糟糕！因此，我认为学生评价的难度之一在于你永远不会提前知道所教学生的喜好！”（F19）

由此可见，不同学生对同一门课程的难度要求是不一样的，对于任课教师来说的确是众口难调。因此，学生评价在晋升中的效用关键还在于晋升评审们是否懂得分辨、判断，尤其对于学生评价分数较低的候选人而言这一点相当重要。佐治亚大学不少学系都会用自己的方式“拯救”学生评价较低的候选人。曾任政治学系系主任的一位资深教授回忆道：

“我承认教师的教学能力是非常难评价的。我们每学期末都要对教师进行学生评价，如果教师获得了很高的学生评价，无论其是以什么样的方式获得，我们都很难去推翻这个事实。但我们会对负面学生评价进行重点关注。在担任系主任期间，我主要是考查教师的课程计划，包括阅读书目、课程作业等。我发现，有时候教师的学生评价分数不高的原因之一是他们对学生要求较为严格，且课程内容和作业难度较高。在这种情况下，如果一个教师的学生评价分数很低，我想系内绝大多数教师都不会在意。”（A10）

（三）其他因素

除了课程本身的因素外，访谈还发现了其他因素会对学生评价产生影响，包括学生参评率、宗教信仰、种族等。

1. 学生参评率

数学与科学教育学系的一位教授从历史的角度对佐治亚大学的学生评价进行了剖析，他指出学生参评率是很容易被忽视但又非常重要的一个因素。

“我对学生评价的态度是变化的。总的来说，我认为学生能够对教师的教学能力进行不错的评价。但随着学生评价从纸质时代进入现在的电子时代，学生参与评价的比例越来越难以保证！你很难让学生在课堂之外专门花时间对这门课程进行评价，除非他们对你课程有非常深刻的感受——非常喜欢或非常讨厌。因此，现在佐治亚大学的学生评价关键要看参与评价的学生比例。一般来说，现在学生评价的比例在30%—40%，很难达到50%，而这些参与评价的学生意见又是非常极端，我们缺乏中间意见！在纸质时代，我在每学期末会专门在课堂上分发教学评价表，再由其他人负责收集，那时的评价率基本在100%！”（F23）

艺术学系的前任系主任对于学生参评率也是颇有微词：

“与印第安纳大学相比，佐治亚大学的学生评价就是个笑话！这里的学生评价非常糟糕！印第安纳大学的学生评价是必须要提交的晋升材料，学生的参与度高达90%—95%。与之相比，佐治亚大学的学生参与度能有50%就很幸运了。”（A16）

的确，如果学生参评率达不到一定水平，那么，任课教师即使收获极好或极差的学生评价，也不能代表所有学生的意见。

2. 宗教信仰

有时候，甚至连宗教信仰的不同也会对学生评价的公正度产生影响。宗教学系的一位教授就很无奈地表示：

“宗教学系很多教师都可以给你说出一大堆类似的事情。我记得有一个教师在讲授基督教与犹太教历史时被学生投诉‘对基督教不公平’。显然，这个学生本身是基督教徒。而这显然是课程内容的不公平，与教师的教学能力无关！”（F14）

3. 种族

除了客观分数外，有些学生还会在主观评价栏中直接写明不喜欢任课教师的原因，而这些五花八门的答案也从侧面说明了学生评价的随意性。例如“我就是不喜欢这个老师”“我不喜欢他说话的口音”“我不喜欢他的肤色”“我不喜欢上课的时间”等。

总体而言，尽管佐治亚大学的学生评价是教师申请晋升时的重要评价依据，但很多教师对于学生评价的效度是存疑的。也许，一位地质学系教授的想法恰巧能够代表佐治亚大学教师对学生评价爱恨交织的情感：

“学生评价是评价教师教学能力的重要依据，但却非常困难。很多教师反对在晋升评价中赋予学生评价重要的地位，我对此表示理解，但有的时候，学生评价的确又能反映一些问题。说实话，我真的不知道应该如何看待学生评价。虽然它不是最理想的工具，但你似乎也找不到更好的替代工具。”（F5）

三、同事评价

为了对教师知识掌握的深度、广度、课程设计能力以及所用教学材料的科学性等问题做出更准确的评价，佐治亚大学的多数学系都认可将同事评价作为教师教学能力的证明材料。一般来说，申请晋升的候选人可以邀请系内1—2位同事到自己的课堂上旁听，由他们出具对候选人教学能力的评价报告。

同事评价并不会对候选人进行量化评分，只是主观性评价。相较于学生评价，同事评价并不都是强制性的，多数情况由候选人自行决定是否使用。

一位兽医学院病理学系的助理教授坦承：

“我们系的同事评价并不正式。与学生评价不同的是，同事评价并非是量化的分数，而是以建议居多。因此，如果同事评价对你有益，那么，候选人大可以加以利用，但如果情况相反，也可以选择摒弃，不加入晋升材料中。”（F2）

拉丁语系的一位副教授也证实了这一观点：

“学生们是直接接受你教学的群体，你没有理由否定他们给出的评价。教学评价其实跟学生论文答辩很相似，你无法抵制学生评价，但你同样可以有为自己辩护的权利，因此，我们会有同事评价作补充！”（F16）

物理与天文学系的受访教师甚至表示：

“学系最重要的教学评价可能是同事评价。”（F11）

同事评价不仅可以成为候选教师“拯救”自己教学评价的法宝之一，而且也获得了管理者的认可。教育学院的副院长就表示：

“同事评价是非常重要的参考依据。但不同学系有不同规定。有些学系将同事评价正式写入教师晋升评价标准中，且主要针对助理教授，但有些学系则处理得不那么正式。我认为同事评价的参考性很强，对教师晋升很有帮助。”（A6）

在某些学系，如特殊教育系、生物化学与分子生物学系等，系主任甚至会亲自到候选教师的课堂旁听，为其提供同事评价和教学改进建议，将同事评价制度化。

“我个人比较倾向通过同事评价来考查教师的教学能力，而不是学生评价。在我担任系主任的时候，我一般会亲自到刚刚入职的助理教授的课堂上听课，并给予他们具体的改进建议。在生物化学与分子生物学系，助理教授可以经常邀请资深教授深入自己的课堂，给出具体改进意见，这取决于候选人自己。但在第三年评估时，按规定资深教授必须对候选人进行同事评价。”（A17）

需要指出的是，如果系主任主动担当“同事”角色，那么，他们的评价范围可能就不仅仅限于候选人的课堂表现了。教育学院某副院长在担任系主任期间还非常重视教师对学生一对一的指导效果。她回忆道：

“除了课堂教学外，我还自行设计了一个课外指导评价表。每次学生在接受完教师的课外指导后，都可以去教务办公室领取一张纸质表格，对教师刚刚的课外指导效果进行及时评价，例如‘教师是否对我的问题提供了答案’‘教师的意见是否有利于问题的解决’等。我会在这些表格的基础上对教师的教学能力进行评价，尤其是对研究生的课外指导。”（A6）

艺术学系前任系主任会通过学生作品来评价候选人的教学能力：

“在艺术系，我们很容易判断一个教师的教学能力，因为到处都是学生的作品展，我们很容易就能从学生的水平判断教师的教学。研究型大学的教师有一个共同之处就是非常的自我中心（self-interested），不喜欢专门花费心思来指导学生，尽管如此，学生还是能在与教师的互动中吸收到专业知识。”（A16）

当然，并不是所有教师都支持同事评价。英语系的一位资深教授就明确地表示他并不赞同系内的同事评价：

“英语系除了学生评价外，没有同事评价这种既耗时间又耗金钱的评价方式。我是系内我这个研究领域的唯一一位教师，没有其他人了解我所进行的研究。因此，即使我的同事能到我的课堂上对我与学生的互动、我的课堂组织方式等进行评估，他们也无法对我的教学内容是否能够反映学科前沿知识进行判断。因此，我是不会邀请同事进行教学评估的。如果我们有足够的经费，我可能会考虑邀请本领域的校外专家来对我的课堂教学进行评估，但这既不可能也没有必要！”（F20）

总的来说，对于佐治亚大学同事评价的有效性，虽然教师群体中偶有反对之音，但绝大多数教师及管理者还是认同同事评价的专业性，认为其比学生评价更理性、更科学。尽管如此，佐治亚大学在评价教师的教学能力时，同事评价的地位仍不如学生评价，更多时候同事评价只是被用于弥补学生评价的不足。

宗教学系的一位副教授就指出：

“学生评价的地位比同事评价要高，同事评价只是用来验证学生评价是否能真实反映教师的教学水平。”（F13）

在现实中，佐治亚大学的同事评价更多倾向于正面评价，这也直接影响了其在评审眼中的信度。而同事评价是否真的能够反映出教师的教学水平仍待进一步探究。

第二节　科研评价

科学研究是当代研究型大学的主要职能，佐治亚大学也不例外。身为研究型大学的教师，从事科学研究是其不可推卸的责任，也是其晋升考核中至关重要的部分。

一、科研的地位

科研的重要地位并非只是佐治亚大学的官方呼吁，这一理念已经获得了校内教师的普遍认同。

一位拉丁语系教授说出了绝大多数教师的心声：

“虽然从文本上来说，教学、科研、服务三者在教师晋升评价中都是同等重要的，然而在现实中，科研始终是第一位的！毕竟这是一所研究型大学，如果你的科研能力不突出，即使教学能力再出色，也是不可能顺利晋升的！”（F13）

英语系的一位资深教授更加直白地表达了对教学的不屑，强调科研的重要：

“科研无疑是最重要的考查领域。佐治亚大学是一所研究型大学，一所顶级研究型大学。因此，教师必须拥有自己的专著，必须投身于科研之中。在教学方面，我们的要求是‘教师应该至少是一名合格的教师’。英语系里有些教师强调自己教学能力出色就可以理所当然地少承担一些科研责任，我认为这太可笑了。在研究型大学里，每个人都应该拥有一定的科研能力，否则就不能晋升！教学方面，你只要过得去就行，没有人期待你在教学方面有多么优秀，即使你获得了教学类奖项的认可也不能说明什么，因为据我所知，佐治亚大学的教学评价本身就不够严谨！”（F20）

即使是负责教学的学校管理者也并不掩饰对科研重要性的认可：

“佐治亚大学大部分的教师都认为科研是唯一重要的事情。我一直认为教学能力也是教师晋升的重要考查方面。但坦率地说，科研能力才是教师晋升的决定因素，一位教学能力再出色的教师如果科研不合格也不会被成功晋升的。”（A3）

新闻与大众传播学院某系主任的观点也许能够更直观地代表管理者对于教师教学能力与科研能力的态度：

“尽管我们希望教师能在教学与科研两个领域表现得同样出色，但作为系主任，我曾明确告诉系内的助理教授：‘无论你拥有多么卓越的教学能力，你也不会因此而获得职称晋升，你的首要任务是从事科研活动。然而，如果你拥有卓越的科研能力，却是一位糟糕的教师，你也不会因此而获得晋升。但是，如果你在科研领域表现出色，而教学能力平庸的话，你仍有可能会成功晋升。’”（A11）

尽管科研评价在教师晋升评价中极为重要，《手册》也列举了一系列教师在申请晋升时可以提交的证明材料，但各种材料的重要性及其具体操作细则并未在学校或学系的晋升政策中得以体现。访谈发现：外部同行评价信、论文发表的数量与质量、科研经费是教师晋升的科研评价中最重要的三大标准。本部分将重点探索这三项重要科研晋升材料的实施细则。

二、外部同行评价信

外部同行评价信是由校外同专业领域的专家对候选人的晋升资格做出的主观判断。按佐治亚大学的规定，校外专家的名单是先由候选人和系主任分别拟定，再由系主任决定最终名单，候选人无权知晓最终的外部专家名单。政策对这部分内容的表述仅此而已，关于外部专家的挑选标准、外部同行评价信的作用程度等重要信息，正式规则中并没有涉及。通过访谈，作者发现了一些外部同行评价执行过程中非常重要但却并不为人所熟知的影响因素。

(一) 校外专家的挑选标准

校外专家的挑选非常重要，直接影响外部同行评价信对于候选人晋升的作用。一般来说，每位候选人的最终专家名单是4—6位，候选人和系主任各拥有一半的提名权，系主任拥有最终的决定权。分别对这两个群体深入访谈后发现：

1. 校外专家的共同挑选标准

除了学校明确规定的禁忌条件外，如校外专家不能是候选人的导师、朋友、亲人等，候选人与系主任在拟定自己的校外专家名单时的挑选标准还存在不少的共同之处。

第一，校外专家必须熟悉候选人的研究领域。校外专家的主要职责是对候选人的科研成就进行评价，尤其应该反映其在本学科领域中的地位，帮助校内其他教师对候选人的晋升资格进行判断。因此，校外专家本身的专业性几乎是所有受访教师脱口而出的第一选择。

政治学系的前系主任明确表示：

“我认为最重要的标准是外部专家必须在候选人的研究领域中拥有杰出的成就。”(A10)

兽医学院病理学系的一位助理教授也认同这一观点：

“全美从事病理学研究的只有150人左右，大家基本都认识，因此，对于我们来说，校外专家的工作单位没有那么重要，重要的是专家本人有一定的学术声誉，且了解我们的工作。”(F2)

相较于其他学系，学业提高部这类跨学科单位对于校外专家的专业性要求会更高。因为在跨学科组织内部，同事间不熟悉其他人研究领域的现象更为普遍，此时，外部同行评价信就成为唯一可以帮助评审判断候选人科研能力的专业意见。

学业提高部一位副教授的观点证实了这一判断：

“我自己挑选外部专家时的出发点就是他们必须了解我的研究领域。你知道，学业提高部是一个跨学科部门，同事间并不了解大家的研究方向。我的研究领域是咨询，我希望外部同行评价信能够帮助我的同事们评价我的工作。”(F31)

除了研究领域一致外，教师还希望外部专家能够熟悉自己使用的研究方法。

社会学系一位刚刚晋升成功的教授就表示：

“就我自己来说，我会挑选与我研究方向一致的校外专家，他们不仅应该了解我的研究领域——高等教育，而且应该了解我所使用的质性研究方法。”（F8）

第二，校外专家的职称最好是正教授。教师在晋升过程中会面临副教授和教授两次职称申请。理论上来说，候选人在申请晋升副教授时，其校外专家也可以是外校的副教授。但在实际操作过程中，无论是申请哪个职称的晋升，候选人自己和系主任都倾向于选择其他学校的正教授来担任校外专家。因为大家普遍认为，在同一学术研究领域中，教授比副教授更具学术声誉。

艺术学系前系主任明确指出：

“教师的职称是我的考量因素，我个人比较偏好正教授，某些优秀高校的副教授也可以接受，但我更倾向于正教授。”（A16）

新闻与大众传播学院的某系主任也坦率地承认：

“确定外部专家的压力对我来说真的很大。如果我选择了一批副教授来担任外部专家，那么，极有可能会对候选人的晋升造成负面影响。因为晋升评价委员会可能会因为外部专家的职称而质疑他对候选人做出的判断。”（A11）

除了学术职称外，有些系主任对校外专家的行政职务也有所期待。他们认为身兼行政职务的校外专家更具有全局视野，更能够保障评价意见的公平性。

新闻与大众传播学院某系主任就强调：

“外部评价专家最好是在其他大学担任行政职务，并充分了解外部同行评价信对于大学教师晋升的重要意义。这样才能确保评价意见（无论是正面评价还是负面评价）的公正性，而非仅仅基于对候选人的个人喜好做出的情绪化判断。”（A11）

第三，校外专家的工作机构至少应与佐治亚大学的属性（归属、级别、实力等）相当。佐治亚大学是一所典型的美国公立研究型大学，属于卡内基教学促进基金会高等教育机构分类中I类研究型大学。在美国，这类研究型大学2013年时只有108所，是美国4 000多所高等学校金字塔体系中最顶端的级别。访谈发现，绝大部分教师和管理者都认为“校外专家应从与佐治亚大学实力相当、甚至更高级别的学校中选择

(peer or aspirant institutions)”。他们的忧虑之一是校外专家的惯性思维，受访者们认为“外部专家自身的工作环境很有可能会成为其评价其他学校教师成就时的参照系”，这种惯性代入思维可能会影响专家对候选人的客观判断。

艺术学系前任系主任强调：

“我会注意外部专家所在学校的属性。在我看来，专门的艺术类学校与综合型大学的艺术系对教师的要求是不一样的。一般来说，艺术类学校的水平较低，尤其是私立艺术学院。”(A16)

曾任数学与科学教育学系系主任的某资深教授也强调：

“评价专家必须任职于I类研究型大学，我会避免从州立学院中选择外部评价专家。在我心目中，108所I类研究型大学间没有高低之分，佐治亚大学与哈佛大学、斯坦福大学并无太大区别。因此，在我担任系主任期间，也会从这些民众心目中的明星学校获取同行评价信。坦率地说，这些学校的教师出具评价信的时间比较长。但从任职于教学型大学的教授处获取的评价信并不会对候选人的晋升考核产生任何帮助。”(A15)

地质学系的资深教授则表示：

“对于像佐治亚大学这种研究型大学来说，如果候选人从教学型大学邀请外部专家来为自己出具评价信，根本不具备说服力。因为研究型大学的教师通常认为‘教学型大学的教师无法理解研究型大学对教师的要求和期望’，无论这种想法是对是错，但它的确存在！所以我不会考虑从教学型大学获取同行评价信。”(F4)

数学与科学教育学系的一位资深教授更是直接罗列出了与佐治亚大学处于同一级别的院校名单。

“我们在挑选外部专家时被告知最好从与佐治亚大学同等或更高级别的学校选择！学校的网站上专门有这类学校的推荐名单。其中，佐治亚大学的同级院校主要包括北卡罗来纳大学（The University of North Carolina)、艾奥瓦大学（The University of Iowa）等。更高级别的学校则包括威斯康星大学（The University of Wisconsin)、明尼苏达大学（The University of Minnesota)、密歇根大学（The University of Michigan）等州立大学。你知道，尽管埃默里大学（The University of Emory）也是排名很高的研究型大学，但却不在佐治亚大学的官方推荐名单上，因为那是一所私立的、小型的高校。当然，我也可以从埃默里大学（佐治亚州唯一的一所私立I类研究型大学）选择校外专家，不过我需要补充一些对专家个人的介绍。”（F23）

事实上，除了研究型大学，一些顶级科研机构的专家也会成为候选人和系主任的目标人群。

生物化学与分子生物学系的一位资深教授就明确地表示：

“我们会从欧洲的大学获取同行评价信。如果专家本身是美国科学院（National Academy of Sciences）成员或获得过科研类奖项，他所出具的评价信就会更具说服力。”（F19）

微生物学系的某系主任也认可这一观点：

“一般来说，我会挑选与佐治亚大学同级或更高级的学校，如果有可能的话，还希望从国家科学院等科研机构获取同行评价信。”（A17）

当然，也并非所有教师都希望从更出名的学校获取同行评价信，他们看到了一些盛名之下的负面效应，如评价时的参考标准不一致，评价态度不认真等。

新闻与大众传播学院某系主任就明确指出：

“我在挑选外部评价专家时的确偏向于从与佐治亚大学性质相似、实力相当的大学中选择。佐治亚大学虽然与哈佛大学、斯坦福大学等常春藤盟校同属于I类研究型大学，但彼此还是存在一定的差异。我并不是说自己完全不从这些学校获取同行评价信。但根据我以前在斯坦福大学做的研究发现，该校助理教授能够顺利获得终身教职的概率只有5%，其余95%的助理教授会被解雇，我们应该特别注意这一点——教师日常所处的激烈晋升评价环境会影响他们作为外审专家对候选人晋升材料的判断。同样的，来自以教学为主要职责的州级学院的评价意见的参考性也不强。因为大家都知道这类学校根本不关注教师的科研能力，即使助理教授5年内仅在一般期刊上发表1篇文章也是可以顺利实现晋升的。”（A11）

公共与国际事务学院的资深教授也坦承：

“特别著名的教授根本没有太多时间来审核候选人的晋升材料，他们的评价信可能只有短短的一段，这种评价信对候选教师的晋升根本没有帮助。”（A10）

第四，外部专家所在的地域。佐治亚大学的自我定位是“全国性研究型大学”，因此，学校要求申请副教授的教师需要具备“地区性或全国性学术声誉”，要求申请教授的教师具备“全国性或世界性学术声誉”。由于职称要求不同，系主任在挑选外部专家时也会比较留意地域上的多样性。

曾任化学系系主任的资深教授表示：

“如果候选人申请晋升副教授，我基本是从美国国内挑选评价专家；如果候选人申请的是教授，我会确保外部专家至少有1位是来自美国以外的地区。”（A8）

除了国际声誉外，不同地域的学校性质也会有所不同，因此，评价意见的异质性也是系主任考虑地域因素的原因之一。

曾任艺术学系系主任的一位教授强调：

“我在挑选外部专家时首先会考虑地理性因素——我要保证我的评价专家并非都来自美国东南部的大学，因为同处于东南地区的学校非常相似。”（A16）

需要指出的是，并不是所有研究领域的系主任都能充分发挥自己的主观能动性来挑选校外专家。对于某些“冷门”学科而言，全世界范围内从事这一领域研究的总人数有限，此时所有的挑选标准都会被悬置。

兽医学院的传染病系系主任就无奈地告诉我：

“我会从一所境外大学获取同行评价信，以证明候选教师的国际声誉。但境外并非仅指欧洲，而是遍布全球，例如中国的流行性感冒研究很有名、非洲的肺结核研究很出色等，这些地区都可能成为我的目标。但是动物传染病学的研究领域很窄，像我们系有些教师的研究领域有知名度的学者全世界一共也就10个人，所以我们不能像其他学科一样拥有很大的选择余地。”（A13）

对于候选人而言，来自不同地区的外部同行评价信在评审心中的分量会大不相同。受访教师们透露，佐治亚大学的晋升评审们普遍比较认可英国教授出具的评价信。在他们心中，英国学者治学严谨，且普遍倾向于批判式风格。这种风格的外部同行评价信对于校内晋升评审们来说更客观，参考性更强。

地质学系的一位资深教授就证实：

“我还特意选择了一位英国专家，因为我知道佐治亚大学很看重英国学者的评价意见。虽然这名英国专家本身实力也突出，但坦率地说，

我选择他更多的是一种战略性立场。”（F5）

2. 候选人的其他挑选标准

除以上几条共同标准外，候选人在选择校外专家时也会有自己不同于系主任的考量立场。总的来说，候选人的基本原则应该就像英语系某位资深教授阐述的那样：

“我们挑选校外专家的标准不过是希望对自己有利的推荐意见，我会尽量挑选安全的校外专家，不至于在背后捅我一刀。”（F20）

第一，曾经在专业性场合有过接触的专家。佐治亚大学规定“校外专家不能是候选人的导师、朋友、亲人或合作者”，因此，对于候选人而言，专业性场合就成为寻找外部专家的最佳场所。“见面三分情”，佐治亚大学的教师普遍认为如果校外专家是自己曾经面对面交流过的同行，他们对自己有印象，所出具的外部同行评价信也应该会比较正面。即使不是如此，至少面对面地交流后也能让教师对于校外专家有初步的了解，能够判断其是否适合出具外部同行评价信。

拉丁语系的一位副教授就非常明确地表示：

“当你需要外部同行评价信的时候，就是学术网络应该发挥作用的时候！”（F16）

学业提高部一位刚刚晋升成功的副教授就充分利用了其在学术刊物中的学术网络。

“就我自己选定的外部专家，一位是我担任审稿委员的学术刊物的编辑，我不认识他，但我们曾有过几次短暂的联系，我很喜欢他的风格。我主动询问他是否愿意为我撰写晋升的外部同行评价信，而他答应了。”（F31）

第二，导师推荐的人选。虽然佐治亚大学明确规定候选人的导师不能为其提供外部同行评价信，但还是有人“曲线救国”地从自己导师处寻求帮助。这些教师认为自己的导师相对而言拥有更多的学术资源，导师所推荐的外部专家人选一方面基本可以确保至少不会出具伤害候选人的评价信，另一方面也符合学校对校外专家身份的限制规定——与候选人没有直接的利益关系。

第三，外部专家本身具有责任感。美国大学中每年有非常多的教师都要申请晋升，但哈佛大学、耶鲁大学这一等级的学校只有那么几所，在这些学校工作的教师人数也是有限的，他们每年都会收到许多学校的外部同行评价信邀约。校外专家如果本身不具有责任感，短短几句话敷衍了事的话，那样的外部同行评价信所能发挥的作用也是有限的。更有甚者会忽略邀请信中的“特殊情况说明”。学业提高部的副教授就用自己的亲身经历证明了外部专家责任感的重要性：

“我自己的教学工作量占2/3，科研工作量占1/3。对于我来说，发表学术论文不是非常迫切的工作任务。如果我从与佐治亚大学相当的研究型大学寻找外部专家，他们肯定不能理解我的工作状态！尽管我们系主任在给外部专家们发评价邀请信时，会注明‘我们是一个以教学为主的部门，A教师的聘用合同中工作量的2/3为教学’，但从返回来的评价信可以发现，并不是所有的外部专家都明白系主任的意思，因为系主任告诉我有一封评价信就明确指出我的科研成果不足，仍需继续累积！这种情况真是让人为难，因为系主任也做了他应该做的事，但始终抵不过外部专家的不认真！”（F31）

3. 系主任的其他挑选标准

系主任是基层学术组织的管理者，是教师晋升过程中最直接的参与者，甚至在一定程度上对候选人的最终晋升结果产生非常重大的影响。这种影响力的主要作用途径之一就是校外专家的决定权。除了共同标准外，系主任在选择校外专家时还会有自己的考量。

一是咨询系内其他教师的意见。按规定，佐治亚大学校外专家的最终决定权在系主任手上。但在具体评价过程中，不少系主任会咨询系内其他教师的意见，如终身教育学系、社会学系、生物化学与分子生物学系、数学与科学教育学系等。

教育学院副院长透露了自己在担任特殊教育学系系主任期间的校外专家决定原则：

“特殊教育学系的下设研究方向很多，我自己对学习障碍领域较为了解，但不太熟悉身体障碍研究领域。因此，如果候选人主攻身体障碍领域，那我就需要借助系内其他教师来拟定外部专家名单。”（A6）

拉丁语系也同样如此：

“候选人所在研究方向的资深教授有很大的推荐权，他们推荐的名单一般会受到系主任的认可。”（F17）

二是避免言辞激烈的校外专家。一般来说，系主任对申请晋升的系内教师都有保护欲，他们希望尽可能地帮助教师实现晋升，尽量能够获取正面的外部同行评价信。因此，在挑选外部专家时，往往会主动避开众所周知的挑剔型专家。

新闻与大众传播学院的某系主任分享了她的想法：

“有时候用词上的偏差会被晋升评价委员会进一步误解，对候选人造成十分严重的后果。例如，我认识一位在学术颇有建树的教授，他在各方面都十分符合校外专家的条件，但我却必须远离他。因为他与普通人对词语的用法见解非常不一样，一些在他看来非常温和的评价意见在大多数人眼中却是‘致命’的。因此，他虽然已经在自己的领域工作超过30年了，却从未成为其他教师的外部专家，这就是‘选择的艺术’。”（A11）

三是尽量邀请多位外部专家。为了保证回收足够数量的外部同行评价信，不少系主任会向多名外部专家发出邀请函，留给自己一定的选择空间。

新闻与大众传播学院的某系主任表示：

“为了确保能够最终获得足够数量的外部同行评价信（最少5封），我需要联系更多的外部评价专家，一般是6—7位。原因有二。第一，并非所有的校外专家都能在规定时间内返回评估意见，而这种事情时有发生。第二，并非所有的专家都能给出公正的评价，例如有些专家非常挑剔，在他们眼中从没有完美的表现；还有些专家因自身拥有非凡的学术声誉，所以他们会将自己的成就作为评价标准等。这些都是我极力希望避免的评价信。”（A11）

（二）候选人的知情权

佐治亚大学明确规定，候选人无权知晓外部专家的个人信息。访谈发现各学系在实际操作中选择空间较大。土壤与农作物学系等多数学系在实践中遵守着学校的规定，不让候选人知道外部专家的个人信息，甚至包括评价信的具体内容。但在某些学系，系主任会对外部专家进行匿名处理后，允许候选人阅读外部同行评价信的全部内容。

曾任艺术学系系主任的教授透露：

“按规定，候选教师无权知道外部评价专家的名字和所在学校。但如果候选教师提出请求，我会在对评价信进行匿名处理之后允许其阅读具体内容。候选人无权对评价信的内容进行任何修改。”（A16）

兽医学院的传染病学系也允许候选人了解外部同行评价信的全部

内容：

“在我们系，候选人是可以看到评价信内容的。我在给外部专家写邀请函时也会注明‘我们会尽力保证评价意见的匿名性，但请注意被评价人有权阅读评价意见’。在我看来，外部同行评价信就是公开的记录，人人都可以查看。”（A13）

有些学系的候选人甚至能够知晓最终的外部专家名单，当然多数候选人是通过非公开途径了解到的。

数学与科学教育学系的一位教授透露：

“虽然学校规定候选人不能知道外部专家的个人信息，但我自己在接受晋升评价时的确知道了我的外部专家名单。但我不记得具体是在什么时候了！我们系并没有将外部专家信息作为必要的保密项目，但我们确实不希望候选人与外部专家有联系！”（A15）

地质学系教授提供的一则生动例子更是形象地说明了系主任与候选人间的“沟通”：

“很多系主任都希望找到理想的外部专家来对候选人进行评价，但他们的时间和专业知识有限，致使他们无法仅仅依靠自己就做出正确的选择。事实上，在选择外部专家这件事上系主任和候选人之间会有很多的‘悄悄话’。我曾经听说有个系的系主任和候选人恰巧在同一时间进入洗手间，当然两个人都是男性，在厕所噪声的掩盖下商量着外部专家的名单。‘嘿，你觉得这些人怎么样？’我很喜欢这个经典的厕所案例，它说明了很多事情并不是按政策文本要求的那般进行。”（F4）

甚至，在宗教学系、政治学系等学系，候选人不仅有知情权，甚至能够直接参与整个外部专家的挑选过程。这完全取决于系主任的个人选择。在访谈中，政治学系的某任系主任明确表示他会与候选人共同协商最终的外部专家名单。

“当我还是政治系系主任时，我在拟定外部专家名单时根本不用考虑什么候选人提交的名单和我自己的名单。一般来说，我都是和候选人（或其研究领域的系内资深教授）坐在一起共同拟定最终的外部专家名单。我会先声明外部专家不能与候选人有私交，如有合作关系、师生关系或朋友关系的教授。当然我也会问候选人‘学术圈里有没有你一看见就恨不得狠揍他一顿的人’，这当然是极端情况，但你知道，我的意思是有没有候选人不想要的评价人，无论是因私交甚恶，还是曾公开在学术刊物上进行争论。总之，最后的外部专家名单都是我与候选人双方认同的教授。我个人倾向于选择具有崇高学术地位的人，而候选人则倾向于选择能够公平评价的人。这样通过合作选出来的评价专家并非只是一味奉承的人，而是为了保障候选人不受偏见影响。”（A7）

不过，同样是在政治学系，另一位也曾担任过该系系主任的资深教授却有不同的选择。由此可见，正式规则在具体实施时确实受管理者个人管理风格影响。

“我在担任政治学系系主任时并不像其他学系系主任那般‘随和’，至少我不会让候选人知道我所选择的最终外部专家名单。”（A10）

即使系主任自己能够“守口如瓶”，候选人也能够通过其他途径来打听，甚至影响外部专家的选择。系内其他同事往往是最好的突破口。有时候，一个学系内会有多个研究方向，系主任不可能面面俱到地了解所有的研究领域，他们可能会咨询系内其他教师，尤其是资深教授的建议。因此，以系内教师为沟通渠道，候选教师也许可以间接地实现自己的愿望。

社会学系的副教授就分享了自己的经历：

“一般来说，系主任会和系内教师商讨外部专家名单，系内教师可以向系主任推荐。我曾与我们系的一个教师深入交谈过，我告诉了她我希望的名单，我知道她直接向系主任推荐了我所希望的外部专家。这是我自己能够控制的影响外部专家选择的方式！”（F8）

总体来看，在政策的实施过程中，佐治亚大学大部分教师能够了解外部同行评价信的具体内容，系主任不仅会在学系晋升评价总结信中罗列外部同行评价信的观点，而且会直接告诉候选人评价信的性质，供其参考是否继续申请晋升。然而，关于外部专家的个人信息，各学系的传统或系主任个人风格都会对此产生不同的影响。事实上，候选人能够真正从正式渠道直接了解外部专家个人信息的学系并不算多，但候选人自己可以通过各种非正式途径探听外部专家信息。因此，在这一点上，学校正式规则的实际执行效果仍与文本存在差距。

（三）外部同行评价信的效度

在佐治亚大学教师晋升评价的制度设计中，外部同行评价信是评价教师科研能力的最重要依据之一，尤其对于学系以外的晋升评价委员会而言更是如此。事实上，的确有不少受访者承认，外部同行评价信是他们评价候选人的参考依据。然而，也有不少受访者指出，外部同行评价信本身的效度仍待商榷，因为在不少系主任和候选人的努力下，绝大多数外部同行评价信都是正面意见。

曾多次在学院晋升评价委员会服务过的地质学系教授就坦承：

“你很难会看到一封不是完全说好话的评价信，大部分都是赞扬信，而这是没有用的。很少有校外专家会非常诚实地指出候选人存在的问题。因此，我认为大部分外部同行评价信的参考性都不高！”（F4）

造成外部同行评价信在现实评价中不受重视的原因主要是评审们认为其在获取过程中受到太多人为因素的干扰，降低了它的可信度。系主任在其中的作用功不可没。系主任是外部同行评价信获取过程中的关键人物，他们既掌握校外专家的最终选择权，又负责外部同行评价信的处理工作。访谈发现，个别系主任在收到外部同行评价信后会加入自己的判断，尤其是在处理负面评价信时。

一位生物化学与分子生物学系的资深教授表示：

“你知道，来自欧洲的外部专家通常比较具备批判性。对于这类评价信，一般系主任会在其所负责的学系晋升评价总结信中进一步解释‘这是这位专家的评价习惯’，以此证明候选人并非唯一获得其负面评价的教师，缓解负面观点对候选人晋升之路的伤害程度。”（F19）

曾任政治学系系主任的某位教授详细阐述了他处理负面外部同行评价信的方式。

“无论结果好坏，我都会将回收的外部同行评价信直接装入候选人的晋升材料中，不会刻意去掉负面评价信。但是在这个阶段，也有两种可能性会发生—— 一是当我收到负面评价信后，我会在对外部专家个人信息保密的前提下告诉候选人评价信的大致内容，有时他们自己会选择放弃提交正式晋升申请。另一种情况是，如果我个人是支持候选人晋升的话，我会在学系晋升评价总结信中针对外部同行评价的负面内容逐一解释说明，有时甚至会直接引述其他外部同行评价信的不同观点说明候选人符合晋升资格。”（A10）

甚至在某些时候，如果系主任自己无法认可这些外部同行评价信，他们可能会重新更换校外专家。

兽医学院的某位系主任非常坦率地承认：

“我在获取外部同行评价信时的做法有可能是不合规定的。例如，我会仔细阅读外部专家返回给我的评价信，一旦发现外部专家并未合格地完成评价责任，如评价信写得很差或很笼统时，我可能会要求他们重写一封。虽然这种情况发生得极少，但我的确做过几次。虽然我很有可能会因此惹上麻烦，但我的确有打电话给外部专家，亲自询问'是否在进行评价时碰到什么困难？因为你给我的评价信没有任何有价值的内容'。有时候，有些专家会直接告诉我：'我真的不了解这位候选人，我只是知道他这个人，但与他的研究领域完全没有交集，我们根本不在同一个学术圈内。'在这种情况下，我就会直接向这位专家致谢后从备选名单中另外再找一位专家代替，尽快准备好另一封外部同行评价信。我这么做的目的只是想尽量公平地对待候选人，我不希望只是因为有些专家个人不愿意承担写评价信这种烦琐的工作而影响一个年轻教师的晋升之路！当然，我要再次强调，我们这个研究领域很小，大家经常互相给对方学校的教师撰写外部同行评价信，拥有较多经验，所以这种极端现象出现的概率很小！"（A13）

在实际的晋升评价过程中，更多时候外部同行评价信只是为评审已做出的晋升判断提供辅证依据而已，评价信本身的意见并未受到重视。

公共卫生学院的某位院领导就表示：

"有的时候外部同行评价信会变得十分多余，因为教师能否最终实现晋升更多情况下还是依据同事投票。如果一位教师在这里工作了5年，且深受同事们的喜爱，那正面的评价信就能成为锦上添花的工具。相反，如果评价信为负面意见，那么其就能成为解雇某名教师最直接的理由！"（A9）

文理学院一位拥有学系以外评审经历的资深教授也表示，与外部同行评价信相比，自己的判断更为可信。

"我在学系以外的晋升评价委员会服务时，并不会十分看重候选人的外部同行评价信。一般我会去阅读1—2篇候选人的论文，亲自感受一下他所做工作的重要性，试着去了解论文的应用程度和引用率。我不会只相信由某位专家出具的赞扬信！"（F4）

宗教学系教授也用自己的晋升实例证实了这一论点：

"外部同行评价信在我看来基本没什么作用，如果他们想晋升你，那你怎么样都会通过晋升。如果他们想否决你的晋升申请，怎么样都是能够找到理由的！我自己的晋升之路就是一个很好的例子。我自己的研究领域是道教，所以在晋升时我从美国选择了2个外部专家，英国和亚洲各1个。幸运的是，我的这4封评价信都是正面的。当时，系内只有4个教授，但他们一致通过了我的申请。但是学院晋升评价委员会却以7：0的结果否决了我的晋升申请！”（F14）

佐治亚大学外部同行评价信在教师晋升评价的实际效度还取决于晋升评价的层级。大致来看，外部同行评价信在学系层面的效度比较弱，因为系内教师多多少少了解候选人的实际情况，更倾向于依靠自己的判断。而在学院及学校晋升评价委员会中，外部同行评价信的效度则更强一些。正如某位资深教授所阐述的那样：

“我在学系晋升评价委员会对候选人的材料进行审核时，更倾向于相信自己的判断，因为我认为自己比校外专家更了解候选人是否适合晋升。但如果在学院或学校评价委员会的话，我所审核的晋升申请都不是我这个研究领域的，在这种情况下，我认为外部同行评价信是我了解候选人科研能力最好的证据。”（F9）

总而言之，外部同行评价信是校外因素对教师晋升评价最直接的作用方式，对于候选人而言还是非常重要。候选人和系主任也都有自己的一套专家选择理论，目标基本上都包括两方面，一是为了获得能够说服校内评审的外部同行评价信，二是为了获取有利于最终晋升的正面评价信。然而，从结果上看，两个目标的实现都存在一定的困难。就外部同行评价信的说服力而言，虽然候选人和系主任可以通过控制校外专家的学术声誉、工作机构的属性等方式来确保外部同行评价信的说服力，但是校内评审在晋升评价过程中对外部同行评价信本身的认可度却是难以控制的部分。就评价信的性质而言，这一点的可控性更弱。无论候选人多么努力去选择自己“心仪”的校外专家，也不能百分之百地确保外部同行评价信就一定是正面意见。例如，微生物学系当时正在学院晋升评价委员会服务的教授就透露，他去年在审核候选人晋升材料时就发现有一封负面的外部同行评价信是来自候选人自己选择的校外专家。

三、学术论文

当今大学的发展态势已经表明，科研水平是教师晋升中分量最重的筹码。几乎所有大学尤其是研究型大学都将教师的科研能力及其成果作为最重要的晋升依据。第二章对佐治亚大学学系晋升评价标准的分析发现，不同学科科研成果的主要表现形式可能有所不同。例如，在英语、历史、拉丁语等传统人文学科中，专著是最主要的科研成果，更多其他学科则是学术论文。本部分将深入探讨“学术论文的数量与质量”这一主题。

数量与质量是一对看似相互对立的概念，但在教师的晋升评价中两者并不是非此即彼、不可共存。土壤与作物学系的资深教授就表示：

“论文的数量和质量同样重要！如果你只发表1篇文章，显然说明你并不了解晋升的游戏规则。晋升就如同打网球，如果没有达到规定的分数也是不可能赢下某场比赛的！”（F30）

（一）论文质量的判断依据

几乎所有的受访者都强调学术论文质量的重要性，认为高质量的学术论文会对晋升评价大有帮助。虽然论文质量并不是一个可以量化的指标，但学术传统仍然可以让我们在判断论文质量时能够有法可循。访谈发现，学术论文的质量可以从刊物质量、论文影响力、刊物形态等方面来判断。

1. 学术刊物的质量

尽管各院系出台的教师晋升评价标准并未明确说明本学科的刊物等级，但访谈发现，每个学科都有几本“理想刊物”受到学者的普遍认同，形成了默认的同行评价标准。例如，经济学系系主任会在助理教授入职时交给他们一份15本专业顶级期刊组成的推荐刊物名单。这些刊物都是经济学界普遍认可的具有高度学术声誉的专业期刊。

社会学系教授更是明确指出，如果学术论文能在顶级期刊上发表，本身已经说明了学术论文的高质量，就不需要再用其他证据来证明。

“在科研领域，我们最关注的是候选人的论文发表情况。在论文方面，我们有严格的刊物等级划分。目前社会学领域顶级的刊物是《美国社会学评论》（*American Sociological Review*）、《美国社会学刊》（*American Journal of Sociology*）、《社会力量》（*Social Forces*）这三本。我们系很

少有教师能在这三本刊物上发表论文的，因此，如果教师能在这三本杂志上发表论文，那样会对晋升很有帮助！”（F7）

2. 论文的引用率

论文引用率是指作者的学术观点或学术成果被引用的次数，被认为是衡量一篇学术论文价值的重要工具。佐治亚大学也不例外，不少教师都认为可以通过论文引用率来判断一篇文章的学术价值。

地质学系教授表示：

“教师科研能力是很难判断的，论文数量固然是重要的依据，但我认为比数量更重要的是论文的影响力。如果你只发表了1篇论文，但却被无数人引用，那么，这篇文章的重要性也比1 000篇默默无闻的论文要大得多！”（F5）

土壤与作物学系的教授也认可这一观点：

“我们学系曾有一位副教授3次申请晋升教授，但是都失败了。事实上，他各方面都挺符合晋升要求的，因此我也觉得有点意外。究其原因，我认为除了论文的数量、质量及排序外，论文对学科的影响力也是非常重要的。也就是说，如果你发表了上百篇文章，但却没有人阅读，那也是很难实现晋升的。教师的文章应该被引用！”（F29）

尽管论文引用率已成为多数教师认可的质量判断依据，但仍有不少教师明确指出，引用率高并不等同于论文的质量高。有时候，只要选题方向足够贴近实际应用，符合当下热点，即使质量不高的论文也能获得较高的引用率。

地质学系某教授进一步阐释了他对引用率的看法：

“论文的引用率是我评价教师科研质量的依据之一，但同时我也会关注论文被引用的方式。候选人的论文被引方式可以分为两种：一是直接将候选人的名字和作品放在参考文献区；二是引用论文的观点或研究方法来推动科研进展。很显然，第二种方式要重要得多！”（F5）

3. 学术刊物的形态

随着电子化时代的到来，虽然传统纸质期刊仍然占据学术主导地位，但越来越多的电子期刊也开始进入学术领域，获得了不少研究型大学的认可。在佐治亚大学，如社会学系、英语系、地质学系、化学系、海洋学系等学系都在正式晋升评价文本中认可了电子期刊的学术地位，明确规定“审稿程序严格的电子刊物与传统纸质刊物的学术声誉等价”。

尽管如此，仍有不少学系坚持认为电子刊物的学术声誉不如传统的纸质刊物。生物化学与分子生物学系某教授就旗帜鲜明地强调：

“以前，分子生物学杂志只会发表在专业领域内取得新突破的论文，只是重复应用别人的研究方法的成果是不会被接收的，因为那只是不断地验证，而不具有突破性。然而，现在有很多网络刊物的发表要求低得多。据我所知，只要数据翔实的科研成果都能被发表，它们的要求要比纸质刊物低得多！”（F19）

（二）明确论文数量的利与弊

“明确论文数量”主要是指学系或学院对不同职称教师在申请晋升前需要发表的学术论文数量做出明确的数字规定。如果说教师们对论文质量的重要性达成了共识的话，那么，他们对待论文数量就又是另一番态度了，这一领域的纷争要激烈得多。如前所述，学校近1/3学系的晋升评价标准均对教师晋升时的学术论文数量有明确要求。虽然受访者对这一主题的意见分歧较大，但却并不如预期般以职称或学科为界线。

1. 明确论文数量的作用

学系晋升评价标准是由教师自己投票确定的。存在即合理。访谈的确发现不少教师支持用数字来明确晋升要求。需要指出的是，不少支持者所在的学系并没有明确的论文数量规定。总的来说，支持者们认为明确论文数量的作用主要表现在以下两个方面。

（1）为年轻教师提供明确指导

不少教师都认为“明确的论文数量规定最大的用途就是为刚刚入职的年轻教师提供职业指导”。每所大学、每个学科都有自己的一套晋升标准，清晰而明确的论文数量规定可以帮助年轻教师了解学系的期望值，更快地适应学系晋升环境，并据此制订自己未来的发展规划。

对学系晋升评价标准的研究发现，艺术学系对系内不同研究方向的教师都提出了非常明确的晋升评价标准，包括明确的科研成果数量。例如，室内艺术方向的教师在申请副教授时，应达到“每年举办2—3场展览，晋升前总数应达到12—15场展览，其中至少6场达全国水平”的标准；艺术史与艺术教育方向的教师在申请副教授时，则应达到“1本专著或4—7篇学术论文”的要求①。

对此，艺术学系前任系主任强调明确指导对于学系教师的重要性。

“教师的科研成果应该有一个量化的标准，佐治亚大学并非做得最好的一个，你可以去看看得克萨斯理工大学（Texas Tech University），他们的规定更为细化。每个学科都有自己的内在规律和价值取向。我个人倾向于更细化的晋升标准。因为在一个人的职业生涯中，他会面临许多感兴趣的事情，无论是在学术研究领域内部还是外部，因此，他需要更明确的指导，甚至是牵引力。尤其对于刚刚入职的助理教授而言，他们正在经历从研究生到学者的过渡时期，如果能有资深教授告诉他们本学科的权威期刊有哪些、什么样的研究更有价值等信息，绝对是有利而无害的事情。”（A16）

同样的，化学系对教师晋升也提出了明确的论文数量要求。例如，申请晋升副教授的教师应“发表9—11篇学术论文，完成3—5次公开报告，并获得至少1个国家级项目”；申请晋升教授的教师则应达到“每年3—4篇学术论文，2—3次学术报告”的标准②。对这一标准，曾任化学系系主任的某资深教授的态度则不那么强硬，他认为“科研成果的质量更为重要”。当然，他也认同论文的数量规定可以对年轻教师有一定的帮助。

“化学系在制定自己的标准时虽然有标明具体数字，但具体的表述方式是‘一个成功的候选人应具有……’，也就是说，这个数字要求并非硬性的，我们还是更关注科研成果的影响力。这么说吧，如果你只发表了5篇论文，但每篇的引用率都很高，或者你又获得了科研类奖项，也是可以实现晋升的。如果你发表了30多篇论文，但论文的相关度很高，意味着科研没有突破，这也是没有帮助的。当然，论文数量不是完全不重要的，但并非主要评价标准。在我看来，1篇高质量论文肯定是不够的，15篇高质量论文是足够的，我们之所以定9—11篇不过是取个中间数而已。你会发现许多学系只是模糊地要求‘候选教师应该取得全

① The University of Georgia. Promotion and Tenure Guidelines in Lamar Dodd School of Art [R]. [2013-11-28]. http://provost. uga. edu/documents/Lamar_Dodd_School_of_Art. pdf.

② The University of Georgia. Promotion/Tenure Criteria [EB/OL]. [2013-11-25]. http://provost. uga. edu/documents/ptucriteria/as_chem. pdf.

国性的学术地位’，很难就此衡量一个教师是否合格。这种情况下多数只能依赖外部同行评价信，而外部同行评价信有时候只是一个谎言。就我个人而言，我倾向于有数字规定的晋升标准。因为它能给年轻教师真正的指导，至少会让他们心里有底。”（A8）

在某些目前并未对学术论文数量做出明确规定的学系，也存在一些默认的规则。

一位生物化学与分子生物学系资深教授透露：

“我个人比较赞成科研成果的质量重于数量，但我的确同意‘年轻教师需要一些明确的晋升指导’的观点。虽然我们学系的晋升标准中没有关于论文数量的具体要求，但我一般会私下建议年轻教师在申请晋升前至少发表4篇论文。”（F19）

微生物学系的前任系主任也表示：

“学系要求候选教师在进入佐治亚大学工作后要发表一定数量的论文。尽管学系晋升标准中并没有明确的数字要求，但在学系内部我们有一个默认的标准，这个论文数量标准稍微有点草率，可以是1篇、2篇或4篇。大部分情况下，教师的实际论文数量都高于这个默认标准，可能有10—15篇。”（A17）

需要强调的是，不只是已经成功晋升的教授和拥有丰富管理经验的系主任们认同论文数量存在的必要性，一些正在晋升轨道中挣扎的助理教授和副教授们也表达了他们渴望的心情（以下两位教师所在学系也并未出台明确的论文数量规定）。

住房与消费经济学系的一位助理教授就明确表示：

“学系晋升评价标准如果能够更加具体就会更有价值。我们学系的正式文本中并未注明教师晋升所需的论文数量，但我听到不少同事私下告诉我是每年2篇。但如果我能知道更详细的评价标准，如一本专著可以等于几篇论文，合著书的章节的学术地位是否低于学术论文等，我想我可能会重新调整自己的工作规划。”（F25）

学业提高部一位刚刚成功晋升的副教授在回望其7年的助理教授生涯时由衷地感叹：

“就我个人而言，我非常非常希望知道论文发表的具体要求！我太想知道多少篇论文才能够顺利拿下终身教职了！你知道，人都需要有目标的，我非常想知道如果我没有发表10篇或14篇学术论文，我会不会被解雇？这个过程对我来说太艰难了，我实在是太想知道我应该有个什么样的目标了！然而，事实证明，即使在晋升评价委员会内部也没有一个人知道具体的数字规定，大家都是根据候选人的成果进行大致的判断！”（F31）

（2）帮助学系以外的晋升评价委员会做决定

即使在同一个学系，如果研究方向不同，那么，系内同事也很难对候选人的科研能力做出判断。佐治亚大学规定，学系以外的晋升评价委员会中来自同一个学系的评审不能参与评价过程，也就是说，学系以外的晋升评价更是与候选人的专业领域相去甚远。因此，不少教师认为，明确的学术论文数量至少可以为上级评审提供一个清晰的判断依据，更加直观地帮助他们对候选人做出更合理的评价。

多次在学院晋升评价委员会服务的地质学系教授就表示：

“据我所知，很多人在学院晋升评价委员会服务时主要靠计算论文数量来进行判断，虽然这并不能说明候选人的真正科研实力，但的确有人是这么来评价的！”（F4）

另一位地质学系教授也表示：

“地质学系之所以在晋升标准中明确指出‘期待教师每年发表1—2篇论文’是因为其他学系的要求是每年3—4篇，我们必须明确地告知上级晋升评价委员会‘在地质学系每年1—2篇就足够了’。如果我是评审，我也希望学系能清楚地告诉我是1篇、2篇还是3篇。因为这样我就能简单地通过数据来进行判断。如果没有数字规定，我就必须通过外部同行评价信来判断教师的科研能力是否在本学科内拥有全国性声誉（national reputation），但‘全国性声誉’本身也是非常难判断的！”（F5）

此外，2013年4月国际事务学系刚刚修改了学系的晋升评价标准，使其成为公共与国际事务学院唯一对论文数量有明确要求的学系。例如，新标准规定“申请晋升副教授的教师每年应发表1—2篇论文，总数约为8—10篇，其中，2—3篇论文须在学科顶级期刊上”。另外，新标准还明确指出“1本专著等同于4—6篇学术论文”。[1]

---

① The University of Georgia. Criteria for Promotion and/or Tenure in Department of Political Science[EB/OL]. [2013-11-25]. http://provost. uga. edu/documents/ptucriteria/spia_polisci. pdf.

对此，一位参与了新标准制定的系内某助理教授解释：

“学系晋升标准之所以从模糊走向明确，最大的推动原因是2011年时系内一位助理教授在申请晋升时，虽然获得了学系的一致通过，但却被学院和学校晋升评价委员会否决了，最后是通过申诉才获得晋升。这个结果让我们很错愕，也让我们这些还没有申请晋升的助理教授非常恐慌。反馈回来的否决原因是上级评审认为我们学系的晋升标准太模糊。因此，我们希望学系能够制定出非常明确的评判标准，让上级晋升评价委员会没有借口否决有实力的教师！”（F28）

2. 模糊论文数量的作用

在肯定明确论文数量可能对晋升产生的正向作用外，不能忽视的是整个学校近2/3的学系都选择了不对论文数量做出明确规定。当然，这种选择的背后有多种多样的原因，有些教师是看到了论文量化的弊端，而有些教师则认为“这是一种策略”。

（1）尊重学术差异性

访谈发现，受访者对“学术差异性”的界定主要包括三个方面，即学科的差异性、刊物的差异性、写作习惯的差异性。这三者都是论文难以被量化的原因。

此前的研究已经发现，即使在学系内部也可能存在多个不同的研究方向，有些研究方向甚至差别巨大。如果仅以一套论文数量标准来要求学系内部的所有教师，显然是不公平的。

公共卫生学院院长就明确表示：

“我们学院之所以不对科研标准进行数量要求，是因为各个学科之间差异较大。有些学系本来发表论文就比较难，论文数量少并不意味着其在科研方面的投入少，而有些实验学科的评价标准又不太一样。因此，如果设定一个数量范围反倒是对教师不公平，必须给予各个学科充分的自主权。”（A9）

土壤与作物学系的资深教授透露：

“我们学院之所以没有对教师晋升标准进行详细规定，只是因为许多研究方向对教师的要求都不一样，有的方向要求教师每年发表5篇论文，而有的方向则只要求每年发表1篇。因此，每个学系很难完全明确教师晋升的论文发表数量。”（F31）

除了学科差异性之外，数学与科学教育学系的一名教授还指出，学术刊物之间的差异性以及刊物间重要性计算方式的缺乏，也是学系不应对学术论文数量做出明确规定的原因。

“我们之所以无法对科研成果进行量化是因为我们只对学科内期刊有一个大致的印象。我可以一口气告诉你我们学科内很多的优秀刊物，我也可以跟你说明他们的影响因子，但我的确没办法对它们进行排序。我们没有一套专门的不同等级期刊的换算公式，也没有更好的办法来评判不同论文的分量！因此，我们唯一能依靠的只有系主任及其出具的年度报告，凭借年度报告来对候选人的科研能力进行主观判断！”（F23）

新闻学系的一位资深教授则突出强调了不同学者的写作习惯有所不同。

“我不希望传播学院的晋升标准太过详细，至少不应该有论文数量的规定。因为系内教师的职称不同，科研成果的要求也不同，而且每本期刊的学术分量也不同。此外，不同学者的写作习惯也不同，有些偏爱写长篇的历史研究，有些则是短篇的评论文章，很难简单用数字来评价。”（F27）

（2）避免误导上级晋升评价

虽然有受访教师认为明确的学术论文数量可以帮助上级晋升评价委员会做出更符合学系要求的判断结果，但也有部分教师表示强烈反对，他们认为数量不等同于质量，“不科学的数量规定反而会误导上级晋升评价”，帮助不合格的教师实现晋升。

例如，佐治亚大学的社会学系就明确规定：“申请晋升副教授的教师应平均每年发表1—2篇论文，晋升前总数应达到10篇左右；申请晋升教授的教师的论文总数则应达到20篇以上。”

对此，一位社会学系的教授就很激动地表示反对：

“社会学系晋升标准中有明确的论文数量规定这件事实在是太糟糕了，太愚蠢了！这个决定真是蠢极了！！我完全不记得为什么我们做出这一规定，为什么全系教师会通过这套标准！虽然对我来说这些数字毫无约束力，因为我只将它当作晋升的最低要求，但明确规定数字这事真是太蠢了！我们先权当学系晋升教授的规定是20篇论文好了。如果一个教师只发表了18篇论文，但其中有5篇是在我们社会学的两本顶级期刊上，那我肯定赞成他通过晋升。相反，如果一个教师发表了20篇文章，但其中有一半都是与学生联名，也就是说学生才是主要作者，且发表在一般性刊物上，那我肯定会否决晋升。在我看来，发表了20篇论文并不代表着你就在自己的学科领域内获得了全国性学术声誉！我目前正在学校晋升评价委员会服务，在开始评价前，教务长告诉我们‘学校晋升评价是一项独立的评价’。也就是说，学校晋升评价没有必要与学系晋升评价结果保持一致，我们是依据学系晋升评价标准对候选人重新进行一次独立评价。这种有明确论文数量的标准就会给不熟悉候选人研究领域的上级评审传达一个错误的信号——教师只要达到了学系晋升标准的数量要求就应该得到晋升！这样会使很多不太符合标准的教师得到晋升！”（F9）

（3）避免对年轻教师造成压力

尽管不少教师倡导明确论文数量的目的是为了帮助年轻教师尽快适应晋升环境，了解学系的晋升要求，但也有教师表示，过于明确且高标准的数量要求会使教师舍本逐末，只关注论文的数量要求而忽视了论文的质量。尤其对于时间有限、“非升即走”的助理教授而言，明确的论文数量要求有时候会对他们造成一种心理恐慌。

虽然高等教育研究所的晋升标准中并未对论文数量做出要求，但该研究所一位刚刚成功晋升的副教授仍然在访谈中强调了论文数量的不科学性。

“我个人比较偏好不那么具体的科研规定。正如我们系主任所说，我们系的同事们都是研究高等教育的，大家非常熟悉彼此的工作领域，根本不需要对不同的研究方向设立不同的论文数量要求。我认为如果有明确的论文数量要求，要求过高时会迫使教师为了达到数量而罔顾质量，急着发表一些不怎么合格的论文。即使同在教育领域，不同学系的要求也是不一样的。据我所知，运动机能系的论文通常较为短小，有些教师晋升需要发表20篇论文，但这在我们高等教育领域显然是不合实际的。而在教育史那边，教师则可能需要出版专著。因此，论文的数目规定是很难制定的，尤其还应考虑是否对年轻教师造成心理恐慌！”（F30）

（4）保障学系的主动权

按照佐治亚大学的制度设计，一位教师若想成功晋升需要经历多级评价程序。虽然现在这套制度的基本原则之一是尊重学系的晋升评价结果，但在真正的执行过程中，学院、学校层级的晋升评价委员会都会独立地对候选人进行价值判断，而不仅仅限于程序核查。因此，为了保障学系在整套制度中的主动权，将晋升标准的解释权牢牢掌握在学系自己手中，多数学系主动选择将晋升标准模糊化处理。

人类学系助理教授表示：

“我们系的晋升评价标准的确比较模糊，但我个人比较喜欢这种形式。这不是一件坏事，晋升评价应该是一个长时段的考核过程，晋升标准的灵活度是很有必要的，这样可以让系主任拥有斡旋的余地。有些教师擅长科学研究，有些教师则擅长获取科研经费，评价标准不具象化就可以帮助学系留下她认为合格的教师！”（F12）

数学与科学教育学系教授也强调，论文数量不能取代学系其他评价活动。

“我承认，很多年轻教师希望从更明确的数量规定中了解学系对他们的期许，但这种信息更应该来自年度评估、第三年评估、晋升辅导等学系活动的反馈，而不是论文数量！教育是一个人文学科，这个研究领域更应该尊重人的判断。”（A15）

学术论文是佐治亚大学教师晋升最重要的学术成果之一，而质量与数量无疑是评价过程中最重要的一对关系。总的来说，学校的教师和管理者在质量方面达成了一致，即认为“质量是学术论文最重要的关注点”。但对于论文数量规定的合理性问题，校内意见的交锋仍比较激烈，并没有一致结论。目前校内的状态可以用教务长的观点来进行总结，即

“佐治亚大学把具体晋升标准的制定权交到各个学系教师自己手中。的确，有些学系的标准非常明确，有些学系的标准很简略。我想原因可能在于，对于有些学系而言，教师们对于教师晋升必须要达到的标准有一个共识，因此，他们将这个共识清楚地表述出来了。而有些学系的标准之所以简要，可能是因为衡量教师表现的途径太多了。换言之，学术论文、科研经费、学术活动等各有不同的价值，很难具体地说明每样标准的地位或权重。”（A1）

需要强调的是，2004年以前佐治亚大学根本没有正式成文的学系晋升评价标准，遑论对晋升所需论文数量的具体规定。自2004年起至今，学校明确论文数量的学系正在逐步增加，目前已有近1/3的学系对学术论文的数量提出了要求。因此，论文数量的具象化趋势虽然缓慢，但还是较为明显的。

四、科研经费

很长一段时间里，美国公立大学更多地承担着纯粹的知识生产、人才培养和服务本州的基本任务，没有服务收费及出卖知识、技术的实践与传统。身处其中的大学教师扮演的是教育者、研究者、服务者甚或是道德者、批判者的角色，被誉为是道德的楷模、社会的良心、真理的化身、现代的“立法者”等。[①]在全球化和知识经济的大背景下，知识与市场逐渐成为时代的主宰和核心价值，“服务站”理念与国家高等教育资助政策的调整促使美国大学走向市场或类市场。今天，科研经费不仅成为教师添置先进仪器、探索新知识的必要利器，而且也成为学校管理者缓解燃眉之急的重要贴补。

佐治亚大学是一所典型的美国公立研究型大学，其科研经费主要来自政府拨款、社会捐赠和竞争性资助。在2008年金融危机的影响下，近五年学校从联邦及州政府处获得的科研经费资助逐年下滑。因此，学校当然希望看到所有教师都能拥有获取高额科研经费的能力。尽管如此，在教师的晋升评价中，各学科对科研经费的重视程度仍然存在较大的区别。本部分主要就“科研经费在晋升评价中的实际地位”这一问题进行深入探讨。

（一）硬科学领域普遍重视科研经费

对学系晋升评价标准进行文本分析后发现，硬科学领域（包括应用科学与纯科学、生命系统与非生命系统）都明确规定“科研经费是教师晋升考查的重要方面”，尤其是对于申请晋升教授的副教授更是如此。访谈不仅证实了政策文本的这一特点，而且进一步发现在实际的晋升评价中，教师获取科研经费的能力有时候甚至会成为决定性因素。

很多时候，人们认为科研经费与应用科学有着天然的联系。因为在这些学科，新知识的生产、科研成果的转化等都需要大量的人力、物力，这些必需品都离不开科研经费的供给与维系。因此，在硬科学—应用科学领域，科研经费备受重视的程度也成了理所当然的现象。事实也的确如此。

---

① 钱志刚，崔艳丽，祝延．论学术资本主义对大学教师的影响[J]．教育发展研究，2013(13/14): 92.

公共卫生学院院长就明确表示：

“评价教师科研能力最重要的依据就是科研经费，尤其是外部科研经费。如果教师能够获得联邦政府的竞争性经费，那么，对于其晋升的帮助将是巨大的。在我看来，经费与论文是不可分离的，你必须有足够的论文才能再次获得外部经费支持。我们学院的教师也普遍认为，教学并不重要，科研才是最重要的，其中外部经费是晋升成功的头等要诀。”（A9）

对于刚入职的新教师，快速获取科研经费更是立足的关键。兽医学院病理学系的某助理教授就明确表示了她的担忧：

“我在刚刚入职时就被告知要努力获取科研经费！经费不仅能够证明我的科研能力，而且还能为我从事科研活动提供物质基础。我们从事科研需要数据，实验室是我们提取数据的主要场所。实验室里的仪器设备、我们带的研究生都需要教师用自己获取的科研经费来支撑！当然，刚刚入职时佐治亚大学为我提供了部分科研启动资金，但两年后我们就得自己学会成长！我现在非常担心我能不能继续获得充足的科研经费，没有经费我就没法发表新论文！这件事天天困扰着我！”（F3）

尽管科研经费的重要地位已经得到了教师和管理者的普遍认可，但关于科研经费的具体标准却很难进行量化，因为各个研究方向的情况很不一样，难以有统一的标准。

兽医学院的某位系主任就明确表示科研经费的获取与研究方向的市场需求密切相关，强行统一标准对于教师而言更加不公平。

“我们学系的晋升标准之所以不能太细化的主要原因还是系内教师的研究方向过于多样，很难用一套统一的标准来衡量。例如，在寄生虫抗药性的研究领域，没有任何一本专业类期刊，国家科研基金也没有专门的资助经费，教师只能从某些制药公司获取研究经费。因为这个问题在美国国内已基本不存在了，是一个国际性问题。相反的，关于流感的研究，美国国内有非常多的基金会设立这方面的科研经费资助。在这种客观条件不对等的情况下，怎么能用同一套标准来评价这两个研究领域的教师？因此，我们的解决之道是尽可能把评价标准写得较为笼统，如‘必须获得足够的经费支持自己的研究项目’，但我们并不会要求经费必须来自国家科研基金等。”（A13）

在传统的纯科学领域，这个大众普遍认为更多从事基础性研究的领域，科研经费的地位也是非常重要的。尤其是在以大量实验为基础的研究领域，教师们甚至认为科研经费可以位列第一。

曾任化学系系主任的某资深教授强调：

“科研经费的重要性取决于学科属性。在实验科学（如生物科学、化学、物理）中，外部科研经费是非常非常重要的。如果助理教授在其任职第5年仍然不能获得任何科研经费，那么，他们就很难通过晋升评价！”（A8）

微生物学系前任系主任也证实：

“在微生物学系，科研经费是判断教师科研能力最重要的依据，其次是学术论文。如果一位教师发表了很多论文，但却没有获得科研经费，那么，他的晋升仍然可能不会成功。”（A17）

面对科研经费在硬科学—纯科学领域如此受追捧的现实，虽然大部分教师都已坦然接受，并表示要积极适应“游戏规则”，但仍有少数教师对此持保留意见。

地质学系某教授无奈地表示：

“虽然我个人强烈反对，但在地质学系的教师科研能力评价中，经费是第一位的！我认为，好的研究并不等同于大量的科研经费，好研究就是好研究，与你所花费的经费多少没有直接关系！因此，我认为学系的晋升标准应该明确指出‘科研经费的数量与教师晋升无关，教师晋升唯一需要考虑的是教师科研工作的质量！’科研质量是与经费无关的！你看，像爱因斯坦就从没花费过任何经费。关键在于你从事的是什么工作！如果你是一个理论科学家，根本就不需要用科研经费来证明自己！我认为科研经费应该完全从晋升标准中剔除，晋升更应考查的是教师科研成果的影响力！但我自己也知道这几乎是不可能实现的，因为今天的学校非常需要钱！我的许多想法都是比较传统的，我仍然希望‘大学是致力于生产和传承知识的场所’，而不应该成为挣钱的地方！但是，今天美国大学的发展趋势是‘大学即商业机构’，这是错误的！我认为如果中国要学的话千万不能以美国为模型，而应该将‘保护大学远离商业’变成国家和整个社会的职责，大学应该回归到其传统职责——传承与生产知识。我的观点并不是美国的主流观点，但我自己的确是这么认为的——大学的基本使命才是我们取得今日成就的关键因素！大学的高层管理者可能都不会同意我的观点，因为他们多数是将大学当作企业在经营。大学市场化的趋势已经蔓延全球，而这将摧毁大学系统！我个人并不仇视商业机构，只是我认为应该将其与大学分隔开来，各司其职，保持大学的独立性！”（F4）

（二）软科学领域对科研经费的重视程度有所不同

与硬科学领域对科研经费异常重视相比，软科学领域虽然程度有所降低，但同样也逃不开知识经济时代的大潮。不过，对于科研经费的态度，软科学领域还是存在应用科学与纯科学之分的。

1. 应用科学领域不强求科研经费

在软科学—应用科学领域，如经济学、教育学等学科，教师发表学术论文的能力还是晋升评价中的重点考查方向。多数教师和管理者对科研经费的态度是“随缘”，认为其带有“锦上添花”的性质，远不及在硬科学领域那般必不可少。但需要承认的是，随着知识经济的冲击和政府高等教育经费拨款的减少，科研经费在这些领域中的地位有逐年上升的趋势。

教育学院某副院长介绍了全院9个学系对“科研经费”的态度：

“在教育学院，科研经费只是晋升过程中的加分项目，并非强制性要求。但是，其在人体运动学系的地位要明显高于其他8个学系。此外，数学与科学教育学系正在逐步提升外部科研经费的地位，而语言教育学系和咨询学系是最不关注科研经费的。在我看来，就对科研经费的关注度而言，人体运动学系、数学与科学教育学系是在天平的一端，语言教育学系、咨询学系在天平的另一端，其他学系在中间。”（A6）

对此，另外两位来自教育学院的受访者也证实了副院长的观点。语言教育学系某资深教授表示：

“我们这个学科领域可供申请的科研经费总量本来就少，所以大家在教师晋升中并不苛求候选人一定要有科研经费。新来的院长可能会越来越强调经费的重要性，但在我们学系即使晋升教授时没有科研经费也是可以成功的。当然，我们不排斥钱，有科研经费我们自然高兴，但这并不是不可或缺的。”（F24）

曾任终身教育、政策与管理学系系主任的某教授表示：

“外部科研经费在我们学系的地位不如自然科学领域那么重要。在某些自然科学领域，教师如果没有外部科研经费肯定通不过晋升评价。我们学系对外部经费的重视程度可能在佐治亚大学处于中等水平。在我们这里，教师可以通过科研项目、服务活动等途径获取外部经费，外部经费的申请渠道虽然不如自然科学那么多，但也不像某些人文学科那么少。因此，我们的态度是——如果你有外部科研经费肯定会对晋升有帮助，但如果没有外部科研经费也不会因此而被中止晋升！”（A3）

与教育学院对待科研经费的态度类似，新闻与大众传播学院也未对申请晋升的教师有硬性的经费要求。该学院某系主任介绍：

“在我们学院，获取外部科研经费虽然重要但却远不如硬科学。坦率地说，本领域可供申请的外部科研经费本身就少，所以我们一般对教师没有这方面的期待。”（A11）

除此之外，该学院在对教师进行晋升评价时，还有一点不同于其他院系的特殊做法，即认可未获得科研经费资助的申请书，借此鼓励教师积极申请科研经费。

“我在评价时会对教师的经费申请书给予认可，即使他们并未最终获得经费支持。因为‘只有参与才会获得成功’。准备申请计划的过程中候选教师同样付出了知识与精力，只有对他们付出的努力给予肯定，才能继续鼓励他们不断去尝试。需要强调的是，候选人不能一直以失败的项目申请书来代替应该完成的论文发表任务。”（A11）

公共与国际事务学院某院领导就明确指出，科研经费的重要程度应该取决于具体的学科需要，不应该一概而论。

“外部科研经费在教师晋升中的重要程度取决于学科特性。我们学院恰恰属于不太需要外部经费的学科。一是我们学科可以申请的外部科研经费的总量本身很少，现在的情况更加糟糕。依据国会刚刚出台的法案，国家科学基金（National Science Foundation）已经停止为政治科学提供科研经费了。二是我们的某些研究方向即使没有科研经费，教师也能在权威期刊上发表高质量的论文。例如，在美国政治方向，有些教师专门研究投票行为。多年前，国家科学基金决定不再受理成千上万的投票研究申请方案，而是专门资助一项数据收集项目，即现在为人们所知的美国国家选举研究（American National Election Studies）。它是由密歇根大学和斯坦福大学合作，专门收集各州及总统选举的全国性数据。也就是说，如果现在有教师要对美国参议院（United States Senate）或众议院（The House of Representatives）或总统选举的投票过程进行研究，他们可以坐在自己的电脑前非常轻松地免费下载世界上关于这个议题最好

的数据，并据此写出高质量的论文。在这种情况下，为什么教师还要拼命获取外部科研经费呢?!”（A7）

对此，该学院的另一位院领导也不约而同地持有相似的观点：

“在我们学院，科研经费在教师晋升中的地位越来越重要了。我在20世纪70年代刚刚到佐治亚大学时，根本没有人提过科研经费的存在！但我认为，虽然经费越来越重要，但不能成为科研成果的替代品——并不是说，如果你获得了很多科研经费就可以少发几篇论文，该完成的科研任务还是要完成！也就是说，科研经费可以‘锦上添花’，却绝不是不可或缺的晋升因素，现在我们教师的晋升是可以完全没有科研经费的！”（A10）

2. 纯科学领域不太重视科研经费

在硬科学领域，无论是应用科学还是纯科学学科，大家普遍都非常重视教师获取科研经费的能力。这一点在软科学领域则不太相同。访谈发现，即使在学术资本主义甚嚣尘上的今天，佐治亚大学绝大多数的软科学—纯科学学科仍不太重视科研经费。在英语、拉丁语、政治学等学系中，教师晋升评价的重点仍然在其发表的学术作品上。

英语系某资深教授表示：

“科研经费对英语系教师来说不是晋升考查的重点，一点也不是！我是佐治亚大学人文学科中唯一一个连续获得外部科研经费的教师，而且多年来也是我们英语系唯一一个获得外部科研经费的人！”（F20）

当然，世界上并不存在完全不受外界影响的“象牙塔”，尤其在当今这个时代。佐治亚大学的软科学—纯科学领域也多多少少受到了经费的影响。

拉丁语系副教授就坦承：

“就科研经费而言，我认为它在人文学科的地位远不如自然科学，不过，近年来也有逐步提升的趋势，尤其是当这些科研经费有助于你提高科研产量时。”（F16）

即使是在主要任务为教学的学业提高部，科研经费也开始进入了管理者的视野。该部门一位副教授透露：

“科研经费对我们教师来说完全不重要！学校和学系可能会期待我获取外部科研经费，但我自己并没有打算这么做。”（F31）

市场经济时代，科研经费对于教师从事科学研究的意义越来越重大。总的来看，科研经费在佐治亚大学教师晋升评价中的总体地位是逐年提升的，但不同学科对其重视程度仍然有所不同。具体来说，硬科学领域的学科，无论纯科学还是应用科学，都很重视教师获取科研经费的能力。在这一领域，学术论文与科研经费本身关系就非常密切。物理与天文学系一位教授的观点很恰当地说明了两者之间复杂的关系：

“我认为很难区分经费与论文的重要程度，两者在我心目中的分量是等同的。没有经费，你很难发表论文；而没有论文，也很难获得经费！”（F11）

而软科学领域的学科则仍有基础与应用的区别，应用类学科会在晋升评价中更关注科研经费。而不少纯科学学科的学者认为，即使没有科研经费，自己也能独立地通过文献生产出新知识。

除了学科的差异外，不同评价主体因出发点各异而对科研经费的重视程度也有区别。对教师群体而言，他们判断科研经费的重要性主要是基于科学研究的必要性；而对管理者而言，他们更多是基于机构的发展，期望教师能够引入更多的科研经费。

物理与天文系的教授就明确表示：

“在科学家的眼中，论文可能更加重要，但在管理者的眼中，经费则更有地位！在我眼中，学术论文更优先于科研经费。在学系之上的晋升评价中，他们可能会更重视科研经费的地位。”（F10）

第三节　服务评价

服务是与教学、科研并列的当代大学的基本职能，美国大学以提供专业知识、技术来满足社会需求的服务功能为特色闻名于世。赠地大学更是常被高等教育研究者视为说明美国大学社会服务功能的典型案例。佐治亚大学是一所典型的赠地大学，其诞生伊始就是为了满足当时社会工农业发展的需求，知识社会的到来更加强化了公众对大学社会服务功能的期待，推动着高等教育与社会需求的进一步接轨。因此，从理论上而言，与大学本身定位相对应的是，教师晋升评价也应重视其社会服务能力。佐治亚大学的正式规则也的确是这么要求的。

然而，调查发现，社会服务能力并未受到校内教师的普遍重视。在就“服务评价”这一问题交流之初，大部分教师都是围绕“校内服务”侃侃而谈，应用学科的教师则会直接谈及社会服务，这在一定程度上也反映了“社会服务”在教师晋升评价中的实际地位。在佐治亚大学教师的意识中，服务活动并不仅限于社会服务，校内服务也是重要的组成部分。

一、校内服务在晋升评价中的地位

校内服务主要是指教师作为学校成员参与学校各类决策活动的行为。美国大学的特色之一就是教授治校，学校重要决策和管理均由教师组成的各类委员会完成，如执行、人事、研究生、本科生等委员会。一般来说，只有学系层面的委员会是要求系内全体终身轨教师参与的，学校、学院层级的各类委员会则是由教师代表参与即可。偌大的佐治亚大学有非常多的决策岗位需要终身轨教师去服务。然而，现实情况却是并非所有教师都愿意从事校内服务。因为多数校内服务属于义务性质，与教师薪资和工作量计算都没有直接关联，反而会耗费教师不少时间和精力。很多时候，各类委员会的服务机会更像“烫手山芋”，成为教师们相互推诿的责任。

曾任微生物学系系主任的某教授证实：

“微生物学系只有系主任和副系主任的聘用合同中会设有服务活动的额外薪资，大概是每年5 000美元，这主要是针对他们负责的管理工作或研究生课程协调工作。系内其他教师服务于各类委员会的工作量却是免费的。”（A17）

文理学院某副院长也表示，多数教师的专业忠诚度高于院校忠诚度。

“为学系服务是非常重要的内容，资深教授有责任帮助年轻教师，服务整个学系。但有意思的是，佐治亚大学不会正式认可教师的服务活动，如计算工作量，提升奖金等。因此，很多教师都会有这样一个疑问：‘我为什么要为学校服务?!’在佐治亚大学，很多教师将服务的对象转向专业领域，如担任期刊评审委员、基金评审委员等，这些社会职务可能会为他们带来更高的学术声望，从而提升学系和学校的知名度。重点是，绝大多数教师都觉得自己有义务从事专业性服务。”（A8）

针对这一情形，不同的学系采取了不同的做法。某些学系倾向于将校内服务机会交给已经获得终身教职的副教授和教授来承担，在对助理教授的晋升申请进行评价时，不会太注重年轻教师参与校内服务的程度。

曾任政治学系系主任的某资深教授表示，学系倾向于保护助理教授免受服务活动的“打扰”。

“政治学系有一项传统就是我们会尽量不给还未获得终身教职的年轻教师安排耗时较长的服务活动，如研究生委员会（Graduate Committee）。我们会尽量推荐已获终身教职的副教授或教授从事此类活动，给年轻教师预留更多的时间从事学术研究。也就是说，我们在对助理教授进行晋升评价时较少关注其服务能力的原因之一就是他们本身就很少成为学系服务活动的第一人选，学系对这方面要求不高。”（A10）

曾任微生物学系系主任的某教授明确指出：

“在服务方面，教师只需尽力完成系内教师的基本义务即可，我们会尽量帮助他们（尤其是助理教授）减少在学院或学校层面服务的工作量。科研才是教师唯一需要重视的工作，你必须发表文章，必须获得科研经费。如果你科研能力出众，其他方面稍显逊色也完全不会影响你的晋升之路。”（A17）

在拉丁语系，大家逐渐意识到校内服务对年轻人的消耗，近年来也开始在晋升评价中给予助理教授“特殊关照”。该系副教授坦承：

“我们系对教师服务活动的考查是非常模糊的，不像科研标准那么明确。在我们学系，长久以来大家都习惯推选助理教授去承担学系、学院，甚至学校层面的各种委员会工作。因为这些工作烦琐且耗时长，系内多数教授避之唯恐不及！近年来情况稍有好转。因为大家逐渐意识到，如果你辛辛苦苦招聘进来一个教师，但他有可能因为这些烦琐的工作量而无法顺利晋升，这是对学系资源和大家精力的浪费！我们现在招聘的人数较少，有时甚至好几年才招聘一位新教师，因此，我们目前最重要的工作就是帮助年轻教师顺利晋升，将他们留在学校！”（F16）

与上述学系不同的是，也有学系为了鼓励教师积极从事校内服务，特意将教师承担校内服务的要求纳入晋升评价中。除了晋升评价委员会对担任评审的教师职称有明确要求外，校内其他类型的委员会都希望评价主体能够更多元，既包括资深教授，也能包括年轻的助理教授。不少学系推动助理教授参与校内服务的原因之一就是各类委员会在某种程度上也是不同学系教师相互交流的平台。

新闻与大众传播学院某系主任就明确表示，希望助理教授借校内服务之机多认识系外同事，有利于他们以后的晋升。

“服务主要是作为成员之一对院系进行服务，如参与各类委员会等。一般来说，在助理教授的第一年里我只会分配给他们小部分的服务工作量，主要是系内的服务活动，如新教师招聘等。而在第二、三、四年里我会逐渐加大其服务工作量，尤其是推荐他们参与学院重要委员会的活动。你知道的，晋升的部分原因是政治方面的——助理教授必须让其他人认识、喜欢并尊重自己，参与学院服务活动是非常好的途径。”(A11)

尽管不同学系对待教师校内服务的态度并不一致，但总的来看，校内服务的次数对教师晋升评价的直接影响并不显著。

正如地质学系某教授所说的那样：

“事实上很多教授都不愿意参加学校的各类委员会，他们会强迫助理教授去参加。各个学系的处理方式不太一样，有些倾向于保护助理教授，有些则选择放任。反正至少我从未听说过教师在申请晋升教授时因不参加学校服务活动而被否决。我自己在学院晋升评价委员会服务的3年里，也从未听到大家对教师的校内服务进行讨论！”(F4)

二、社会服务在晋升评价中的地位

在知识社会，受过教育的人及其思想已成为现代社会最重要的资源。社会服务事实上就是教师利用自己的专业知识、专业技能有针对性地满足社会组织需求的活动。我们今天所强调的大学的服务功能，其实更多是指其为社会提供的服务。作为大学核心智力资本的教师就不可避免地要承担服务社会的责任。

在大学与社会联系如此紧密的今天，很难有教师能够完全沉醉在自己的一方天地中，完全与其他社会组织脱离。一般来说，大学教师从事社会服务的类型包括推动学科发展、促进经济发展、提供公共政策建议等。只是不同学科的教师服务社会的方式或程度可能有所不同。研究发现，佐治亚大学不同学科在进行晋升评价时，对教师社会服务能力的重视程度是有区别的。

在宗教学、英语等软科学领域，受访者纷纷表示，从事社会服务工作更多的是一种个人选择，学系的晋升评价标准并未对教师提出明确要求。

宗教学系某教授就对自己的服务得不到正式规则的“认可”表示愤懑。

“我曾被告知宗教学系是没有公共服务的。当然，我们偶尔会被邀请到校外做学术报告，例如，我曾多次被欧洲教堂邀请去做了关于日本宗教的报告。但我的同事们告诉我不需要把类似的服务活动纳入晋升材料，因为评审不会关注。在我们学系，给年轻教师提供的晋升辅导，在某些杂志担任评审等，尽管这类服务活动在我看来是对专业发展很有贡献的，但从来不会被纳入晋升材料中！我每年会花将近3个月的时间来帮助《中国宗教》（*Chinese Religion*）杂志审稿，我不仅得负责联系外审专家，还得逐字逐句地修改稿件，我认为我在做推动学科发展的事，但却得不到认可！”（F14）

英语系也并不关注教师的社会服务。

“虽然我们系有些教师会从事服务活动，我自己有时候也会带领学生去相关社区服务，但这并不是英语系在考查教师晋升时会关注的领域！”（F20）

数学与科学教育学系、社会学系等学系对教师服务社会的能力态度比较中庸。也就是说，学系希望教师完成一些基本的专业服务，但并不强求更广泛的社会服务。即使在软科学—应用科学领域情况亦是如此。

语言教育学系教授表示：

“学系对教师参与校外服务的要求并不高，只要你完成最基本的校内委员会服务即可。因为我们几乎都在某些专业类杂志担任审稿委员，大家多多少少都会从事一些校外服务活动。”（F24）

社会学系的某位副教授也指明：

“社会学系完全不考核教师的服务活动。虽然学系期望教师能够从事一些服务活动，但并非‘必需品’。”（F8）

然而，也有新闻学系等机构仍然重视教师服务社会的能力。新闻学系某教授明确表示：

“对于申请晋升副教授的教师而言，尽管我们的晋升文本里不要求他们从事服务活动，但在现实评价中，我们却期望看到他们能够有一些服务活动。”（F27）

这种情形在硬科学领域，尤其是硬科学—应用科学领域的表现就更为明显了。公共卫生学院某院领导进一步指出社会服务是很难评价的：

“我们学院每个全职教师的聘用合同中都有至少5%的服务工作量要求。我们是应用科学，服务对于我们来说很重要。服务的形式之一是参与学校或院系的各类委员会，但我们学院更看重学校之外的公共服务。公共服务的确非常难以评价。候选人可以提交自己在各种专业组织、政府机构等部门中服务的证明材料。从某种意义上来说，对教师服务能力的判断，可能是数量重于质量。总之，教学和服务能力的判断要比科研能力难得多。”（A10）

在兽医学院的病理学系，社会服务的评价难度更是明显。突出表现在两个方面：一是社会服务本身难以量化评价；二是学校其他教师难以理解这种特殊情况——佐治亚大学多数教师的主要任务是科研，而病理学系教师的主要任务是服务。

一位受访的助理教授强调：

“我们病理学系与佐治亚大学大部分院系的情况不太一样，除了教学与科研之外，我们一个很大的不同是还要到教学医院从事临床诊疗服务。也就是说，兽医也是我们的工作之一。我们的服务是不分昼夜、不分工作日与节假日的，只要客户有诊疗需要，我们必须保证随传随到！因此，我们的服务评价不是根据工作量来计算，而是有点类似于客户满意度调查，包括工作质量、及时性、服务态度等。这种服务是很难去评价的。有些教师1个星期只接待了5个客户，但有些教师1个星期却有可能接待了200个客户，客户数量并不是由医生自己来决定的。对于我个人而言，社会服务的确是晋升评价中最重要的部分。兽医学院80%的教师都是有服务工作量的。因此，对于我们来说，学系和学院层级的晋升评价并不存在理解上的困难。然而，一旦晋升材料被送到学校晋升评价委员会，就会碰到比较大的困难！”（F2）

她进一步解释了学科特殊性对教师评价现状造成的影响：

“诊所要求与学校要求相冲突。诊所需要不忙于论文、以病人需要为首的医生，而学校评审时则希望看到更多的科研论文。因此，很多在服务上兢兢业业、最有价值的教师不一定能得到学校合理的评价。”（F2）

由此可见，佐治亚大学不同学系对教师社会服务能力的重视程度的确是不一样的。需要强调的是，不能单凭社会服务的能力来评判一位教师的能力。有的时候，能否获得服务社会的机会是由教师从事的研究领域所决定的。一般来说，从事应用型研究的教师会比从事基础研究的教师更受社会的“欢迎”。

一位生物化学与分子生物学系资深教授就指出：

“学系的副教授在申请晋升教授时应该需要注重服务活动，如担任某杂志或某基金会的评审委员，但我们不对申请晋升副教授的助理教授进行这方面的要求。”（F19）

尽管佐治亚大学在政策文本中将服务与教学、科研放在同等高度，但事实上，除了聘用合同中明确要求“服务”的教师外，对于大部分教师来说，服务活动本身在晋升评价中的地位显然不如教学与科研。某校级管理者也坦承：

“服务在佐治亚大学的教师晋升评价中地位也不高，大部分教师的聘用合同中并不包括服务。但对于聘用合同中明确标明服务要求的教师来说，服务还是职称晋升评价中的重要环节。”（A3）

此外，不同资历的教师在申请晋升时所应承担的服务也是有区别的。理论上来说，同一学科领域，副教授应该比助理教授完成更多的服务职责，因为前者在专业能力储备、获取社会资源的能力等方面都优于后者。

很多时候，服务活动对于教师的意义更多的是帮助他们建立自己的学术网络。社会服务，尤其是专业服务可以帮助教师尽快建立自己的“学术圈”，有利于获取正面的外部同行评价信；而校内服务除了可以帮助教师认识学系以外的同事，为其他层级的晋升评价铺路外，还可以向系内同事证明自己对学系的认同感。

曾任政治学系系主任的某资深教授就明确地表示：

“从教师的聘用合同上看，政治学系教师的晋升评价中最不重要的就是服务。我想强调的是，即使你在服务方面表现出色，如果合同里没有相关要求，就很难作为晋升砝码。因此，我们系对教师的服务要求是

‘必须参加学系明令要求的基本服务活动，但数量不需要很多’，重点是用自己的行动告诉系内同事你是一位合格的‘学系公民’！如果你无视自己应该承担的基本服务责任，那么，系内教师就会认为你所取得的科研成果是以让其他人完成你应该完成的工作为代价的，这将十分不利于你的晋升！”（A10）

教学、科研、服务是当今研究型大学的三大公认职能。本章从评价内容这一维度纵向考察了佐治亚大学教师晋升评价正式规则的具体执行情况，重点探索“三者究竟孰轻孰重”的问题。访谈发现绝大多数受访者都认可这样的排序方式，即“科研第一、教学第二、服务第三”，但却对“教学对晋升的影响程度”仍有争议。

管理者“在其位谋其政”，他们所表达的一般都是学校官方所推崇的理想标准。例如，某位副校长明确表示教学、科研与社会服务在教师晋升评价中同样重要。

“佐治亚大学是一所赠地大学，因此，教学、科研、服务是我们的基本任务。我认为这三者都很重要，但事实是我们对科研和服务的重视程度不够，却有点过分重视教学。对于一所本身为I类研究型大学，且致力于成为全美最好的公立大学之一的高校而言，我认为我们应该在教师晋升中给予科研更多的关注，我们应该对科研成果的质量有更高的要求。据我所知，有些学系在审核教师科研成果时并不是太谨慎。我希望教师可以兼顾这些基本任务，既能成为优秀的教师，又能成为出色的科研人员。”（A1）

同时，另一位受访的副校长则非常强调教学能力的重要性。

“一位教师如果只是科研能力出众是不能晋升的。我们希望所有的终身轨教师都能分出部分精力投入到教学中去，获得学生的好评。一位教学表现糟糕的教师可能会无法实现晋升，因为系主任、院长可能都不会投赞成票。”（A2）

更多一线教师和中低层管理者的观点则与学科特性及教师聘用合同相关联。佐治亚大学不同学系会根据学科发展需要聘用不同类型的教师。与传统不同的是，现在佐治亚大学的终身轨教师并非全部都是以科研为主的全职教师，生物化学与分子生物学系、学业提高部等部门就聘用了一些以教学为主要工作任务的终身轨教师，而兽医学院则有部分以服务为主要工作任务的终身轨教师。每位教师在入职前都会与学校签订明确的聘用合同，合同中的工作量分配是可以逐年调整的，晋升评价时的主要参考是申请晋升年度的聘用合同。当然，这类根据特殊需要招聘的教师所占比例并不高，从整个学校的角度来看，传统意义上的终身轨教师仍占绝大多数。因而，本章的调查结果仍然在大范围内具有普遍意义。

第四章
佐治亚大学教师晋升评价的校内非正式规则

“学院人的典型生涯，是在学术地位的阶梯上一个缓慢攀升的过程。这个过程可能是优秀知识分子取得成就的障碍，因为学术晋升的要求和知识进步最理想的条件并非必然一致。”①非正式规则是组织决策中与正式规则共存的非文本“组织文化”，佐治亚大学的教师晋升也是如此。虽然学校出台了较为完整的教师晋升评价正式规则，但规则始终是由人来执行的，执行过程中不少因素会成为“无形的手”对教师晋升评价产生不同程度的影响。

第一节　同事关系

关于同事关系的具体内涵，不少学者从不同的角度对其进行了探索。有学者从学术工作角度认为同事关系是激励不同职称和研究兴趣的教师通过合作，追求共同学术目标的动力。有学者从人际交往角度提出同事关系是教师间相互信任、相互关心、相互尊重并坦诚交流思想的关系。还有学者从管理角度提出同事间的关系包括教师分享权力，在讨论中协调一致进行决策。②本研究并不试图去精确描绘同事关系的概念边

① 科塞．理念人：一项社会学的考察[M]．北京：中央编译出版社，2004:311-312.

② 景丽珍，杨贞兰．同事关系对高校教师工作绩效的影响[J]．高等教育研究，2013(5): 39-40.

界，而是采用一个模糊的整体概念——教师通过日常交往、专业合作等途径与其他教师所形成情感或专业上的联结。从与教师的亲疏距离而言，同事关系可分为学系内部与学系之外两个维度。

一、系内同事关系

学系是大学最基础的学术组织单位，是绝大多数教师接受晋升评价的第一关。尽管学系内部教师们的具体研究方向并不完全一致，但他们的学科属性具有同质性，故佐治亚大学仍从制度上认可“系内同事是最了解候选人真实实力的群体”，即学系的晋升结果是最重要的。

1. 系内同事关系在晋升评价中的重要性及其效度

访谈发现，在教学、科研、服务评价之外，“同事关系”是所有曾有晋升经历的受访者主动提及次数最多的一项非正式规则，它的地位有时甚至会超越政策文本中规定的正式标准。然而，却很少有受访者能够确切地描述出“同事关系”的具体内容。

曾任艺术学系系主任的一位教授就表示：

“同事关系是一个非常模糊但又确实存在的影响因素。人们在对教师晋升进行判断时会考虑许多与之相关的问题，如‘候选人是否经常在系里出现？’‘候选人是否很好相处？’‘候选人是否履行系内服务职责？’等。有时即使候选人符合系内晋升标准，如果他没有做到这些默认的规则，也有可能无法实现晋升。”（A16）

（1）系内同事关系常被视为晋升的“正式规则”

访谈发现，受访者中能够理性地将同事关系与教师能力进行区分的人并不多，甚至不少受访者自动将同事关系视为晋升评价的正式标准，尤其是对待申请晋升副教授时。大多数时候，副教授的职称评价和终身教职的评价是同时进行的，且多数结果都是一致的。因此，很多受访者表示，副教授的晋升评价并不简单只是职称晋升，而是要决定自己是否愿意在未来的二三十年里继续与候选人共事。从这一角度而言，候选人与系内同事的关系就会变得非常重要。

艺术学系教授用系内真实发生的案例说明了候选人学会与系内同事相处的重要性。

“艺术系就有这么一个教师，他在申请晋升教授时科研上的表现非常出色，但他是一个浑蛋，大家都不喜欢跟他一起合作，而且他从不履行自己应承担的服务活动，所以他的晋升申请被否决了！这就是教师需要学习的隐性课程——学会与同事友好相处！”（A16）

数学与科学教育学系的教授也证实：

“个性难相处且喜欢与人争辩的候选人的晋升之路都不会太顺畅。如果你和我在同一个学系工作，我们常常有意见不合的时候，那么，我就一定要去想明白我们的不合属于哪种类型。如果是关于琐事的不合，而不是学术上的冲突，我可能不会想要继续与你共事了！我曾告诉我的学生，你们出去找工作时要注意，尽管很多招聘委员会会明确招聘条件，但他们在实际操作过程中的原则是‘具体情况具体分析’。如果一个基本符合条件的应聘者与一个优于应聘条件但与用人单位气质不合的应聘者竞争时，前者被录用的概率要高于后者！教师晋升评价在一定程度上是一样的。”（F23）

（2）系内同事关系在晋升评价中的作用限度

虽然绝大多数受访者都承认同事关系会影响晋升评价，但对同事关系效度的理解则存在分歧，并非所有受访者都认为“系内同事关系会凌驾于候选人能力之上，仅因同事关系而否决候选人晋升申请的案例毕竟还是少数”。

学术职业的纯粹性使得不少教师能够在晋升评价中摒除个人偏见，客观而理性地评价候选人的能力。如曾任微生物学系系主任的一位教授甚至明确表示：

“我认为与同事的关系在教师晋升评价中不会起到任何作用。如果一位教师在生活中不太好相处，但只要其科研能力出众也是可以获得晋升的。至少，我从未听到在晋升评价中讨论一个教师的个性问题。”（A17）

一位英语系教授表示：

“学系就像一个小村庄，每个身处其中的人都需要与别人交流。有些人很擅长交际，有一些人可能并不擅长。与人交际的能力在候选人申请晋升副教授时可能会在一定程度上作为评价标准。但如果年轻教师在申请时已经出版了专著，那么，交际能力就不会影响他的晋升结果，毕竟那个阶段科研实力才是最重要的！”（F20）

然而，人们在做判断时难免受到情感等非理性因素的影响。地质学系的案例将晋升评价时教师个人能力与同事关系之间的纠葛呈现得淋漓尽致。

“我们地质学系曾经引进了一位教授，但按佐治亚大学的规定他在入校时是没有终身教职的。因此，我们在与他相处1—2年后单独对其提交的终身教职申请进行了评价。在评价过程中，我们发现他的科研能力非常出色，但大家普遍认为他是一个不好相处的人，处处与人为敌，不是一位‘合格’的同事。系主任在会议上听到了我们的讨论，就出言提醒大家学校的规定——‘佐治亚大学的教师晋升条件是候选人必须在教学和科研方面表现出色，但并没有关于个性是否随和的要求’。我不知道系主任的这种善意的‘干涉’是对还是错，但我们当时考虑的的确不是‘标准’，而是候选人的个性。最后，我们还是一致通过了他的申请。因此，我认为，至少在我们地质学系没有教师因为教学、科研之外的因素而被否决！”（F4）

可见，在晋升评价时，并不是所有系内同事都能理性地审核候选人的晋升申请，如果不是系主任在关键时候发挥了作用，那么，糟糕的同事关系就有可能成为阻碍一位能力出众的教师晋升的主要原因。

（3）年轻教师习得的重要组织文化

无论资深教师如何看待同事关系与教师自身能力的相对地位，可以肯定的一点是，受访者基本都承认同事关系会在晋升评价中产生一定的作用。在这样的组织文化中，不少助理教授也从各种渠道“被迫”习得这样的非正式晋升规则，即学习成为一位“团队合作者”（team player）。

兽医学院病理学系某助理教授表示：

“我听说我们学系唯一没通过的一个教师晋升申请是因为他与系内其他同事的关系不好。我认为学习成为团队的一员是非常重要的功课。我们病理学系的临床诊疗非常多，而且有时候是在晚上或节假日，如果你在大家都过来工作加班的时候，一个人享受休息时间，不来帮忙，那样会十分不利于你的晋升的！”（F2）

学业提高部一位刚刚晋升成功的副教授回忆：

“有同事告诉我同事关系对于教师晋升很重要。你必须学习成为团队中的一员！我认为自己在这方面做得不错！我尽力完成了所有系内工作，我与人为善，决不在系内树敌，我工作非常努力。‘努力’不能只是低调地进行，‘让别人看见’是非常重要的。系内同事都知道我每天七点半进办公室，下午五点半才离开！我认为让同事们目睹你工作努力是非常重要的事！有些同事基本不出现在办公室，他们是在家里工作还是外出娱乐了，我们根本不得而知。”（F31）

2. 系内同事间的非行政性等级关系

排除职务因素造成的行政性等级关系，学系内教师之间的“地位”还会因职称、工作年限、学术声誉等非行政因素而有“高低之分”。无论何种原因，这种非行政性等级关系一旦形成也会成为非正式规则，从各种途径来影响教师晋升。研究发现，佐治亚大学教师间的非行政性等级关系从内容来看，有辅导与被辅导、评价与被评价之分，从影响来看，则有积极与消极之分。

（1）辅导与被辅导

在非晋升时段，不同职称教师之间等级关系主要表现为辅导与被辅导，一定程度上可以视为传统师徒制在学术职业中的传承。

在佐治亚大学，这种师徒式同事关系较为普遍，学校出台的74份学系晋升评价标准中，有35份明确建立了“晋升辅导项目”，达总数的47.3%。“晋升辅导项目”的开展形式并未统一，有些学系采用“一对一”式辅导，有些学系则是建立3—5人组成的晋升辅导委员会，对候选人进行“多对一”式辅导。总之，学校近半数的学系将同事间的晋升辅导关系以正式规则的形式确定下来。辅导人一般被称为晋升导师（mentor），由系主任指定。有些学系甚至明确规定了晋升导师与候选人之间的最低互动频率。即使在未正式设立“晋升辅导项目”的学系中，资深教师与年轻教师之间也存在非正式晋升辅导，内容涉及晋升规则、人际关系、学术指导等。这种非行政性等级关系的确立理论上有利于年轻教师的晋升。

高等教育研究所一位刚刚成功晋升为副教授的教师表示：

“自我入校以来，A教授就是我的正式晋升导师。我们的交流都是一对一的，每年会有很多次非正式谈话。只要我遇到与晋升相关的服务或科研机会，我就会主动去询问他或其他资深教授的意见。我认为我所获得的晋升帮助是非常巨大的！”（F30）

然而，研究发现，并非所有的教师都会认真履行自己被分配到的任务。从政策上而言，学校或学系也并未出台任何措施来保障“晋升辅导项目”的执行，仍然更多依靠资深教师自己的责任心。

一位宗教学系教授受访时就强烈抱怨：

“宗教学系的晋升辅导项目虽然被写入了学系的晋升标准，系主任也的确帮年轻教师指定一位资深教授担任晋升导师，但据我所知，真正的晋升辅导实质上并未得到认真执行。我们系两年前入职的1个助理教授跟我抱怨，系主任为她指定的晋升导师并未对她提供实质性的帮助，出于责任，我自己把辅导她的责任承担了下来。我经常让她来找我，告诉她应该怎么准备个人简历，告诉她如何发表论文。我曾亲自给她的晋升导师写信，提醒她应该尽到自己的责任，但那位晋升导师告诉我‘所有这些事情都是她自己的事情，她应该为自己负责’。系主任虽然知道这件事，但从未插手干预！从未！”（F14）

语言教育学系教授也有过类似的经历。

“晋升辅导是一把双刃剑。一方面来说，晋升导师可以帮助候选人尽快适应职业发展。我自己曾经当过多名年轻教师的晋升导师，我会解答他们的所有疑问，在他们投稿之前先帮忙审核等。我们的系主任是一个很疯狂的人，很多年轻教师都很怕他，因此，我甚至会陪同我所辅导的年轻教师一起去见系主任。但另一方面来说，晋升导师也可能不能给候选人带来帮助。我们学系的新教师在刚刚入职时就有权自己挑选3人晋升辅导委员会，但在那个时候其实他们根本不了解系内的教师。我曾亲历这么一件事，我们系的一位年轻教师受到其中一位晋升导师的欺凌，她主动跑来寻求我的帮助。而我确实也‘越权’帮助了她！其实入职时间长了，年轻教师就会知道谁才是真正愿意真心帮助他人的人。但我们的学校制度缺乏对晋升辅导的有效监管。我与这位年轻教师之间的辅导是非正式的。”（F24）

当然，晋升辅导的最终效果取决于辅导人与被辅导人双方。辅导效果不显著并非只是晋升导师的不尽责，也有少数年轻教师表示，他们并不需要别人的指导。

地质学系的一位受访教授在回忆自己的晋升之路时表示：

“我自1990年进入佐治亚大学以来从来没有担任或接受过晋升辅导。虽然学系晋升评价标准中有注明学系为候选人提供晋升辅导，但事实上从未实施过！就我个人而言，当我还是助理教授时，我非常不希望别人告诉我我该怎么做。我很高兴看到没有人在强制实施晋升辅导，我只想做自己！我觉得学系一直迟迟未执行晋升辅导的规定可能也是因为

大部分人都跟我是一样的想法，觉得晋升辅导没多大作用吧。”（F4）

总的来看，系内同事间建立的辅导与被辅导关系主要目的在于帮助候选人在进入正式晋升程序之前做好学术及组织文化的积累，这种关系对于晋升评价的影响在一定程度上可以视为间接的。

（2）评价与被评价

除晋升辅导外，按佐治亚大学的规定，助理教授申请晋升时的评审必须是资深教师，副教授申请晋升时的评审必须是教授。也就是说，在晋升评价期间，系内同事间的非行政性等级关系恰恰会被具象化为评价与被评价关系。从这一角度而言，系内同事关系会直接影响候选人的晋升评价。

①“站队”行为对晋升评价的影响

资深教师直接掌握着学系晋升评价的决定权。除自身能力外，如果候选人能够与资深教师建立某种联系，那么，资深教师的“威望”则有可能在学系晋升评价中对年轻教师产生诸多直接影响。这种可能影响主要体现在两方面。

一是直接对候选人的晋升投票产生影响。一位社会学系教授就明确表示候选人与系内教师在专业上的合作（如合著论文、课题合作、合作教学等）可能会给参与学系晋升评价的其他教师释放别样的“信号”。

“如果你与系主任交好，或者与系内1—2名德高望重或有影响力的教师成为好朋友肯定会有利于你的晋升的。在教师的晋升评价中的确会有一些非正式因素会产生影响，这是真的！这些政治类因素的确存在，但是否经常发生影响我也不能确定。例如，如果年轻教师与某位资深教授一同合作申请课题，那么，大家就会知道这位资深教授是力挺与其合作的年轻教师成功晋升的。我想这种信号对于年轻教师是有帮助的。当然，如果这位年轻教师真的完全不合格，那可能也无法扭转被否决的命运。但如果是模棱两可的情况，那就会对年轻教师顺利晋升有巨大的帮助。”（F9）

二是影响候选人的外部专家名单。虽然佐治亚大学规定候选人的外部评审专家由系主任最终决定，但由于系主任个人的专业方向有限，他们在选择校外专家时往往会征询系内其他教师的意见。此时，具有学术威望且与候选人研究领域相近的资深教师的意见就会显得格外重要。很多年轻教师也知道这个“规则”，他们学会了反过来“利用”资深教师意见来影响系主任的选择。

当然，选择与资深教师建立“联系”也存在一定的风险，并不总会有利于自己的晋升评价。学系内部教师之间的关系并非总是如此和睦、友好。不少学系仍然存在因各种因素而导致的小团体主义。派系之间的斗争有时候会以否决别派教师晋升申请的形式显现出来。

一位地质学系的教授分享：

“我们曾经碰到一个申请副教授的案例。候选人在学系层面被否决，原因是学系内部分为两大派系，且因为某种原因不融洽，一方希望借助剔除该候选人来壮大自己的势力。为此，他们在评价时故意选择忽略候选人的某些证明材料，我们学院层面发现了这一现象。”（F4）

②“日久生情”型关系对晋升评价的影响

在“站队”这种明确的“联结关系”外，系内同事之间还存在一种因长时间相处而产生的情感型关系。这种关系对晋升评价的影响不容小觑。

尤其在深入了解候选人的家庭生活后，不少教师都承认在评价时会有代入感，适当放宽晋升标准。

一位曾任微生物学系系主任的教授在受访时坦承：

“在微生物学系，大家都认同晋升评价是一项对教师影响深远的决定，它会产生很多后果，因此，系内教师都非常慎重。对于刚刚达到系内合格标准的教师，即使他们并不算特别优秀，我从没看到大家否决过他们的晋升申请。因为对于30多岁的助理教授来说，大多数人已经成家，有小孩，我想大多数系内教师都非常清楚这些助理教授面临的生活问题，因此，他们在做判断时应该还会考虑一些学术能力之外的因素，毕竟这是一个人性的决定。”（A17）

新闻学系的一位教授也承认：

“对于学系来说，他们很难去拒绝一个自己招募进来的、自己培养的同事，尤其当他们还是与你关系很好的同事时。我的意思是，你知道他们所从事的工作，你觉得与他们工作非常愉快，你甚至会知道他们夫妻中有一方没有工作，需要这份工作来支撑一个家庭和新出生的孩子等等，你会有很多其他的原因来支持你通过他们的晋升申请。”（F27）

3. 系内同级同事间的关系

佐治亚大学每种职称的晋升都有最低时限的规定，如助理教授至少应服务4年才能申请晋升为副教授，副教授至少应服务5年才能申请晋升为教授。因此，一个学系内部会有几个处于同一职称等级的同事。加上，有时由于发展需要，学系同一年度会招聘好几名教师。此外，教师还有权选择自己申请晋升的时间。基于以上原因，不少学系会出现同一年度有不止1名教师申请晋升的现象。

佐治亚大学并未对每年晋升的教师人数有名额限制，也就是说，理论上而言，只要教师达到了晋升标准就能晋升，不会因名额限制、经费短缺等因素而被否决。因此，教师理应只专注于自己的表现。然而，访谈发现，还是有教师担心自己会“被比较”，同辈教师之间存在隐性竞争。

数学与科学教育学系的一位教授回忆：

“我1998年进入佐治亚大学之前曾在堪萨斯州立大学工作了4年，其实我进来后的第2年就可以申请晋升副教授了，但我自己选择不申请，再等一年，因为我不想被拿来跟我们系其他两位教师比较。”（F23）

除了担心直接竞争外，也有教师会基于同辈教师的晋升结果战略性地决定自己的晋升时间，将同辈教师作为“试金石”。

在佐治亚大学的社会学系，申请晋升教授的副教授应发表20篇论文。一位受访教师在回顾其申请教授之路时提及了同辈教师的作用。

“我在2012年就已经发表了17篇文章，也获得了一些外部科研经费。有时候科研经费是可以弥补文章的不足的，而且文章数目规定也不是硬性要求，因此，系主任劝说我2012年就申请晋升教授。但我拒绝了！我希望拥有让别人无可挑剔的晋升材料！如果学系的晋升标准明确规定是20篇论文，我就要等到发表了20篇文章再申请，到时候科研经费就可以成为另外的‘砝码’！另一个影响我决定的重要原因是，2012年我们系也有另一个女教师申请了晋升，她也只发表了17篇文章，且没有外部科研经费。我想看看在没有达到学系规定的20篇论文的情况下，她能不能成功晋升，毕竟我跟她发表的论文数量是一样的。不过，最终她成功实现了晋升！虽然晋升为教授后，工资提升幅度较大，但身为副教授，我已经获得了终身教职，没必要太着急。我希望有了万全的把握后再申请晋升！”（F8）

不过，总的来看，由于学校明文规定晋升是没有名额限制的，佐治亚大学同辈教师间的关系并非剑拔弩张，彼此间的竞争只是隐性的。地质学系、高等教育研究所等基层组织甚至好几年才会招聘一位新教师，更多时候教师在申请晋升时不会面临太大的同辈压力。

学系晋升是由系内同事来评价的，也就是说，学系晋升评价委员会的评审与其他层级的晋升评价委员会相比是最熟悉候选人的，他们也是公认的最容易受主观因素干扰的评审群体。鉴于佐治亚大学赋予了学系评价结果更大的权重，因此，相较而言，系内同事关系可能也是对晋升结果影响最显著的同事关系。

高等教育研究所的一位副教授就表示：

“同事关系的确会对教师的晋升产生影响，但这种影响会随着晋升材料越走越远而变得越来越弱，因为越到上层，评审们对候选人的情感投入就会越少。而在学系层面，我认为其存在是合理的，也是人的本性。”（F30）

二、系外同事关系

大学教师的交际范围不仅限于学系内部，他们有各种机会认识其他学系的同事，甚至深入交往。从晋升评价的角度而言，系外同事并非完全与候选人没有交集，他们既有可能为候选人提供正式或非正式的晋升辅导，也有可能成为候选人的晋升评审。

1. 晋升辅导

佐治亚大学为了帮助年轻教师顺利晋升，不仅鼓励各个学系设立正式的“晋升辅导项目”，而且也在学校层面定期组织专门的晋升工作坊，邀请不同学系的资深教师与年轻教师面对面地交流与晋升有关的各种问题。此外，学校的教学发展中心（The Teaching and Learning Center）也会组织旨在提升教师教学能力的专门辅导项目。某些学院或学系内部的晋升辅导委员会也会邀请其他学系的教师来担任晋升导师。因此，候选人有多种正式途径与系外教师接触。

例如，新闻与大众传播学院的晋升评价标准中就明确规定，“每位助理教授可在入职的前6个月内选择一位正式的晋升导师，并将心仪人选告知系主任。晋升导师不必要来自同一个学系。助理教授应每年至少与晋升导师交流1次，通常是在年度评估之后”。[①]在与该学院某位系主任交流后发现，虽然学院规定晋升导师由候选教师自行选择，但在具体执行时一般都是由系主任指定的。

相较于专业指导，新闻与大众传播学院的系主任在为助理教授指定晋升导师时更倾向于挑选熟悉晋升组织文化的资深教师，导师人选并不拘于系内。

“我们学系会为每一位新教师配备一位辅导人，帮助新教师顺利实现晋升。我倾向于从外系选择一位教授来担任辅导人，因为我希望新教师可以了解外系同事的思考方式，并据此发展学系以外的友情，这对他们通过学院晋升评价会产生一定的帮助。晋升导师的主要任务是对教师的晋升活动提出建议，告诉他们晋升的真谛，甚至能够帮助候选人据理力争、顺利实现晋升，而不是对其科研活动提供具体指导，因此，我认为专业是否契合不是最重要的，重要的一点是这位导师应非常了解学院的晋升文化，且受人尊重。”（A11）

由此可见，系外同事在担任候选人的晋升导师时，虽然不一定能够为候选人提供专业方面的指导，但却可能产生更深层的“帮助”。他们不仅能从其他学系的视角来为候选人提供晋升建议，有利于候选人了解学院晋升评价委员会的思考逻辑，而且还能将自己的人脉资源介绍给候选人，帮助候选人从可能的学院评审处挣得印象分，有利于候选人顺利通过学院晋升评价。

当然，在佐治亚大学，候选人正式的晋升导师多数还是由系内同事出任，前文已有分析，此处不再赘述。系外教师的晋升辅导更多是以非正式形式存在。教师们会在各种不同的场合讨论晋升问题，八卦他们听到的各种传闻。不少受访者都承认，与系外同事的这种非正式沟通所获得的晋升辅导有时候会更有意义。

2. 晋升评价

一般来说，学系晋升评价委员会都是由系内相应职称的同事参与。但在访谈中，笔者发现也有例外存在。佐治亚大学的新闻学系会邀请外系教师列席学系晋升评价会议，参与对候选人晋升资质的讨论。对此，

---

① The University of Georgia. Grady College of Journalism and Mass Communication Guidelines for Promotion and Tenure［EB/OL］.［2013-12-30］. http://provost. uga. edu/documents/ptucriteria/jnlmasscomm. pdf.

该系系主任解释：

“在学系晋升评价中引入外系教师主要是为了给本系评审们一个外部参考意见。因为在学院层面，本系教师不能参与本系候选人的评价。此举可以使本系教师了解外系人员对本系晋升评价标准的看法，例如，评价标准本身过高或过低，候选人是否达到学系标准等。外系教师并不参与学系晋升评价的全过程，只给予评价意见，不对候选人进行投票。”（A11）

此外，对于一类特殊的终身轨教师——联聘教师（joint faculty）而言，他们必须接受受聘的两个及以上学系教师的评价。一般来说，联聘教师同时受聘于两个学系，他们的学系晋升评价主要由其中一个学系负责，另一个学系也要派教师代表参加。访谈中，一位同时受聘于拉丁语系和非裔美国人研究中心的教师告诉我，她每年需要接受两个学系系主任的评价，其申请副教授时的学系晋升评价是在主聘单位——拉丁语系进行的，但是非裔美国人研究中心的教师也参与了晋升评价，并拥有投票权。

按学校规定，申请晋升的教师在学系之外仍要经历学院和学校层级的晋升评价，也就是说，即使在学系之外，其他教师也有机会成为候选人的晋升评审。因此，学会与系外教师保持友好的关系是候选人非常重要的课程。稍有不慎，候选人就很有可能因私人恩怨而被否决，尤其当其得罪的对象是一位强势且有一定地位的人。

地质学系的一位教授透露：

“两三年前，我还在学院晋升评价委员会目睹了一件十分让人气愤的事情。我们发现，有一个已经获得学系晋升许可的教师的晋升资格可能存在问题。他在很长的一段工作时间里从事了大量的服务工作，因而导致科研产出下降。当然，按佐治亚大学的规定，社会服务也是教师非常重要的任务之一。总之，学系教师不仅通过了他的晋升申请，而且系主任还在学系晋升评价总结信中强调‘这位教师所从事的服务工作对我们学系来说非常重要，尽管他的科研成果并不算太突出，但我们同意他的晋升’。可令我气愤的是，当时在学院晋升评价委员会中有一位评审明显与这位候选人有私人过节，于是，他独自一人成功地游说了其他评审与他站在同一战线，否决了学系的晋升结果。我当时就气愤地摔门走了！我代替这个候选人做了他想做而没有机会做的事！”（F4）

除了自己直接影响晋升评价外，学院或学校晋升评审还可以通过其他更隐蔽的渠道施加负面影响。我们可以从另一个受访者的回应中窥探一二。

数学与科学教育学系的一位教授分享：

“我从未在学校晋升评价委员会服务过，但我有一次入选了学院晋升评价委员会，而我要求院长将我除名。事情是这样的，那一年我是科学教育方向的负责人，但我觉得我们专业那年申请晋升的候选人并不合格。本着对候选人负责的态度，我把全系教师都召集起来，并明确告知他们我个人的态度——不支持候选人晋升，并将撰写学系晋升评价总结信的权利交给了另一位资深教授。最后，候选人顺利通过了学系的晋升评价，材料被送入学院晋升评价委员会。如果我真的接受学院的聘书，成为学院晋升评价委员会的成员，虽然我不能对来自本系的候选人进行讨论、投票，但我在教育学院工作了这么长时间，学院晋升评价委员会的大部分成员都跟我十分熟识，我如果在离开会议室之前做个鬼脸或以任何其他方式表示我的不满，我想他们是很容易就能了解的。为了避免纠纷和偏见，我主动找到副院长告诉她原因，‘如果你不将我从学院晋升评价委员会中除名，一定会有法律诉讼的’。”（A15）

由此可见，同一个晋升评价委员会的评审之间是可以相互影响的。如果评审与系外同事私人关系足够好，有时候即使不用明确的言语，也能隐蔽地影响一个候选人的晋升结果。

三、夫妻同事关系

除了普通的同事关系外，佐治亚大学的教师群体中也有不少“夫妻档”。访谈对象中就有3位教师与另一半在同一个学系工作。虽然学校规定，夫妻双方必须回避对方的晋升评价，无权参与晋升投票，但这并不意味着夫妻关系不会对候选人的晋升产生影响。总体而言，夫妻同事对候选人的晋升既有好处，也有坏处，但利大于弊。

首先，提前了解更多的晋升信息，晋升过程更从容。如果夫妻双方有一方的工作年限更长，先于另一方经历过整个晋升评价过程，那么，另一方无疑就能获得更多的私下指导。

一位新闻学系的教授就告诉我：

“我非常幸运的一点是在自己的晋升过程中有我丈夫的帮助。在我认识他时，他已经是本领域的资深教授，拥有十分丰富的晋升与终身教职评审经验。我对教师晋升评价的大部分认知是源自他。例如，评审在审核候选人简历时绝不仅仅只是审阅上面的10篇论文而已。”（A11）

一位兽医学院的助理教授也表示：

“我到佐治亚大学读研究生的时候，我丈夫已经是我们学系的教师了。因此，同事们知道我毕业后一定会想要留下来。与别人相比，我的机会可能更加特别。现在，我丈夫已经在佐治亚大学成功晋升了，他经常告诉我哪些工作有利于晋升，哪些工作是费力不讨好的，因此，虽然我的学术职业生涯才刚刚开始不久，但我已经比系内其他助理教授更明白晋升是怎么回事了。”（F2）

其次，促使候选人取得更突出的学术成就。在申请晋升时，夫妻双方如果学术地位有一定差距，晚起步的一方的确有可能遭到别人的质疑。面对这种情况，候选人有两种选择，其中之一就是努力奋发，证明自己的实力。

一位新闻学系的教授告诉我：

“当我作为助理教授从另一所研究型大学转入佐治亚大学时，当时的系主任明确告诉我实现晋升的标准——在学科顶级期刊上发表2篇高质量论文，并确保自己担任独立作者、第一作者或第二作者的论文应达到一定的比例。这一晋升标准在当时来说是非常标准的。但我的目标不仅仅如此！因为我与我的丈夫是同时进入佐治亚大学的，我的丈夫是本学科内非常杰出的学者，我不希望留给同事们任何借口来质疑我的晋升是得益于我的丈夫——学院给予我晋升或终身教职是因为不愿意失去一位如我丈夫般优秀的学者，而非我个人在岗位上的合格表现。虽然这一切只是我的臆想，没有任何一个同事如此表达过，但我还是希望自己能够超过学系所设定的晋升标准，让人无话可说。”（A11）

再次，调整申请晋升的策略。夫妻作为同事的另一种情形就是同时入校，两者在工作年限等方面条件相当。此时，尽管学校再三声明晋升的标准是教师的实力，没有客观的名额限制，但夫妻双方一般还是会主动选择避开彼此，不在同一年度申请晋升。

社会学系的一位副教授回忆：

“我与丈夫同年进入佐治亚大学社会学系。一般来说，助理教授会在第5年时申请晋升副教授。但我在第4年时就提交了晋升申请，原因主要有两个：一是我已经完成了晋升所需的12篇论文；二是我不希望和我丈夫同年接受考核。我的丈夫在同年来到了佐治亚大学社会学系，如果我也在第5年时申请副教授，我们会在同一年接受晋升评价。我们不希望这么做，所以我决定提前申请晋升！”（F8）

然而，夫妻关系并不必然有利于教师晋升，有时候也会成为受质疑的依据。教育学院一位教授透露：

“我们曾经在学院层面否决过一位女教师的晋升申请，原因是当时多数评审认为这位候选人的科研成果可能不是由她自己完成的，因为她的丈夫也是同一个领域中非常有名的教授。虽然评审们只是怀疑，并没有确凿的证据，但他们仍然否决了这位候选人的晋升申请。”（F24）

对于组织中人际关系的研究，约珥·波多尼（Joel M. Podolny）和詹姆斯·拜伦（James Baron）于1997年提出了一个分析的框架。他们认为，组织内部的非正式关系是重要的社会资本，社会网络建立的小群体通常有着极高的重复关系密度，这些网络有助于建立一个人的身份、社会期待，从而增大晋升的机会。[①]访谈证实了同事关系的确会在教师晋升中产生一定的影响，只是在不同学系的影响程度有所区别。

例如，新闻学系的一位教授就明确表示“不够合群的教师根本不会被招聘进来”。

“在我们学院同事关系是非常有分量的，甚至有点过于重要了。在我此前工作过的研究型大学中，如果一个学院要招聘一位新教师，当大家认为这个应聘者虽然才华横溢但个性不好相处时，这个讨论也许还能进行下去。但如果是在佐治亚大学，这个讨论就会到此为止，这位应聘者是没有机会进入佐治亚大学工作的。”（F27）

梅奥与霍桑实验很早就证实了和谐的人际关系与生产效率的正相关。不仅教师们屡次强调了成为“学系公民”的重要性，无法忍受与一个自己讨厌的人长期共事，佐治亚大学中不少管理者也认同，人际关系本就应该属于晋升的“正式规则”之一。学校在招聘教师时一般都耗费

① PODOLNY J M, BARON J N. Resources and Relationships: Social Networks and Mobility in the Workplace[J]. American Sociological Review, 1997, 62(5):673-693.

了大量的人力、物力、财力，基于“投资—回报”的考量，多数系主任总是倾向于“保护”候选人，帮助他们实现晋升。只是关于学术能力与人际关系孰轻孰重的问题，不同风格的系主任有着自己的战略选择。

新闻与大众传播学院某系主任就在回顾自己碰到的困难时坦承：

“我认为最大的困难就是否决学术上表现出色但却十分不合群的教师提出的晋升申请。作为系主任，最大的任务就是带领学系获得全国性乃至世界性的学术声誉。如果一个学系有4—5名教师在科研上成绩突出，但只考虑自己，从不曾为学系、学生做出任何贡献，独来独往，不遵守学系的工作时间规定，长此以往，学系也就毫无优秀可言。对于这种学系长远发展与教师个人之间的冲突，是我最不愿面对的事情。”（A11）

需要强调的是，尽管受访人列举了不少因同事关系而被否决的极端案例，但在晋升评价过程中，同事关系的影响多数时候表现得并不直接。如果候选人明显已经达到了学系的晋升要求，那么，即使其与同事相处得再糟糕，其他教师也很难直接以此为理由否决其晋升申请。因为这是明显与正式规则相背离的做法，很容易引起申诉，甚至法律纠纷。

社会学系的一位教授就强调：

“除了教学、科研、服务外，我想大家毫无疑问地都会将同事关系作为第四项判断依据。但我想说的是，它虽然很重要，但是不足以成为决定性因素。只是在晋升情况模棱两可的时候会发挥重要的作用。例如，在形势不明朗时，如果候选人平常乐于助人、与同事相处融洽，无疑会帮助他顺利晋升！”（F7）

第二节　关键人物

在佐治亚大学，教师晋升评价主要是由学校教师来评价，系主任、院长、学术事务高级副校长等核心管理者似乎在其中主要扮演的是组织者的角色，尤其是院长、学术事务高级副校长甚至没有投票权，但这并不意味着这些管理者就无法对教师晋升施加影响。事实上，这些关键人物实际所能发挥的作用远远超过政策文本中的规定。

一、系主任在教师晋升中的作用

佐治亚大学的学系负责人主要有两种类型，一种是系主任（department head），另一种是系主席（department chair）。一般来说，系主任是学系唯一的行政和学术负责人，权力更集中；而系主席则指学系决策小组的主席，决策小组其他成员分别负责学系其他研究方向的行政和学术事务，也因此削弱了系主席手中的权力。佐治亚大学的系主席并不多，多数学系的负责人仍是系主任，因此，本书主要以系主任为考察对象。

依照学校规定，系主任在教师晋升中所负责的工作主要包括：挑选晋升导师、组织学系晋升评价委员会、获取外部同行评价信、参与学系晋升评价、撰写学系晋升评价总结信、推选学院晋升评价委员会评审名单、接受申诉委员会调查等。可以说，系主任的选择直接或间接地影响晋升结果，是候选人在晋升评价过程中最紧密的“合伙人”。鉴于系主任在外部同行评价信中的作用已在第三章深入分析，此处不再赘述。

1. 挑选正式晋升导师

助理教授在刚刚进入学校时可能比较彷徨、迷茫，需要从他人处获取晋升建议。正式的晋升导师一般是指学系为帮助助理教授晋升而指定的副教授或教授，副教授并未配备晋升导师。佐治亚大学近半数学系都设立了正式的“晋升辅导项目”，晋升导师多数由系主任和候选人共同决定。但在具体执行过程中，主导权仍然在系主任手中。系主任在为候选人挑选正式晋升导师时主要考虑以下因素：

第一，晋升导师在学系中的人缘。通过“晋升辅导项目”正式确立起来的关系会让学系，甚至学院其他教师自动地将晋升导师和候选人视为同一阵线。如果晋升导师曾与其他同事有过节，那么，他们与其他同事的紧张关系也会自然而然地传递给候选人。助理教授刚刚入校，对学系情况，尤其是教师间的“恩怨”并不是十分了解，因此，系主任有责任为候选人考虑到这一点，尽量为其挑选一位深谙晋升文化的导师。

新闻与大众传播学院某系主任表示：

“有时候，你可以与邻桌的人工作20年，每天跟他一起吃午饭，在你眼中他是你最好的朋友。但是，只有当你成为他的上司或导师时，你才会真正了解他。因此，候选人的辅导人最好是由系主任来指定，而非候选人自选。因为系主任作为上司真正了解谁才是最了解学院晋升政治的人，谁能获得学系以外同事的尊重。只有这样的辅导人为你的晋升进行辩护时，其意见才会被尊重。如果任由候选人自己挑选自己的晋升导师，那么，他有可能会挑中一位也许目前各方面表现都不错的人，殊不知此人可能在10年前做过某些会影响同事关系的事，到现在仍然让人耿耿于怀，这种晋升导师不会对候选人的晋升有任何正面帮助。”（A11）

第二，晋升导师与候选人的专业相关性。除了人际关系外，系主任挑选晋升导师时的另一个出发点是研究方向的相关性。系主任期望可以借由晋升辅导帮助助理教授获得晋升导师的学术资源，更快速地实现自我成长。

英语系的一位教授告诉我：

“在英语系，晋升导师一职是由系主任出面协商的。一旦关系确立后，所有的互动就只是候选人与晋升导师之间的事了，系主任不会监管。我自己就当过好几个人的晋升导师，我不仅会解答候选人的所有疑问，而且还会为其研究直接提供资源或指导意见。英语系的晋升环境不错，没有什么政治斗争，因此，系主任在指派晋升导师时主要是考虑到年轻教师与导师之间的学科相关性，以专业发展为出发点。”（F20）

第三，晋升导师的责任心。佐治亚大学晋升评价制度的一大缺点是，对于晋升辅导的监督机制配备不健全，多数系主任在为助理教授选定晋升导师后，就很少关心后续的沟通、辅导效果。因此，不少系主任表示，他们从一开始就会尽力挑选一个有责任心的教师担任晋升导师。

曾任艺术学系系主任的教授表示：

“我在组建晋升辅导委员会时，比较倾向于外系教师。当然，候选教师自己有时候也有选择权，但他们并不能直接选择晋升导师，而是需要经过我的批准，而我筛选的底线是——晋升导师必须具有责任心。因为一旦助理教授与晋升导师的辅导关系建立后，我就基本不干预他们之间的互动，除非助理教授向我反映他们之间存在问题，我才会进行协调或调换。”（A16）

此外，教师的工作量等也是系主任会衡量的因素。晋升辅导属于义务劳动，不会计入工作量，不能成为加薪的砝码。因此，系主任不能将所有的晋升辅导任务都交给同一位教师，必须考虑工作量的安排，不能影响晋升导师自己的工作。

2. 直接影响学系的晋升评价结果

系主任也是学系中的一员，他们参与学系晋升评价最直接的方式就是直接投票和撰写晋升评价总结信。其中，学系晋升评价总结信虽然只是对学系晋升评价委员会的投票结果、外部同行评价信进行总结，但也是系主任表达自己对候选人晋升态度的有效途径。

地质学系的一位教授在访谈中透露：

“当我在学院晋升评价委员会服务时，我们发现，有一位候选人各方面表现都很优秀，完全达到了其所在学系的晋升标准，但是却被否决了。系主任在总结评价信中也解释了原因——学系内部有派系之分，这不是一个和睦的学系。”（F4）

由此可见，学系晋升评价总结信还是非常重要的，能够让上级评审更了解学系的真实情况。为了不让有偏见的系主任有机会在学系晋升评价总结信中“中伤”候选人，佐治亚大学规定，在学系晋升评价会议的最后环节，系主任必须公开自己的投票结果。如果系主任投了反对票，则由系内其他教师负责撰写学系晋升评价总结信。然而，在访谈中，笔者发现不少系主任对学校的这一规定进行了修改。例如，社会学系、英语系、传染病学系的系主任就不参与投票，只是列席会议旁听系内教师对候选人的讨论。但当系内讨论非常激烈时，例如支持与反对票数相当，系主任会出面投票，并具有决定性作用。

除了直接对候选人投票、在学系晋升评价总结信中阐述自己的态度外，系主任对学系晋升结果的影响更多的还是通过较为隐蔽的间接方式来进行。例如，主持学系晋升评价会议时的语气，会议外的私下沟通等。

不少受访教师就证实了这种间接影响的存在。拉丁语系教授表示：

“事实上，系主任愿意启动候选人的晋升评价程序本身就透露着一个信号，即系主任个人是支持这位候选人的晋升申请的！否则的话，系主任会提前告知候选人‘你仍需继续努力’。”（F17）

社会学系教授也认同系主任在教师晋升评价时的引导作用：

“系主任可能会在学系层面对候选人的晋升产生一些影响，不过主要是在不那么确定的案例方面。系主任虽然不参加学系晋升评价委员会的投票，但是他会列席参加会议，跟我们一起讨论候选人的晋升资格。

如果候选人各方面都十分优秀，毫无疑问地可以晋升，那么，基本不需要系主任的意见我们就可以做出决定。但对于不那么优秀的候选人，系主任可能会给我们一些具体的建议：‘我认为我们应该支持或反对这个人的晋升。’我们可能会倾向于相信系主任的判断。因为系主任是帮助候选人准备晋升材料的人，他对候选人的了解绝对比我们所看到的25页材料要多，在这个时候，我们愿意相信系主任的判断！”（F9）

就连系主任都承认自己对候选人的态度会对学系其他教师产生一定的影响。

新闻与大众传播学院某系主任坦承：

“作为系主任，我确实会在学系晋升评价委员会上对其他教师的判断有所影响。例如，我会参加会议并负责控制会议流程，虽然不会在会议上直接告诉各位参会人员应该如何理解候选人的晋升材料，但我会表达我自己的看法。由于我负责对每位教师进行年度评估，因此，理论上而言我是比较了解候选人的人，大家可能会参考我的意见。”（A11）

不过，对于系主任的影响力也应理性看待，尤其当其不得人心之时，匿名投票制会保障参与评价的教师的自我判断。

地质学系的一位教授分享：

“就我个人在学院和学校晋升评价委员会的经验，我可以告诉你，系主任在教师晋升评价中根本不起任何作用。他们充其量也只是在学系层面有1次投票权！我们地质学系1994—2000年的系主任就是个灾难，他不仅为人自私，而且会想方设法地为难他不喜欢的人。我们当时就有一位资深教授被刁难得离开了佐治亚大学。不过幸亏他只有1票，而且大家都不喜欢他，所以没有对系内教师的晋升造成直接的负面影响。”（F4）

3. 影响与晋升相关的其他活动

系主任对教师晋升的影响并不仅限于以上两个方面，不少受访者还指出，晋升材料的组织方式、课程安排、推荐上级晋升评审等系主任的职责也会对晋升结果产生间接影响。

（1）晋升材料的组织

佐治亚大学规定，教师递交的晋升申请材料不能超过25页。因此，如何在有限的晋升材料中充分展现候选人的突出成果也是一门学问。佐治亚大学认可的晋升材料种类繁多，候选人应在晋升导师或系主任的帮助下趋利避害，突出自己的晋升优势。

公共与国际事务学院某院领导就表示：

“系主任在教师晋升过程中的角色非常重要。如果你碰到一位非常疯狂的系主任，不愿意真心帮助年轻教师准备晋升材料，那将会对年轻教师的晋升产生非常负面的影响。为了方便上级晋升评价委员会的工作，我自己在担任系主任时一般会对外部专家的个人情况附上一段说明，介绍其在本学科领域的学术地位。我认为这对于不了解我们学科的评审委员来说是很重要的，至少可以证明这封评价信的可信度。”（A10）

曾任微生物学系系主任的某教授以亲身经历说明了组织晋升材料的重要性。

“有位候选人从未获得大笔的联邦科研资助，但却有很多由工厂提供的小笔资助。他在影响因子很低的刊物上发表了很多文章，但几乎每篇文章都有很高的引用率，因为其主要从事的是应用研究。针对这个非常特别的案例，我们计划将材料准备的重点放在其服务领域，强调其在学校科研办公室、专业组织、国际机构等领域的任职，最后他很轻松地实现了晋升。”（A17）

除了科研成果的组织需要艺术外，教学能力也是不可忽视的部分。学生评价是证明候选人教学能力最重要的材料，但也是最让教师们头疼的晋升材料，因为学生评价的数据是不可控的。

曾任特殊教育学系系主任的某资深教授透露：

“由于学生评价的整体结果有时候并不科学，因此，我会建议在学生评价方面得分不高的教师在准备晋升材料时，不需要提交整体结果，而是摘取比较能够反映个人教学能力、得分又比较高的个别项目作为说明材料。记住，千万不要用不科学的材料拖垮自己的晋升！”（A6）

拉丁语系的一位副教授则表示：

“教师的教学能力可以依据多种方式来判断，即使是学生评价，也可以有不同的解读方式。系主任在这其中的态度是非常重要的！教师在申请晋升时有时候会提交5年内所有的学生评价，其中有好有坏。如果系主任能够将客观困难（如某门课程是你在第2年时初次教学等）纳入考量，那么，就会对候选人有很大的帮助！”（F16）

（2）课程安排

课程安排也会间接影响教师的晋升。不同教师的特点是有差异的，如果将不合适的课程安排给教学能力有限的教师，就会影响教师的学生评价结果，进而对其晋升评价产生影响。

文理学院某院领导就强调“因人排课”的重要性。

“系主任的责任应该包括：根据不同教师的优势合理安排课程。例如，给不善于表达但科研能力突出的教师安排更多研究型课程，如研究生课程、特定主题的讨论课等。因此，系主任应充分了解系内教师的优势和劣势，根据实际情况调整教师的工作量安排，最大程度地发挥系内教师的生产力。”（A8）

（3）推选学院晋升评审

学院晋升评价委员会的成员一般是由系主任提名，学院院长决定。也就是说，除教育学院、兽医学院这类不授权系主任推荐学院晋升评审的机构外，系主任拥有至少一半的学院评审影响力。尽管学校规定，与候选人来自同一学系的评审不能参与正式的学院晋升评价，但他们还是能通过出席会议、会间沟通等方式维护学系利益，间接影响本系候选人的学院晋升评价结果。当然，学院评审主要还是对其他学系候选人的影响更为直接。具体而言，每位系主任的推选标准并不完全相同，各有侧重。

有的系主任认为“晋升评审应该在自己的研究领域具备较高的专业能力”。

“我们分子生物学本身就是个交叉学科，我们既了解生物科学领域，也了解化学领域。我们学系教师所服务的学院晋升分委员会中所包含的学科差异并不算太大，只要教师专业知识足够丰富，很容易触类旁通，了解其他学系的晋升标准。由‘内行人’来进行晋升评价，才是对其他教师负责的表现。因此，我会挑选我们学系最有学术声望的教授去学院层级服务。”（A17）

有的系主任推崇“晋升评审应该做人有原则，做事有决断力”。曾任政治学系系主任的某资深教授强调：

“我在提交评审委员提名名单时还会尽量选择处事公平、要求严格的教授。我不希望我们学系的教授在学院层级服务时是一个只会投赞成票的‘烂好人’或只会投反对票的‘愤青’，他们必须有较高且合理的学术质量评价标准。此外，由于评审工作耗时较长，我还会考虑到工作量的分配问题，尽量让系内更多的教授有机会参与这项工作，不能总是

由同一个教授担任学院评审委员。”（A10）

有的系主任更看重“晋升评审应该具备良好的人际关系”。新闻与大众传播学院某系主任就表示：

“如果一个人在平常生活中表现得咄咄逼人、与世界为敌，我作为系主任是不敢把这类教师推荐到上述委员会工作的，因为我不想把别人的生活与职业生涯交到这类教师的手中。虽然也许一张否决票不足以否决候选教师的晋升申请，但绝对会对候选人造成潜在威胁，因为高一级的评价委员会往往会对在低一级获得否决票的晋升申请予以‘重点关注’。甚至有时候，这类教师对候选人不友善的评论还会影响其他评审委员的判断。另外，在挑选学院委员时我不会冒险选择与晋升候选人有‘过节’的教授。姑且不论评审委员是否能摒弃对候选人的个人成见公正地进行评审，如果候选教师‘恰巧’被否决了，那么，这名评审教授及其所在的评价委员会都会成为候选教师申诉时的重点对象。而我也确实目睹过这类事件，所以我会提前避免这类情况的发生。”（A11）

还有的系主任则更愿意尊重教师的个人意愿，鼓励他们自荐成为晋升评审。曾任艺术学系系主任的某教授就表示：

“首先我必须确认教师自己是否愿意进入学院晋升评价委员会提供服务。很多教师，尤其是服务型教师并不愿意参与此类服务活动，因为这类活动并不会为他们带来任何好处，而且他们在此类活动中的贡献并不会被认可为服务类工作量，甚至一些教师会被讥讽为‘马屁精’。其次，学院晋升评价委员会的教师必须为正教授。一般来说，我会直接呼吁系内教师自荐，而这往往很奏效。”（A16）

4. 系主任的主观愿望与管理风格

尽管多数曾有过系主任经历的受访者表示，他们倾向于“保护”候选人，帮助他们实现晋升。但事实上，通过对系主任影响晋升评价的方式分析发现，如果系主任不愿意支持候选人的晋升，他们在履职过程中仍会有很大的空间可以“操纵”晋升结果。

社会学系的一位副教授分享了其他学系的案例：

“按学校规定，如果系主任明确表明不支持候选人的晋升，那么，他就没有资格为候选人撰写学系晋升评价总结信。因此，我知道在某些学系，不是在我们社会学系，有些系主任会想方设法地暗中破坏候选人的晋升。曾经有同事告诉我，在他们学系，如果系主任不希望晋升某名教师，他会选择不否决候选人的晋升，以获得撰写学系晋升评价总结信的权利，然后出具一封非常负面的学系晋升评价总结信。同时，系主任也可以借此机会观察系内教师对候选人的评价。总之，如果系主任反对你的晋升，你的晋升之路一定不会十分顺畅。”(F8)

由此可见，获得系主任支持对于申请晋升的教师来说是非常重要的。影响系主任支持或反对候选人晋升的重要原因之一就是“该教师是否合群”。

兽医学院某系主任就明确表示：

“学会如何成为一个系内‘合格公民’是非常重要的事情。要记住一点，当你接到在系内各类委员会服务的邀请时，尽你所能地答应。虽然你有拒绝的权利，但我们在对候选教师进行晋升评价时，非常看重这一点——是否积极地履行作为系内公民的义务。”(A13)

另一个重要原因就是系主任自身的管理风格。有些系主任的性格本来就比较强势，事无巨细都希望纳入自己的管辖范围内，在他们看来这是负责任的表现。例如，曾任特殊教育学系系主任的某资深教授在接受采访时就表示：

“我在担任系主任期间，所有决定的出发点都是学系最根本的任务——为系内学生提供最好的教育。当然，我也会尽我所能地帮助刚刚开启职业生涯的助理教授，我知道他们需要时间来适应新环境。但同时我对他们也相当严厉，如果我发现他们在前两年里不能很好地为学生提供服务，我就会在其第3年或第4年里终止聘用合同。在助理教授刚开始工作的前2年里我会通过一系列途径来对其是否合格进行判断，包括是否准时出席教师会议、是否上课迟到、是否及时对学生进行反馈、是否积极发表论文等。如果他们在这些方面表现差强人意，那么，我认为其也很难最终通过晋升评价，还不如早点结束聘用关系！”(A6)

但有些系主任则比较温和，习惯将教师晋升权交给学系其他教师来决定。无论哪种管理风格，都会对学系的晋升评价产生不同程度的影响。

社会学系的一位教授就明确指出：

“关于系主任对学系讨论的影响力，我认为与系主任的性格有很大关系。我从1991年进入佐治亚大学社会学系以来，一共经历过两任系主任。第一位非常严格，他如果觉得你不合格，就会提前建议你离开。如果你要正式开始晋升申请了，他不会承诺任何支持。他也不会支持教师提前晋升。第二位系主任则特别仁慈。他在任时曾多次催促我申请教授，但我都拒绝了，因为我自己希望可以准备得更充分。这两位系主任的性格可谓是两个极端，第一位的雷厉风行使得他在学系晋升评价委员会上极具话语权，对学系晋升评价结果的影响也是十分明显的。而第二位系主任则倾向于不干涉系内教师意见，自己一般不会在学系晋升评价委员会上发表个人见解。”（F9）

当然，最能赢得系主任支持的方式还是候选人本身的实力足够优秀，达到甚至超过学系的晋升标准。任何一位系主任都希望通过优秀的教师、雄厚的学系实力来证明自己的领导才能。

二、院长在教师晋升中的作用

院长不同于系主任，系主任更偏向于学术事务，而院长则更偏向于行政事务。因此，各学院院长虽然是某个学系的教师，但却并不参与学系的晋升评价投票，他们甚至在学院层级也不具备投票资格。按照学校规定，各学院院长在教师晋升过程中的主要任务是挑选学院晋升评价委员会成员、撰写学院晋升评价总结信。

1. 间接影响学院晋升评价委员会

佐治亚大学学院晋升评价委员会的成员是由系主任推荐，院长最终决定。一般来说，每个学院只有一个学院晋升评价委员会，评审分别来自各个学系。但对于以学院为第一级晋升评价单位的机构而言，如公共卫生学院、社会工作学院、生态学院等，由于规模较小，学院晋升评价委员会的成员根本不用刻意筛选，而是全院所有符合评审资格的教师，类同其他学院的学系晋升评价委员会组建原则。此处讨论的主要是规模较大的学院的情况。

（1）挑选学院评审

受访者中有6个学院层级的管理者，故本部分的讨论将主要以他们所在的学院为例。

文理学院是佐治亚大学规模最大的学院，一共包括30个学系，且学系间差异性很大。为了让学院晋升评价时专业跨度不至于过大，学院将所有学系分为5个研究领域，分别是艺术类（fine arts）、社会科学（social sciences）、生物科学（biological sciences）、物理及数学科学（physical and mathematical sciences）、人文学科（humanities）。每个研究领域设立了一个学院晋升评价委员会负责审核该领域教师的晋升申请。每个学院晋升评价委员会的评审由相应学系推荐1位教授担任。

在访谈中，文理学院院长明确列出了他的学院评审选择标准，并重点关注评审背景的多元化。

"文理学院学科跨度太大，由于自己的专业所限，我更熟悉物理、化学、数学、甚至地质学等学系的教师晋升标准，因此，在评价其他领域教师时我需要更多地依赖副院长们的意见。就学院评审的资格来说，首先，我们希望评审能够在自己的研究领域表现出色，包括教学、科研、服务三个方面。其次，因为评审们还需要审核副教授的晋升申请，因此，我们要求学院评审必须是教授。第三，佐治亚大学是一所研究型大学，教师们都很忙，并不是所有人都愿意服务，因此，我必须确保教授自己愿意承担这项工作。大部分情况下我们会直接同意系主任推荐的教师名单，但有时候从学院的角度来看，我们希望学院晋升评价委员会更加多元化，可能会另外再联系一些少数族裔或女性教授参与学院晋升评价委员会。但很多时候，由于整个学校教师的多元化情况都不太乐观，备选人数严重不足，因此，你很难完全实现多元化的平衡。"（A5）

公共与国际事务学院共有3个学系，学院只设有1个学院晋升评价委员会。学院规定，每个系主任可向院长推荐2—3名教授，院长在选择时应保证每个学系入选人数相等，每位评审任期为1年①。该学院院长表示：

"作为院长，我一般会要求下设3个学系的系主任提交一份提名名单，并从这份名单中选择合适的教授参与学院晋升评价委员会。学院晋升评价委员会共设有6名成员，因此，每个系主任需要推荐2名教师。再由这6名委员自行投票选出一位主席。"（A7）

另一位院领导补充道：

"学院晋升评价委员会成员的最终决定权还是在院长手里。一个教授如果长期不能进入学院晋升评价委员会服务，一般有两种可能：一是

① The University of Georgia. Procedures for Promotion and Tenure（School Level）in School of Public and International Affairs［EB/OL］.［2014-01-02］. http://provost. uga. edu/documents/ptucriteria/spia_clge-lvl. pdf.

系主任或院长不喜欢这个教授；二是有些人不喜欢他的处事风格。我个人认为，学院晋升评价委员会的工作并不是人人都有机会和资格参与的，即使有人从未进入其中也是很合理的事情。”（A10）

教育学院共有9个学系，设有一个学院晋升评价委员会。与其他学院不同的是，教育学院的学院评审主要是由系主任提名、教师自荐，院长和教师评议会（faculty senate）主席共同决定。学院评审任期为1—2年，除了教授外，副教授也可以担任。

教育学院某副院长介绍：

“在教育学院，学院晋升评价委员会的组建离不开教师评议会。每年春天，教师评议会会公开征集学院各个委员会的成员，如课程委员会、奖项评选委员会等。教师评议会也会要求每个学系提交晋升评价委员会的提名名单，可以由教师毛遂自荐，也可以由其他同事进行推荐。然后，教师评议会主席会集结所有的提名名单，与教育学院院长商量。通常情况下，他们也会邀请我参与协商会议。我们在挑选最终成员时会考量性别、种族等方面的平衡。因为早期的晋升评价委员会的大部分成员都是白人老教授，为了保证公平，我们会尽量使评价委员会的配置更均衡。当然，教师也拥有选择权，因此，院长和评议会主席在确定名单时要根据回复情况从提名名单中增补名额。我的工作就是提醒他们哪些教师回复确认愿意担任评审委员，以及提醒他们必须确保性别和种族的平衡。晋升评价委员会的主席是每年秋天由评审委员们自行投票选出。教育学院的晋升评价委员会共9名成员，每个学系1名，其中2位是副教授，7位是教授。副教授的任期只能是1年，教授的任期为2年。但这只是教育学院的情况，佐治亚大学半数以上的学院的晋升评价委员会是每年一轮换的。学校晋升评价委员会的任期是3年。”（A6）

综上，多数情况下院长还是会尊重系主任提交的推荐名单，希望学院评审自身能够在专业领域取得突出成就。此外，院长们还希望尽可能地表现出“公平”，即在挑选学院评审时兼顾群体的多样性，主要是从性别、种族方面来体现。

（2）间接干预评价过程

虽然佐治亚大学规定，院长不能干涉学院晋升评价委员会的运作，但从访谈结果来看，院长们的主观意愿还是有可能影响到学院晋升评价委员会的投票结果。

土壤与作物学系的某教授透露：

“我曾听说多年前有个候选人通过学系晋升后在学院层面被否决了，政治因素在其中产生了非常大的影响。具体原因是他的系主任与院长的关系非常好，但系主任因个人原因并不支持这名候选人晋升为教授！后来这个申请进入了申诉委员会，申诉委员会发现了其中的不公平，以4∶3的票数驳回了学院晋升评价委员会的评价结果，将这名候选人的晋升申请送入了学校晋升评价委员会。最后，这名教师还是成功获得了晋升！”（F29）

据了解，虽然院长本人不会出席学院晋升评价委员会，但却会委托负责教师事务的副院长列席会议。副院长的职责一方面是为晋升评价委员会提供晋升程序方面的咨询，另一方面是作为院长的“耳目”，会后向其汇报会议的具体情况。

公共与国际事务学院院长证实：

“我自己不会参与学院晋升评价委员会的会议，但我会指派副院长列席讨论会。他不会参与对候选人的具体评价讨论，但会随时解答评审委员关于程序上的疑问。此外，副院长也是作为我的耳目负责监督整个评审过程的公平性。”（A7）

受访者中正好有3位曾经担任院长“耳目”的副院长。对于自己在学院晋升评价委员会的职责，他们做出了自己的回应，即遵循学校规定的同时，很难摒除主观判断的影响。

文理学院某副院长表示：

“按学校规定，学院院长或其委托人负责起草学院晋升评价总结信。作为文理学院的副院长，我主要负责物理与数学科学分委员会，学院中有6个学系归属于这个分委员会管辖。我也会列席会议，但并不具备投票资格，主要负责对一些程序性问题进行解释，不参与对候选教师晋升资格的讨论。但在会后，我会代替院长负责这一领域候选人的学院晋升评价总结信。一般情况下我都会同意委员会的讨论结果，但有时也会有自己不同的意见，并说明判断理由。”（A8）

教育学院某副院长表示：

“我会作为院长委托人列席参加学院晋升评价委员会。我的职责不是参与评价，而是制止程序性错误的发生，并回答晋升评价委员会关于评价程序的疑问。每个学系都有自己的评价标准，因此，当评审委员就某个问题讨论不休的时候，我会提醒他们回头去查看一下候选人所在学系的晋升评价标准，而不是以自己所在学系的标准来作为判断依据。好在这种情况并不是经常发生！”（A6）

公共与国际事务学院某副院长透露：

“我会作为院长的委托人出席学院晋升评价委员会，负责解答评审委员对晋升程序的任何疑问，确保晋升政策的落实。教师对晋升决定进行申诉的主要依据就是程序性错误，我的职责就是适时提醒评审委员哪些行为是符合学校规定的，哪些行为是违规的。但我个人并不参与候选教师的晋升资格讨论，也没有投票权。”（A10）

可见，列席学院晋升评价委员会的副院长并非完全不参与会议讨论，他们可以通过“适时”干预传递一些信号。例如，教育学院副院长会出言“提醒”晋升评审以学系标准为评判依据，虽然意在制止程序性错误的产生，但此举也可能会改变学院晋升评价委员会原本的判断结果。院长与副院长长期合作，且属于显著的行政等级关系，在这种情况下，院长完全可以借由副院长实现自己的意愿，影响学院晋升评价委员会的结果。

2. 直接出具学院晋升评价总结信

2004年出台的晋升评价政策重新赋予了院长们撰写学院晋升评价总结信的权力。与学系晋升评价总结信的内容相似，学院总结信的内容也包括学院晋升评价委员会的投票结果，以及院长个人对候选教师的晋升判断。这是院长们直接表达对候选人晋升资格判断的正式途径。不过，多数受访院长表示，他们对候选人的评价结论基本与学院晋升评价委员会的投票结果一致，持相反意见的情况比较少见。当院长判断与学院晋升评价委员会相左时，院长出具的学院晋升评价总结信能够在多大程度上获得学校晋升评价委员会的认可则很难达成共识。

公共与国际事务学院某院领导分享了他的个人经历，用以说明院长意见并非毫无意义。

“绝大多数情况下，我对候选人的判断与学院晋升评价委员会保持一致，但我的确曾经写过几封与学院晋升评价委员会不同意见的评价总结信。几年前，学院晋升评价委员会主席会在结束评价后提交给我一份关于候选人的简短总结，包括委员会的投票结果及其原因。我记得有一位候选人在申请晋升教授时被否决，当时的理由是‘虽然这位教师在副教授期间发表了很多论文，但却没有出版一本书’。基于此，我又回头去查看了这位候选人的学系晋升评价标准，发现文本中没有一处有明确指出‘教师应出版书籍’。我猜想，学院晋升评价委员会中可能有教师的观点是‘没有出版书籍的教师没有资格晋升教授’。我认为，学院晋升评价委员会未遵守候选人的学系晋升评价标准，因此，我在院长评价总结信中明确指出了问题所在，并支持这名候选人晋升教授。我认为这是院长的职责——确保各系晋升评价标准在学院层面受到尊重。最后，他在学校层级成功了！”（A7）

不过，更多学院领导对院长评价总结信的效度持客观态度。

文理学院某院领导表示：

“我的做法是要求所有的副院长仔细阅读其所负责的分领域内所有候选人的晋升材料。我自己也看了所有的晋升材料。我会特别留意那些学系投票有分歧的晋升申请。我记得2012年有一个申请的情况是这样的，这位教师的学系投票分歧较大，但仍然通过了，系主任也支持他的晋升，学院投票虽然有分歧，但结果仍然是正面的。但我仔细阅读了他的申请材料后，做出了自己的判断——我不同意学系的投票结果。还有一个教师的申请在学系的投票情况更加接近，几乎是五五分，但结果仍然是‘通过’。系主任在学系晋升评价总结信中表达了反对意见，我在阅读材料后，给出了正面评价。当然，我的意见是很重要的，但并不是唯一上交到学校层面的材料，我没有再关注后续的发展，所以我不知道我的意见能起到多大的作用。”（A5）

公共卫生学院某院领导分享了一则他的评价意见被学校忽视的案例。

“我曾在某一年对候选人投过一次反对票，是在我所负责的学院晋升评价总结信中。当时，那位候选人在学院晋升评价委员会的投票结果是通过，但票数十分接近，好像是9票赞成，7票反对，我记得不是太清楚了。此外，他的外部同行评价信中还有两封是负面评价。负面评价信与分歧性投票（split vote）使我认为他的专业表现可能还有争议。我个人认为，他的服务年限不够，申请的是提前晋升，但却并未完成一位教师晋升所需完成的全部任务。不过，尽管我写了一封与学院投票结果不同的负面总结信，这位候选人仍然在学校晋升评价委员会中获得了晋升。”（A9）

由此可见，院长的评价总结信虽然多数情况是与学院晋升评价委员会保持一致，但还是有自己的独立性，从院长的角度来看并不算是“橡皮图章”。但同时，学院晋升评价总结信也不会成为学校晋升评价委员会的首选依据，其或许只在学院晋升评价委员会投票结果分歧较大时能够被重视。

教育学院某副院长的观点可能具有一定的代表性：

“一般来说，院长个人意见在一种情况下会起到较大的作用——候选人未能获得学系的一致通过，可能是6票赞成5票反对的‘分歧性投票’，但依照‘少数服从多数’的原则最终结果仍然是‘通过’。当申请到达学院晋升评价委员会时，又再次出现了分歧性投票通过的结果，这时，院长的评价就会变得非常重要。当然，最后还是由学校晋升评价委员会决定。”（A6）

三、学术事务高级副校长在教师晋升中的作用

依照佐治亚大学的行政管理架构，学术事务高级副校长是仅次于校长的“二把手”，是校内学术事务的主要负责人。与系主任、院长不同的是，《手册》对学术事务高级副校长职责的规定应包括挑选学校晋升评价委员会评审、担任晋升申诉委员会主席，但不需要出具晋升评价总结信。

1. 挑选学校晋升评价委员会评审

就学校晋升评价委员会的挑选而言，负责全校教师晋升的教师事务办公室主任介绍：

“佐治亚大学共有9个专业分委员会。每年我们都会请各个学院院长提交一份学校晋升评价委员会成员的提名名单，由学术事务高级副校长亲自挑选。”（A4）

多数情况下，学术事务高级副校长会同意学院的推荐名单。一位曾有过学术事务高级副校长经历的资深教授回应：

“教师事务办公室主任将各院院长推荐的学校晋升评价委员会提名名单拿过来给我审核，我们直接批准了所有的推荐名单，甚至没有看一眼评审委员的名字，无条件全部接受。”（A1）

当然，对于学校评审的资格，学术事务高级副校长并非完全是“橡

皮图章”，在某些情形下也会对学院推荐的评审名单做出调整，原因可能是学科多样性、种族多样性等有利于实现形式公平的因素。

“我想不起来具体的理由，但我们的确会出于某种原因否决院长的提名名单，但这种情况并不多见。很可能是来自同一个领域的教师比例过高，因为我们希望评审委员具有更广泛的代表性。一个分委员会可能会受理6个以上学系的晋升申请，因此，我们不希望所有与会人士都来自同一个学科，这样对其他人不公平。我在佐治亚大学已经工作了20多年，但我也从未在学校晋升评价委员会服务过。因此，得不到这种服务机会是一件非常平常的事情。要知道，这里不仅评审委员总人数较少，而且每位评审委员也不是每年更换一次，他们的服务时间为3年，因此，概率更小。”（A1）

在学校晋升评价委员会的运行过程中，学术事务高级副校长的参与程度远没有院长、系主任那么深入。与学院晋升评价委员会有副院长列席会议不同的是，学校晋升评价委员会完全是教师的独立工作，没有管理人员参与。

教师事务办公室主任表示：

“学校晋升评价委员会是没有监督人列席参加的，完全属于教师自己的独立判断。关于程序性问题的解答一般都在会议开始前集中讨论，一旦会议开始，我是不可能同时监督9个分委员会的。我知道许多学院晋升评价委员会会指派行政人员列席会议，目的是为了及时解决出现的问题，因为他们的时间非常紧迫。对此，我完全可以理解。”（A4）

2. 担任大学晋升申诉委员会主席

学术事务高级副校长虽然是默认的大学晋升申诉委员会主席，但却没有投票权，而且申诉委员会的成员是由大学委员会投票选出的，与学术事务高级副校长没有直接联系。

教师事务办公室主任进一步解释：

“很多人认为学术事务高级副校长可能会干预学校的晋升评价，但事实是，学术事务高级副校长并未参与这一过程，整个学校层面的晋升评价都是由我依照《手册》来组织的。学术事务高级副校长需要做的是处理学校晋升评价委员会的评审意见。如果学校否决了候选人的晋升申请，则学术事务高级副校长应按照相关规定开启申诉程序，申诉委员会的工作也是独立的，没有学术事务高级副校长的干预。”（A4）

3. 管理理念的间接影响

虽然受访者对“学术事务高级副校长在晋升评价中的作用”的反馈多数是“不知道”“不了解”，且受访的学校管理者也都选择回避这一问题，但这并不意味着学术事务高级副校长就完全没有影响。我们仍能从零星的几个回答中窥探一二。

一位教授在回顾自己的晋升之路时，谈及了自己被否决的经历，与当时的学术事务高级副校长不无关系。也就是说，尽管学术事务高级副校长并未直接出面干预教师的晋升评价，但他们的管理理念的确会对各级评审产生一定的影响。

“我1982年申请晋升副教授时非常不顺利。首先我在学院晋升评价委员会被否决，那时，佐治亚大学共有两级申诉，而我第一级申诉也是失败，第二次申诉才成功。我当年被否决并不是因为未达到晋升标准，而是受一定的政治影响——在那年晋升程序启动前，学校的学术事务高级副校长就曾公开批评佐治亚大学教师晋升的成功率太高了，应该将晋升通过率从80%降至20%。而这番言论似乎产生了效果，那年我们学院共有12名教师申请职称晋升，只有2名教师通过了学院的晋升评价。”(A17)

此外，研究发现校级管理者对教师晋升的态度的确与普通教师有所区别。随着高等教育全球化的推进，佐治亚大学也感受到了尽快提升实力的紧迫感，尤其对于学校的管理者而言，这种感受更加深刻。他们意识到一味地“保护”教师晋升并非是学校发展的长久之计。可以预见，佐治亚大学教师晋升评价的未来发展趋势，即淘汰率会越来越高。

一位曾有过学术事务高级副校长经历的资深教授明确表示：

“我们的目标是帮助教师获得成功，因为学校在招聘过程中投入大量资金，我们希望这个投资能有回报。如果教师发表了论文、获得了科研经费或在教学上表现优秀，无论对学生还是对学系、学校而言都会受益良多。因此，我们希望教师能够在职业发展上获得成功。但另一方面，我们也必须有足够的魄力。当一个教师的表现不能达到学系的晋升标准时，我们要勇于说‘不’，及早解雇不合格的教师。也就是说，我们必须确保公平地对待每一位教师，并带领学校走向卓越!”(A1)

综上，除了各级晋升评价委员会外，教师在晋升过程中还会受到系主任、院长、学术事务高级副校长等关键人物直接或间接的影响。这种影响一方面表现在各级晋升评审的挑选上，另一方面则表现在关键人物对候选人晋升的态度上。

艺术学系某任系主任就明确表示：

“在具体的晋升评价中，学院与学校晋升评价委员会每年的表现都不尽相同。这在很大程度上取决于院长与学术事务高级副校长在选人上的表现，不同的人担任评价委员都会产生不一样的执行效果。”（A16）

具体来说，越上层的管理者对待候选人态度似乎就越理性。例如，系主任在教师晋升过程中更关注候选人的专业成就及其与同事的关系，倾向于为候选人顺利晋升保驾护航；院长属于承上启下的“衔接者”，他们在关注候选人专业能力的同时，更主张为候选人提供一个公平的晋升评价环境；学术事务高级副校长的考量则更为宏观，他们会从学校战略发展的角度，倡导晋升评价的实效性，期望这套评价制度能够发挥优胜劣汰的筛选功能，推动教师乃至学校的发展。这可能与管理者的自身性格、与候选人的亲疏程度等因素有关，但更重要的原因应该是与其在组织中的地位有关。大学是典型的科层结构，系主任、院长、学术事务高级副校长在科层结构中的位置决定了其与教师们的管理距离和心理距离，在其位谋其政。

第三节　组织间的权力博弈

教师既是个体，同时也是组织成员。因此，教师晋升评价不仅是对教师个人能力的评价，很多时候还涉及组织间的权力博弈。组织的存在形式有多种，既包括学系、学院、研究所等学术管理单位，又包括学系晋升评价委员会、学院晋升评价委员会、学校晋升评价委员会等晋升评价单位。

一、不同层级晋升评价委员会的晋升权之争

佐治亚大学对各级晋升评价委员会的权力是这么设计的：学系层面采用“少数服从多数”原则；学院和学校晋升评价委员会若想推翻低一级的晋升结果必须获得2/3的票数。此外，学校还强调，学系晋升评价

主要是对候选人进行资格评审，而学院和学校晋升评价的主要任务则是对下级晋升评价进行程序核查。学校从制度上为上级晋升评价委员会推翻学系晋升结果设置了障碍，目的就在于保障学系晋升结果的地位。

学术事务高级副校长明确表示：

“对候选教师学术能力的判断主要由学系进行，他们同属于一个大的研究领域，彼此熟悉。而学院和学校评价委员会之所以要求同系教师回避是因为这两个层级的评价委员会的职责发生了变化，他们不负责对候选人的学术能力或晋升资格进行价值判断，而是监管学校的晋升规定是否得到执行，操作过程是否公平，主要是程序审核。同一位教师不能对同一个候选人进行两次投票，也不能影响其他教师的判断。”（A1）

由此可见，佐治亚大学教师晋升评价正式规则的设计理念是“以学系评价结果为主”，与美国大学学术权力“底部沉重”的运行逻辑相符。然而，这一理念却恰好与科层结构自上而下的行政权力运行逻辑相反。因此，各级晋升评价委员会会为了自己的话语权而进行权力博弈。

1. 学校晋升评价权

学校晋升评价委员会实施的是最后一级的集体评价。一般来说，该委员会的决定就是教师晋升的最终结果，学术事务高级副校长、校长等学校管理者并不会真正干预学校晋升评价委员会的判断。

一位受访的学校管理者证实：

“学校晋升评价委员会的结果是教师们自己的决定，也是教授治校的重要表现。我们都是直接批准他们提交的晋升名单。他们否决的教师晋升名单，会结合候选人自己的意愿被送入晋升申诉委员会，我不会干预。”（A1）

学校晋升评价委员会争夺的权力主要集中在两个方面：一是学校晋升评价委员会的职责究竟是程序核查还是资格判断？二是面临学系及学院两份晋升结果时是否存在偏向？

（1）关于自身职责的争论

《手册》明确指出，“学校晋升评价委员会的职责是检查此前晋升评价是否以学系晋升评价标准为依据，是否存在程序性错误”[①]。

对此，学校学术事务高级副校长进一步做出了解释：

---

① The University of Georgia. Guidelines for Appointment, Promotion and Tenure [Z]. Athens: The University of Georgia Press, 2013:34.

“具体来说，当A教师在学系层面获得5票反对，2票赞成的结果时，学院和学校晋升评价委员会的职责就是确认‘晋升程序是否符合学校规定’‘A教师是否在这期间受到不公正待遇’，而不是‘A教师获得的经费是否足够’或‘A教师的论文是否发表在正确的期刊上’这类问题。因此，我们的目标是避免候选教师在晋升评价过程中遭受任何偏见。”（A1）

当然，在实际评价过程中，也有学校评审会坚守学校规定，不对候选人进行价值判断。但这类评审并不占多数，属于非主流代表。例如，拉丁语系一位当时正在学校晋升评价委员会服务的教授就表示：

“我认为学院晋升评价委员会的任务不是审查候选人特定的专业表现，而是其所经历的评价过程是否公平，所有的晋升标准是否明确等。专业表现的评价则是由学系和外部同行评价信来完成！”（F17）

教师是具有主观意识的个体，他们会有意或无意地在评价过程中关注候选人的晋升资格。因此，绝大多数有学校晋升评价委员会经历的受访者都确认，“学校晋升评价委员会是独立的评价组织，不仅要负责程序核查类工作，还要对候选人进行资格评定”。学校评审的确会对候选人的专业水平进行评价。例如，一位宗教学系的副教授表示自己曾被学校否决了晋升申请，理由是“学术论文所发表的刊物在专业领域内学术声誉不高”。

公共与国际事务学院的一位有过学校评审经历的教授也强调：

“我认为学校应充分尊重学系的晋升结果，毕竟学系才是最了解候选人的地方，但如果学校晋升评价委员会只会100%地支持学系的决定，那么，学院或学校晋升评价委员会就没有存在的必要了！”（A10）

社会学系的一位教授也表示：

“我目前正在学校晋升评价委员会服务，我们认为‘学校晋升评价是一项独立的评价’。我们会依据学系晋升评价标准对候选人重新进行一次独立评价。”（F9）

（2）对下级评价结果的偏好

尽管多数学校评审都强调自己会在学校晋升评价中重新对候选人的能力进行价值判断，但这并不意味着他们会无视学院及学系的晋升评价结果，尤其当下级评审存在分歧时。

终身教育、政策与管理学系的一位教授表示：

“我在学校晋升评价委员会服务的时候，我们的大部分责任是对学院和学系递交上来的晋升材料的程序进行审核。但如果发现两级评价的投票意见不一致时，我们会对候选人的晋升资格进行再判断。”（A3）

①支持学院晋升结果

访谈发现，更多学校评审在评价中倾向于支持学院晋升评价结果。尽管学校政策一再强调以学系的需求为主，但不少评审都指出学系评价中存在诸多问题，学院评价结果可信度更高。

终身教育、政策与管理学系教授表示：

“我不能简单地告诉你，学校晋升评价委员会更倾向于相信哪一级的评价结果，因为我曾目睹过学系也会做出不值得信赖的晋升判断。他们有时会出于某种原因，帮助不太合格的候选教师通过学系晋升评价，他们有时也会因为不喜欢某位教师而否决其晋升申请。这些情况虽然都不应该发生，但是的确存在！”（A3）

社会学系教授则更为明确地表示自己更倾向学院晋升评价结果。

“我认为学系太过了解一个候选人，这才是问题所在！一方面，学系评委与候选人是朝夕相处的同事，情感因素会在评价中占据一定的位置。另一方面，学系可能会考虑到留下这个教师可以方便课程的教学安排，以及保住学系的这个岗位不被学校撤销等政治性因素。尽管学系同事可能是最了解候选人的群体，理论上是最佳的评价人，但我个人还是认为，学系评价的主观因素太强，没有学院评价那么值得信赖！”（F9）

物理与天文学系教授也承认：

“大部分情况下，学校晋升评价委员会都会遵从学院的评价结果，即使有反对也是极少数的情况。”（F10）

②保持中立

当然，也有学校评审看到了学系评价的价值，选择保持中立态度。公共事务与国际关系学院的一位教授就表示：

“学院评价虽然因与候选人之间较少存在友情牵绊而较为客观，但同时其也独立在候选人的专业领域之外，无法确切地了解候选人的全部成就。因为有时候，候选教师对一个学系所做的贡献，并不能完全通过学术作品、学生评价等有形物件来衡量，如其对学系学术文化、精神生活等领域的影响。就我个人而言，我一般不会推翻学系做出的否决判断，因为他们有权决定是否要长期与候选人共事。同时，我会更仔细地核查学系的赞成判断，因为我不希望学系可以不顾晋升标准随意决定留住一位不合格的教师。尤其是对于副教授的申请，因为其往往与终身教职相伴存在，而终身教职的判断会对学校的长远发展影响重大，因此，不能仅依据学系的喜好，还应考虑到整个学校的发展。”（A10）

对此，学术事务高级副校长也表示认同：

“在我看来，学系晋升评价最重要，也最具挑战性。因为学系层面负责的评价工作最多，包括外部同行评价信的获取、学系晋升评价投票、系主任总结信等。当然，工作量大意味着犯错的机会也越多。”（A1）

③例外情形

访谈还发现佐治亚大学存在一类非常少见的情形，即学校晋升评价委员会否决了在学系、学院均顺利通过的晋升申请。

以社会学系一位教授在学校晋升评价委员会的亲身经历为例。

“有一年，我们在进行评价时发现有几位候选人的晋升材料信息不全，他们并未说明自己在合作研究中的贡献程度，却都顺利通过了学系和学院的晋升评价。我们除了向学院反馈意见外，还否决了他们的晋升申请。原因当然不只是合作研究信息不全，主要是从整体上来说这些候选人都不够优秀！后来，其中有几个候选人向学校提出了申诉。我们当时的晋升主席后来告诉我，他在接受学校申诉委员会的面谈调查时非常难受，因为调查小组的语气非常不友善，例如‘你怎么敢?！你们怎么敢在学校层面否决学系和学院都支持的晋升?！’他告诉调查小组，学校晋升评价委员会是一个独立的组织，之所以否决候选人的晋升申请是基于某某理由。总之，晋升主席当时感到非常不愉快。”（F9）

总的来说，关于学校晋升评价委员会的评价权，尽管受访的学校管理者的观点与《手册》基本一致，但学校晋升评价委员会的立场却与正式规则多有不同。也就是说，学校层面的行政力量与学术力量存在分歧，管理者希望由学系承担更多的责任，而大多数学校晋升评审则强调自己的主观判断，且更信任学院层级的晋升结果。造成这种现象的原因，一方面是评审们的个人主观能动性，另一方面是学校晋升评价委员会对自身权力的守护。他们并不甘心完全交出晋升评价的决定权，变成“橡皮图章”，希望凸显委员会的价值，牢牢掌握教师晋升评价的最后决定权。

2. 学院晋升评价权

学院晋升评价委员会的位置非常尴尬。一方面，虽然它与学校晋升评价委员会的职责一致，却不如学校晋升评价委员会的地位高。另一方面，其又不如学系晋升评价委员会那般了解候选人的真实情况，在正式规则中的地位也不高。正因为如此，身为“夹心饼干”中层的学院晋升评价委员会才会在实际工作中更强调自己的存在感。

(1) 学院晋升评价委员会的地位

2004年之前，佐治亚大学的教师晋升评价采用的是“随时死亡式”，即教师被哪一级评价委员会否决，其晋升申请就在哪一层级终止，没有机会再进入下一级晋升评价委员会。因此，彼时，学院晋升评价委员会拥有很大的教师晋升权。

数学与科学教育学系教授回忆：

“从传统上来看，学院晋升评价是最艰难的一关。20多年前，很多候选人在学系被全票通过后却在学院层面被否决。大家都说，只要顺利通过学院评价，学校评价基本不用担心！我不知道这个传言是否属实，但教育学院评价严格一事的确是早有口碑！”(A15)

2004年以来，递进性原则的出台削弱了学院晋升评价委员会的权力。既不如学系般负责候选人的专业评价，又不如学校般拥有最后决定权，存在感越来越模糊。晋升权力被削减是学院层级不愿意面对但又确实存在的现实。多位受访学院管理者都极力强调学系评价的缺点，推崇学院的晋升评价。

教育学院某副院长就由衷地感叹：

“多年来我们对待助理教授的态度都是以鼓励为主，缺少有建设性的改进意见。甚至有的时候，当一个并不合格的助理教授在第6年提出晋升申请时，这些朝夕相处的同事们也不忍心否决他的晋升申请。他们想把这种艰难的决定交给学院或学校晋升评价委员会来执行。我认为这可能也是为什么副教授人数过多的原因之一吧——这些教师本来就不够优秀，仅因被怜悯而晋升。但是，2004年设立的递进性原则很大程度上剥夺了学院评价委员会的否决权。”(A6)

公共与国际事务学院某领导则在强调学院评价地位的同时，也进一步指出了学院评价的职能，即斡旋不同学系的晋升标准，保证候选人接受公平的晋升评价。

“虽然从理论上来说，学系的晋升评价结果应该最具说服力，因为学系同事才是最了解候选人的群体。但这并不意味着其他层级的晋升评价委员会就必须同意学系晋升评价委员会做出的判断。不然，其他层级的评价委员会就没有存在的必要了。我认为学院晋升评价委员会的责任之一就是保障不同学系的同一性——如果某一学系对系内教师的晋升要求比其他学系高出很多，那么，学院晋升评价委员会就应该适当帮助学院内不同学系寻找一个平衡。”（A7）

（2）对学系晋升结果的态度

尽管在《手册》中学院晋升评价委员会的职责与学校晋升评价委员会是一样的，即侧重于程序核查，但事实上，学院晋升评价委员会对晋升权的把控欲望还是非常强烈的。他们主要通过两种途径来实施其晋升影响力：一是对学系评价的诸多挑剔；二是直接对候选人的专业能力进行评价。

就学系晋升评价的缺点而言，不少在学院晋升评价委员会服务的教师也与学院管理者结成联盟，通过揭示学系评价的不足来强调学院评价存在的必要性。

新闻学系一位资深教授就表示“学系评价太被重视会影响整个学校的教师质量”。

“今天的学系层面，你会有情感、培养成本等很多原因来支持候选人的晋升申请。我现在正在学院晋升评价委员会中服务，我们的角色不仅于此。当然，我们会非常热衷于寻找此前晋升评价中的程序性错误，但我们同时也被鼓励进行独立的价值判断！但目前佐治亚大学晋升评价制度的变革方向的确是更偏重于‘程序审查’了！基于我在佐治亚大学工作17年的经验，我的个人观点是，当学校把晋升决策权更多地交给学系时，当学校调整制度设计加大学系以外的群体推翻学系决定的难度时，实质上整个学校的质量都会受到伤害。坦率地说，今天的佐治亚大学实力要弱于我当年刚入校那会儿！”（F27）

就专业能力的价值判断而言，每年，学院评审都要审查来自不同学系的晋升申请。有些学院的下属学系间学科差异不是太大，如新闻与大众传播学院等规模较小的单位，但有些学院的学系差异还是很大的。在学科差异较大的学院，相对于学系同事，这部分学院评审都算是候选人的“圈外人”。他们在评价候选人的晋升申请时尽管自己也感觉到了

“隔行如隔山”的痛苦，但始终不愿意放弃晋升评价权，仍要越俎代庖地对候选人的学术成果进行价值判断。

地质学系教授以自己的经历生动地说明了学院评审的心理：

“我个人并不知道如何来评价不同学系教师的学术成就。当我在文理学院的晋升评价委员会服务时，我对于每个学系晋升标准的差异度表示非常震惊！我所在的分委员会需要审核来自地质学系、物理与天文系、化学系、数学系、计算机科学系、统计学系6个学系的晋升申请。而在计算机科学系，他们所认同的最重要的知识生产方式居然是参加学术研讨会！在我们学系，教师如果能在学术会议上发表学术报告是一件值得推崇的事，但还未能够成为最重要的方式！所以，当我在对计算机科学系的晋升申请进行判断时，我必须时刻牢记‘参加学术会议是最重要的’！我只能说不同学系的标准真是太不同了！我记得在评价一个物理与天文学系的晋升申请时，大家也遇到了同样的专业性困惑。这个候选人准确的来说是天文专家，而在评价天文学家时的主要标准是其使用天文望远镜的时间！这有点类似于我们获取科研经费。这个研究方向认为‘天文望远镜是最珍贵的资源’，因此，他们高度评价能够获得很长使用时间的教师！我们在学院晋升评价委员会的工作分为两个步骤。第一个步骤是像制度文本里的要求一样核查学系的晋升程序。如果我们发现了不利于候选人的程序错误，我们就会纠正评价结果；但如果我们发现的程序错误是有利于候选人的晋升，一般会选择什么也不做。第二个步骤就是质量监控。坦率地说，我认为大多数学院晋升评价委员会成员的自我定位更多的是‘质量把关人’！”(F4)

尽管如此，学院还是无力提升学院晋升评价委员会在晋升评价体系中的现有影响力。在学院层面，管理者与晋升评价委员会评审们的诉求是基本一致的，即如“没落贵族”般极力强调自己以前的荣光，希望恢复往昔光华。然而，在现有制度下，晋升评价权就像手中的沙，无论学院层面如何拼命紧握，也止不住其流散的趋势。

3. 学系晋升评价权

学系是学术研究的最前线，是最了解候选教师的组织。尽管在现行正式规则中，学系是教师晋升评价领域中最有话语权的组织，但同时，学系也处于科层结构的底端，在行政上受制于学院及学校。因此，学系晋升评价委员会自然也需要采取多种手段来捍卫自己的话语权。需要指出的是，相较于其他层级，学系教师参与晋升评价的比例最高，学系规模与学系晋升评价委员会的规模成正比。在教师治系的背景下，某种程度上可以说，学系晋升评价委员会争取晋升话语权的相关措施就是直接通过学系来推进的，两者很难剥离。

（1）学系规模所代表的话语权

在佐治亚大学，学系是所有教师申请晋升需要经历的第一级评价。每个学系除了研究领域的不同外，其规模也是不一样的。例如，在高等教育研究所、宗教学系等规模较小的学系，教师总人数只有10人左右。而在英语系等规模较大的学系，教师总人数可能高达三四十人。因此，即使同为第一级评价，但在上级晋升评审的眼中，不同规模的学系晋升评价委员会所做出的晋升决定效度也是不一样的。

尽管有受访者认为学系规模越小越能显现出教师的不可替代性，但持这种观点的受访人并不多。例如，科研副校长就表示：

“我不认为规模小的学系没有发言权。相反的，我认为有时候一位科研表现不突出的教师很有可能因为学系规模较小而获得晋升。因为越是在规模小的学系，越有可能出现教师具有不可替代性的现象。一旦解雇某名教师，就有可能没人可以开设相关课程。因此，有时候学系晋升科研表现不那么合格的教师只是为了确保课程结构的完整性。这种事情真的有可能会发生！”（A2）

更多受访者赞同“学系规模越大所能代表的话语权越大”这一观点。曾任学院晋升评审的地质学系教授肯定了这一判断：

“当我在学院晋升评价委员会时，候选人所在的学系规模也会成为我的考量因素。虽然同为5张反对票，但40∶5的票数与10∶5的票数所说明的问题绝对是不同的！所以，是的，学系规模会在一定程度上影响我的判断。”（F4）

生物化学与分子生物学系某教授表示，学系规模的影响力在评价标准较为模糊的人文学科显得更大。

“我的确有听说学院晋升评价委员会会将候选人所在学系的规模视为影响因素之一，如果学系规模太小，他们的判断结果在学院晋升评价委员会眼中的参考性就会大打折扣。但我认为，这一现象在人文学科领域出现的概率比我们自然科学领域要高。因为我们的评价标准更加明确。”（F19）

英语学系教授也认为规模较大的学系评价更公平、更有说服力。

“一般在规模较小的学系里，候选人如果获得一致性通过，仍有可能被上级晋升评价委员会否决。如果候选人来自规模较大的学系，如英语系共有40多个教师，那么，学院或学校层级是不太可能会否决学系晋升评价结果的，尤其是压倒性票数所反映的结果。在我看来，规模越小的学系政治因素所起的作用可能会越大，而在规模较大的院系，派系等政治因素很难覆盖到所有成员，相对来说较为公平。因此，上级评价委员会可能会更相信规模较大学系的晋升判断！”（F20）

鉴于此，不少规模较大的学系晋升评价委员会利用自己的规模优势来保举候选人。

英语学系的教授就证实：

“在我们学系，如果候选人能够获得全系教师的一致支持，那么，他基本就不用担心接下来的晋升了。因为学院和学校绝大多数情况下都不会选择‘忤逆’这么多人的意愿。”（F20）

（2）模糊处理学系晋升评价标准

目前佐治亚大学共有74份PTU晋升评价标准，仅有23个PTU明确规定了教师晋升的论文发表数量要求，达总数的31.1%，更多学系选择模糊带过。学系做出这一决定一方面是由于系内教师意见不一致，很难达成共识。

传染病学系的一位教授坦言：

“晋升标准的制定是一件非常艰难的任务。我们曾经整整用1周的时间来讨论如何衡量教师聘用合同中10%的教学工作量，但依然没有达成共识。因为每个人教授的课程都不一样，例如，研究生课程和本科生课程是有区别的，因此，很难去细化具体的晋升标准。”（A13）

语言教育学系教授表示，晋升评价标准清晰与否可能存在代际差异。

“我知道有不少教师希望知道具体的晋升标准，但所有我工作过的学系都没有非常详细的资料，没有人想要描述具体的标准到底是什么。我认为语言教育学系即将退休的这帮老教师可能主张标准尽量模糊，因为可以掌握更多的主动权。但年轻教师可能更希望看到一套非常清晰、明确的晋升标准。”（F24）

另一方面，学系也想借此与学院、学校争夺晋升权。佐治亚大学规定，每一级的晋升评价都应以学系制定的晋升标准为参考依据，学系可以通过这一正式途径来维护自己的人事权。因为当学系标准不是非常明确时，晋升标准的解释权是由学系掌握，即使候选人不幸进入大学晋升申诉委员会，学系也有足够的立场和权力来维护自己想要保护的候选人。

一位人类学系的助理教授就透露：

“我们系的晋升评价标准的确比较模糊，我个人比较喜欢这种形式，这不是一件坏事。晋升评价应该是一个长时段的考核过程，晋升标准的灵活度是很有必要的，因为这样可以让系主任拥有斡旋的余地。你知道，有些教师擅长科学研究，有些教师则擅长获取科研经费，评价标准不具象化就可以帮助学系留下她认为合格的教师！”（F12）

学系的这一举措也的确对上级晋升评价委员会产生了影响，这种效果正是学系所期望的。

受访的一位生物化学与分子生物学系的教授就抱怨：

“2004年之前学院评价委员会的作用是依据学院标准对候选人的质量进行监控，而现在则主要是检视候选人是否符合学系标准。但你知道，并不是所有学系的晋升评价标准都非常明确或详细，因此，当我们面对某些学系有些空泛的晋升标准时，我们也只能投赞成票。”（F19）

总的来说，学系在每位教师的发展中投入了很多的财力、物力，既然招聘进来，多数学系还是希望教师能够顺利晋升，壮大学系的教师队伍。虽然学校规定晋升以学系结果为主，但学系也意识到其他层级可能存在的“变数”。因此，尽全力为候选人铺平晋升之路是学系的初衷。

生物化学与分子生物学系一位教授就证实：

“学系晋升评价结果在我看来是最重要的。不过，我也认为学系晋升评价会比较松，大家习惯于支持自己的同事晋升。2004年之后，由于学院晋升评价委员会的任务从资格评审转为程序审核，这一层级否决学系评价结果的现象越来越少，在这种情况下，今天的教师似乎更容易在职称晋升方面获得成功。”（F19）

二、不同层级学术组织的战略冲突

在美国大学，学系是最重要的学术单位，是学术事务的第一线，直接推动学科发展，学院、学校则更偏向于管理，为学术发展提供服务和制定方向。然而，在现实中，学校各级学术组织间的任务分工并非十分明确，总有重叠之处，教师晋升评价就是贯穿三级组织的共同任务之一。师资队伍的规模与结构在一定程度上代表着一个学科或研究方向的实力。因此，学系之间、学院之间如此费心地争夺教师晋升权力，除了想要体现自身在人事方面的管理权，也与组织在其他领域的长远规划有关。

1. 学系与上级组织的学科设置冲突

美国大学的内部学科结构并非一成不变，而是随着市场需求而不断调整的。近年来，随着高等教育经费的日益紧张，削减“冷门”学科、精简学校办学规模成为不少大学缩减经费开支、自我拯救的方式之一。佐治亚大学也不例外。另一方面，所有学科都认为自己的存在是必要且合理的，因而也就出现了学系与学院、学校在学科设置方面的战略冲突。学校规定，如果某一专业方向没有终身教职的教师，那么，其所代表的研究领域就要面临被关闭的命运。故佐治亚大学的确存在为了保住一个专业方向而勉强晋升某位不合格教师的情况，而且这种情况时有发生。

佐治亚大学的某位副校长坦言：

“有时候学系为了保住一个专业方向，会被迫留住一个不那么合格的教师。我知道有些学院院长会明确告诉系主任‘即使你不晋升这名教师，你也不会失去这个专业的’。事实是，谁也不能保证专业不被撤销。因为学校的经费一直很紧张，每个院长都有自己的战略发展规划，有自己希望优先发展的领域。因此，当一个学系的某个专业方向真的没有终身教职的教师时，就很有可能会成为院长实现战略发展的牺牲品。”（A2）

一位地质学系教授也证实，有些晋升决定并不是基于候选人本身的优秀程度，而是基于学系的发展需要。

“事实上，我认为佐治亚大学现在有一项非常糟糕的政策——如果候选人未能通过晋升评价，学系就可能会失去这名候选人所在的岗位。

也就是说，学校不保证学系还能在这个岗位上继续招聘新的教师。这个规定实在是不明智的，因为这导致很多学系在评价候选人的晋升申请时的出发点有点扭曲了——从‘候选人是否足够优秀’变成现在的‘候选人是否真的有那么差，差到我们宁愿失去学系的这个岗位?’这对于佐治亚大学来说真的不是什么好事，因为各个学系会为了保住岗位设置而降低教师考核的标准，从而影响整个学校的质量。至少就我自己而言，我在学系晋升评价委员会评价候选教师时，我会先审核候选人的外部同行评价信，然后是候选人的自述材料，最后在做决定时我还会考虑学系的发展要求，即候选人的研究方向对学系发展的重要性!”(F5)

此外，学系战略性地晋升未达标准的教师还有部分原因是考虑到课程教学的需要。因为越是在规模较小的学系，越有可能出现教师具有不可替代性的现象。一旦解雇某名教师，就有可能出现无人开课的尴尬局面。

2. 同级组织间的利益冲突

除了上下级组织间在学科规划方面的冲突外，同一个学院的学系间、同一个学系的研究方向间也存在一定的冲突。在同级组织间，尤其是性质相仿的组织间，上级组织会根据他们的学术优劣来分配经费等学术资源。这就使得同级组织间的竞争更加白热化，甚至会对教师的晋升产生影响。

以公共与国际事务学院的某次晋升事件为例。该学院包括政治学系、国际事务学系以及公共管理与政策学系，学系间的界限并非泾渭分明。国际事务学系的一位助理教授透露：

“2012年时我们系一位申请晋升副教授的教师在学系获得了全票通过，但却被学院和学校都否决了。我认为学院否决的原因绝对是因为学系冲突，这在其他大学几乎是不可能的。当时他们给出的理由很牵强——学系晋升标准太模糊。”(F28)

至于学系间具体存在什么样的冲突，受访教师并不愿意多说。故笔者就这一问题询问了该学院两位领导的意见，但他们也都有点闪烁其词，只是转述了当时学院晋升评价委员会给出的答案：

“去年的那次否决我不能说得太细，但当时的确存在一些争议。学院晋升评价委员会告诉我的理由是，当他们想回头核实一下候选人是否与学系要求相符时，学系标准的帮助不大。后来国际事务学系系主任来与我们交涉时的确对结果非常气愤，此后整个学系立即细化了晋升标准。在我们看来，似乎有点过于细化了，但系主任和全系教师都同意了新版标准，我们也无话可说。”（A10）

文理学院的某位副教授意外证实了这一传闻：

“公共与国际事务学院去年否决一位教师申请就是因为这个学院的两个学系间长久以来一直存在利益冲突，因此，学院晋升评价委员会里的评审总是习惯性地对其他学系的教师比较苛刻。”（F18）

除了学系间的冲突外，一个学系内部如果研究方向过多也会存在利益冲突。以教育学院的数学与科学教育学系为例。该学系下设科学教育和数学教育两个研究方向，这两个方向是因学校的行政命令而被强行合并。尽管同属教育研究领域，但两个研究方向的具体内容及组织文化都非常不同，合并后的教师晋升评价出现了较多问题。

教育学院数学与科学教育学系的一位教授对此进行了详细说明，并强调同一研究方向的教师应该拥有更大的晋升评价权。

“科学教育与数学教育现在虽然属于同一个学系，但在10年前，两个研究方向分别是独立的学系。尽管合并为一个学系，但10年来，我们两个研究方向的交集并不多，同事之间碰面也不是很频繁。两个方向还是遵循着自己以往的行事风格和内部结构。我认为佐治亚大学教师晋升评价制度也存在一个非常严重、亟待解决的问题，那就是——同一学系不同研究方向学者的权重设置问题。你知道，我们数学与科学教育学系是由两个规模相当的研究方向合并而成的。合并之前，我们同事之间常有合作，经常一起参加专业会议，可以说，大家都非常了解彼此的研究领域。那时，学系晋升评价就是专业人士的内部评价，完全没有问题。但现在，数学教育方向的同事完全不了解我们的研究领域，也不知道我们会去什么样的会议，但却拥有与我们等值的投票权，这显然是不合理的！我认为同一个研究方向的同事应该具备更大的评价权！但在现有的制度下，无论是招聘还是晋升过程，我们都有可能招入或晋升我们自己并不怎么满意的教师！这个问题在其他学系更严重，我们好歹只有两个研究方向，且人数相当，但在某些学系，他们会有3个甚至4个研究方向。如果在一个包含3个研究方向的学系里，每一个研究方向只有5位教师，这就意味着，这个研究方向内部的事情很大程度上要由其他10个外行人来决定！”（A15）

可见，在佐治亚大学，教师晋升评价并不只是教师的个人行为，组织间的较量也可能会对教师晋升结果产生重要影响。组织间的权力博弈可以从多种途径展开，教师队伍的人事管理，尤其是晋升评价权，无疑是非常重要的领域。不仅不同层级的晋升评价委员会会理所当然地争夺话语权，不同的研究方向、学系、学院之间也会因资源竞争而将教师晋升评价权作为斗争的武器。

就晋升评价委员会的权力而言，学系晋升评价委员会在正式规则的保护下地位逐步提升，已经获得最重要的地位；学校晋升评价委员会受科层结构的保护以及"递进性原则"的影响正在逐步增强自己的权力；学院晋升评价委员会的晋升权则较以往有大幅下降，"递进性原则"更是使其有被架空的可能性。可以说，佐治亚大学的晋升评价权已经逐渐从2004年前的"倒金字塔型"向现在的"沙漏型"过渡，只是各级晋升评价委员会在实践中的相互"斗法"使得这一结构的稳定性尚有变动。

就各实体学术组织而言，其晋升权力结构与晋升评价委员会的权力结构类似。但相较于晋升评价委员会这种人员流动性较大的组织而言，学系、学院等实体组织在抵抗科层结构的固有属性方面更具主动性。学系晋升评价标准、学科设置、学系规模等都成了学系与上层组织斗争的武器。

第五章 佐治亚大学教师晋升评价的校外非正式规则

晋升评价中的非正式规则并非只存在于教师晋升评价系统内的利益相关方之间，大学之外的实体组织以及根植于人们行为背后的文化、观念等意识形态也都会对教师晋升评价产生一定的影响。与实体组织以经费等有形工具对教师晋升评价施加影响不同的是，意识形态的影响显得更加悄无声息。

第一节 校外实体组织的影响

调查发现，佐治亚大学的教师晋升评价仍或多或少、或直接或间接地受到了政府、专业学会、客户等组织或个人的影响。其中，部分校外影响被学校的正式规则赋予了合法身份，但仍有通过非正式途径“干预”教师晋升评价的情形。

一、政府影响

佐治亚大学是一所公立研究型大学，在多方面受到联邦政府和州政府的影响，其中最直观的领域就是经费。关于“政府的非科研经费是否会对教师的晋升评价产生影响”一事，受访者的回应存在较大分歧，正反两方面的意见各占一半，旗鼓相当，但多数管理者均否认政府经费对教师晋升的影响。

1. 教师对政府因素在晋升评价中的渗透各持己见

有教师认为政府的非科研经费对教师晋升的影响不大。例如，生物化学与分子生物学系一位资深教授表示：

“学校的财政预算会影响我们的招聘计划，但我不认为其会对教师晋升产生影响。教师一旦成功被聘为佐治亚大学的终身轨教职，他们就不会再受学校财政预算的影响。”（F19）

英语系的一位教授认为经费减少与教师晋升人数不多的现象之间并不存在必然的联系。他给出了自己的分析：

“我不认为财政预算会对教师的晋升产生影响。近年来的财政紧缩对教师的薪资、班级规模等都产生了不好的影响，但是这种影响并没有扩散到晋升方面。虽然近年来终身教职的人数随着财政预算一同减少，但两者间没有直接的关系。终身教职减少的原因主要是大批老教授陆续退休，或部分教授跳槽去其他学校，而年轻教师晋升的速度尚未跟上。”（F20）

高等教育研究所的一位副教授表示，学校总体经费的减少可以通过削减其他领域的开支来缓解，没有必要触动教师晋升这块“蛋糕”，因为这样可能会造成更严重的后果。

“我个人并不认为州政府会影响佐治亚大学内部的教师晋升评价。但我可以理解很多人认为理论上州政府的财政预算会影响教师的晋升，他们认为经费的削减会使得某些学系降低晋升评价标准，留住不那么合格的教师，因为招聘新教师的成本投入比直接晋升现有教师要高。我个人从未看到过这种现象！你知道，如果年轻教师认为他们的晋升之路（名额）会受到财政预算的影响，那将是非常可怕的事！我想应该没有人愿意来这儿了！我想，学校可以从很多方面来削减财政开支，如果真的以教师晋升名额为代价的话就太愚蠢了，因为这会从根本上动摇学校的学术核心！”（F30）

另一方面，也有不少受访教师持相反意见。学业提高部的一位副教授表示：

“就我自己而言，我相信州政府的财政预算会对教师的晋升数量和终身教职产生影响。虽然我并不愿意这么说，而且佐治亚大学教师成功晋升后的薪资增加也并不显著，但我认为这种影响真的存在！”（F31）

社会学系一位在学校晋升评价委员会服务的教授证实有时候晋升教

师的动机只是为了给校内教师变相加薪：

“据我所知，校外因素最能够直接影响大学内部运行的可能就是通过经费拨款了。近几年来，佐治亚大学的运转经费一直未见增长，因此，教师工资也有5—6年时间没有提升了。我听说，现在学校对申请教授的晋升放得比较松，是因为评审们认为这只是帮助教师们提升薪资的一种途径而已。你知道，也许这名候选人并不是太合格，但评审们会认为：‘这有什么关系?！这名教师已经很久没有涨工资了，我们不过是变相给他加薪罢了！’”（F9）

土壤与作物学系的一位教授透露州立法委员会会对教师的聘用产生一定的影响，并据此推断政治因素可能会对教师晋升评价产生影响。

“学系的很多职称聘用决定都会受到政治因素的影响。有时候院长会直接跟系主任说：‘我认为你们学系应该招聘这个或那个领域的新教师。’你知道，院长与佐治亚州的许多立法委员都是朋友，这些立法委员掌管着经费分配的权力。院长告诉我：‘有时候，州长或立法委员会直接打电话，告诉我你们应该在哪个专业多聘用一位教师。’随后，院长就会直接向系主任转达这些意见，并告诉他们如果你想多获得一些运转经费，就应该这么做！目前来看，校内并没有能够遏止这种现象的有效对策！”（F29）

2. 多数管理者否认政府因素影响教师晋升

就管理者而言，他们多数表示政府经费不会对教师晋升产生影响。例如，一位学校层级的管理者表示：

“我不认为州政府拨款的减少会影响到教师晋升的数量。佐治亚大学教师薪资的投入并不算大。因此，尽管教师成功晋升后意味着其工资会有小幅上涨，但并不足以对财政状况产生影响，我们会在预算中做出相应的调整。经费削减不会对晋升数量产生影响，但是会对晋升后教师工资上涨的额度产生影响。”（A1）

另一位学校管理者也是持相似观点：

“州政府削减高等教育经费的做法不会对教师的晋升造成影响，但是会影响招聘人数。我对这一问题很确定，因为教师的晋升是由教师和大学委员会根据其所取得的成果共同决定的，我不认为经费会直接影响教师晋升。州政府削减高等教育经费的确会对学校产生消极影响。但我们并未因此而削减内部科研经费，我们是从学校的其他方面来缩减开

支。”（A2）

一位受访院长也是愤怒地否认：

“尽管近年来州政府的高等教育经费越来越少，但这并不影响教师晋升或终身教职的数量。晋升标准在那摆着。至少作为院长，我们从来没有接到过因经费问题削减教师晋升名额的指令，我个人也并不认为经费会在这方面产生影响。那些认为经费有影响的人一般都是职称较低的教师，他们根本不知道自己在说什么！”（A9）

不过在学系层面，系主任们对经费影响的态度却与上级管理者略有不同。新闻与大众传播学院的系主任表示晋升评价标准确实在提高，但并未言明此举与经费的直接关联。

“一直以来，全美大学在终身教职问题上饱受州立法机关和公共舆论的压力。尽管佐治亚大学并未公开在媒体上对终身教职进行回应，但不可否认的是，大家在实际评审过程中都不自觉地提高了评价标准。现在教师晋升副教授基本就会同时被授予终身教职，因此，我们会非常谨慎地考虑。”（A11）

二、其他组织或个体的影响

虽然社会组织并不直接参与佐治亚大学的教师晋升评价，但《手册》中认可的许多晋升材料都来自大学之外，如应用学科中的客户评价、教师在专业组织中的服务活动等。不少受访者承认这些社会组织或个人能够通过晋升材料间接影响晋升评价的事实。

就专业组织的活动而言，学术会议是其中非常重要的部分。其不仅能够为教师宣讲科研成果提供平台，而且还能帮助建立学术网络，提高教师的学术影响力。科研经费的审批、晋升评价时所需的校外专家意见等都可以通过参与专业组织活动来实现。

社会学系的副教授强调了参加专业组织活动对教师晋升的重要性。

“专业组织会间接影响教师的晋升。教师晋升所需要的外部同行评价信是非常重要的。而专业组织是教师获取外部同行评价信的途径之一。如果教师在专业组织聚会上提前认识外部专家，与他们建立较好的联系，那么，候选教师就能得到较好的外部同行评价信。如果外部专家对候选人知之甚少，或完全没有见过候选人，那么，评价信可能就会不

太乐观！”（F8）

宗教学系的副教授也赞同：

“是的，我认为校外因素会对教师的晋升产生影响！正如我所说，对教师的科研能力考查中也包括教师与校外专业组织的联系。例如，你是否是某个专业组织的成员？你在专业组织中的贡献有什么？如果你不隶属于任何专业组织，你不去参加任何学术会议，那么，你是很难发表论文的，也很难获得与他们合著的机会。这就是我们所强调的学术网络！你可能会认为这种网络不那么重要，但事实是它非常重要！它会直接或间接地影响你的科研成就！例如，如果你在专业协会中担任要职，你可以将这段经历写在自己的简历上，这可以直接证明你的科研能力获得了同行业的认可。而你参加学术会议的记录则可以向他人证明你的学术生产力。”（F13）

宗教学系的一位教授非常明确地表示级别更高的学术会议对于教师晋升的帮助也会更大。

“我曾这样告诫我所辅导的年轻教师：‘即使你在南部会议上做过许多学术报告，也对你的晋升之路毫无帮助。这些都抵不过你参加一次全国性会议，并在会议上获得真正有效的互动。’一次全国性会议不仅可能会帮助你获得书籍出版的合约，而且还能够让你的科研成果被更多人了解。全国性会议是值得一去的，地区性会议的话还是要酌情考虑，因为其对于你的晋升是没有价值的。”（F14）

地质学系的教授坦承科研经费的获取与专业会议也有一定的关联。

“科研经费的获得并不只是取决于项目申请书的质量，其中还掺杂着许多政治因素。你与负责审核项目申请书的评委之间的熟悉程度很重要，如果你在国家科学基金会中有熟识就会更容易获得科研经费！在美国，获得科研经费的重要途径就是去参加学术会议，认识并结交你的专业领域中有权力决定科研经费的评审们，拍他们的马屁、同他们交朋友都是帮助你获得科研经费的方式！”（F4）

当然，在教师晋升不顺利或遭遇不公时，美国大学教师协会等专业机构，以及大众媒体、司法机构等其他社会机构也能在一定程度上“干预”学校的教师晋升。例如，1978年，教育学院前助理教授麦加·布劳伯格（Maija S. Blaubergs）因被否决晋升以性别歧视为由将学校告上了法庭。整个诉讼过程均受到全美教育协会的资助。接受法庭传唤的教育学院教师中，只有詹姆斯·迪南（James A. Dinnan）拒绝透露自己的投票情况，因而被地方法院法官威尔伯·欧文斯（Wilbur Owens）判处90天监禁。欧文斯在判决中明确指出："如果目击者拒绝提供他所看到的证据，那么，无论是按照宪法还是州法律，都应判其藐视法庭。但只要迪南告诉法庭他的投票情况，他就可以随时被释放。"不过，迪南仍然选择入狱服刑。他坚持，晋升投票是自己的个人决定，法庭无权参与。"学校的晋升投票结果是公开的，晋升为6：3，终身教职为9：0。至于我个人的决定是我的自由。如果让我再选一次，我也宁愿去坐牢。"[①]迪南被捕入狱一事在佐治亚大学引起了轩然大波。越来越多的教师担心法庭对学术事务的干预，包括他们的教学方式。迪南自己则认为，欧文斯的判决太过专横，他想试图接管本应属于大学的职能。[②]然而，美国大学教授协会却对此事表示了不同的看法。首先，他们认为学校始终没有为解雇布劳伯格给出一个合理的理由。其次，学校有意将晋升评价的过程神秘化也是不对的。晋升评价委员会的成员只对学校管理者负责，而忽视了被评价的候选人。美国大学教授协会佐治亚大学分部的主席在给媒体的信中明确表示："事实上，在大多数教师的眼中，他们并不相信通过学校的申诉渠道能够改变最初的否决结果，联邦法院是他们唯一信赖的渠道。当然，欧文斯法官的立场很显然并不倾向于学校管理者，学校教师认为他是我们争取公正的最后也是唯一的希望。"[③]最终，关于布劳伯格在晋升中是否受到性别歧视一事法庭并未做出判决，但整个过程中专业组织、司法机构等各方势力的角逐却也间接推动了学校的1981年教师晋升评价制度变革。不过，教师一旦选择以这种方式公开学校的晋升评价行为，无论最终结果如何，一般来说，他们也很难在这所学校中继续职业生涯。

此外，客户的反馈也会对教师晋升评价产生重要作用。尤其对于农学、传染病学等应用类学科的教师而言，客户意见是他们晋升材料中的必备部分。

土壤与作物学系的教授表示，客户意见会影响系内教师聘用，可能

① BOYLES S. Dinnan Content with Decision[N]. The Red and Black. 1980-07-31(1).

② BOYLES S. Dinnan Content with Decision[N]. The Red and Black. 1980-07-31(1).

③ MATTINGLY E. Rhetoric Hides Faculty Problems[N]. The Red and Black. 1980-09-23(4).

也会影响教师晋升。

“我们应用型学科需要经常与客户打交道。而我认为客户为了保障自己的利益的确会影响到系内的教师聘用，他们希望与自己信任的人合作。在佐治亚大学之前，我还在其他两所学校工作过，但没有任何一所学校像佐治亚大学这样深受客户的影响！我们学系目前共有55位教师，其中10%或20%的教师都是因客户要求而聘用的！在土壤与作物学系，客户几乎与立法委员一样拥有同等的影响力！”（F29）

第二节　意识形态的影响

“意识形态”一词是由法国思想家德特拉西（Destutt de Tracy）在1796年提出的，主要是指一系列有意识或无意识的观念的集合①。拉伦在《意识形态的概念》一书中说：“意识形态或许是人们在社会科学中发现的一个最模糊、最难以捕捉的概念；这不仅是由于各种理论方法的变化赋予了此概念不同的意义和功能，还因为意识形态是一个被指责有政治蕴意的概念，是一个有着最多样含义的、在日常生活中用滥了的概念。”②调查发现，佐治亚大学的教师晋升评价受种族、宗教、地域文化等意识形态的影响，这些因素均较难被具象化，但却真实存在。

一、种族因素的影响

在美国，尤其是南方地区，“种族”是一个非常敏感的词汇。美国南方聚集了美国近90%的黑人，然而，长期存在的奴隶制使得黑人在这一地区备受歧视。尽管内战结束后，美国废除了奴隶制，但法律仍然在很长一段时间内允许种族歧视的存在。例如，《吉姆·克劳法》（*Jim Crow Laws*）就是奴隶制被废除后美国南部各州对有色人种（主要针对非裔美国人）实行种族隔离制度的一系列法律的统称。其倡导“隔离但平等”，公共设施必须依照种族不同隔离使用，是一种变相的种族歧视。

---

① KENNEDY E. “Ideology” from Destutt de Tracy to Marx[J]. Journal of the History of Ideas，1979，40(3):354.

② LARRAIN J. The Concept of Ideology[M]. London: Hutchinson，1979:13.

直至1964年国会才从法律上禁止任何形式的种族歧视。长期的历史积淀使得有色人种，尤其是黑人在美国南方的发展仍然处处受到限制。但由于法律明文禁止，因此，对少数族裔的歧视会表现得更为隐蔽。

1. 少数族裔在教师晋升中受到的歧视

佐治亚州是美国早期明确立法实施教育种族隔离的州之一。虽已被废止，但今天佐治亚大学的教师晋升评价中仍然能够发现种族歧视的痕迹。

文理学院一位人文学科的黑人教师在2012年刚刚经历了教师晋升评价，并最终被晋升为副教授。然而，他的晋升之路却并不平坦。这位教师在进入佐治亚大学工作前已经在非洲某国的大学中有近20年的工作经验，积累了非常丰富的学术成果。客观地参照佐治亚大学的教师晋升标准，他所发表的论文及著作，足以申请直接晋升教授。但学校对教师晋升的服务年限有明确规定，因此，他只能先申请晋升副教授。然而，他却在获得学系及学院晋升评价委员会全票通过后，被学校晋升评价委员会否决了。最后，这位黑人教师是通过申诉成功而实现晋升的。

谈及这段经历，他在受访时仍有怨言：

“我不知道为什么会被学校层面否决，我不知道自己哪里得罪了他们！也许是因为我的名字和我的祖国吧。我不知道！当我们决定申诉时，第一个浮现在我脑子里的理由就是种族歧视！但系主任告诉我：‘你很难发现这个过程中有种族歧视，你又没有参与学校评价过程。让我们面对现实吧，既然他们将期刊质量作为否决理由，那我们就针对这一点来准备申诉材料吧。’既然他们不承认有种族歧视，那我就接受吧。要知道，我们学系副教授的晋升标准并不高，而我在论文之外还出版了4本专著。他们却只是紧紧抓住论文不放，真是讽刺！”（F13）

一位来自高等教育研究所的白人副教授也从侧面证实：

“我自己是个白人男性，因此我在这方面的感受肯定不如其他少数族裔那么敏感。我可以感觉到我自己的晋升并未因我的白人身份而受到任何优待。但我能理解种族因素的确会在晋升评价中产生一定的影响。我个人对他们的遭遇表示同情，虽然我自己并未经历，但很多同事都告诉我这类事情，尤其是在自然科学领域。”（F30）

事实上，除了教师间可能存在的种族歧视外，少数族裔教师还有遭受学生歧视的经历。在多数情况下，学生歧视表现得更为明显。学生歧视的表现形式主要是不理性的学生评价。

语言教育学系的一位白人教授就强调歧视往往来自学生，而不是教师。

“在我们语言教育学系，甚至整个佐治亚大学，长久以来，学生们有不支持这些少数族裔教师的传统。因此，系主任真的很有必要采取一些措施来保障少数族裔教师的工作环境，以防他们的学生评价分数过低。一位优秀的系主任应该懂得邀请系内同事去为少数族裔教师提供同事评价。”（F24）

对此，教育学院的某白人副院长做出了回应：

“首先，应正视这种现象的存在。现有的许多研究表明，学生会从种族、性别、国籍等方面来寻找认同感，并倾向于正面评价与自己同一属性的教师。作为系主任或副院长，我在对教师进行评价时会时刻牢记这一理论。在我看来，非裔或拉丁裔教师，以及其他来自非英语国家的教师的学生评价不高属于正常现象。在对这两类教师进行评价时，我一般不会关注整体的学生评价结果，因为其中有些项目明显带有偏见或歧视，如教师的语言能力等，而是会关注教师在某些特定项目上的得分，如‘教学准备是否充分’‘是否允许学生自由讨论’‘教学是否有组织性’等。因为我认为这些个别项目反倒能够反映教师的教学能力，整体的学生评价的确带有偏见，有时候是无意识的偏见。”（A6）

可见，一方面学生对少数族裔教师的歧视的确存在，另一方面，虽然有管理者能够细致而理性地剔除学生对教师的歧视意见，但却并非普遍现象，这对管理者的个人要求较高。

当然，更多受访的白人教师都表示，他们并没有意识到种族歧视的存在。但同时，他们也会强调，因为自己是白人所以在这方面不够敏感。也就是说，白人教师自己也无法直接否认种族歧视的存在。

例如，数学与科学教育学系教授表示：

“作为白人男性，我个人并未觉得性别和种族会影响教师的晋升，可能有色教师会有更敏感的触觉吧。”（F23）

英语系教授则透露：

“尽管我们学系一直致力于提高学系的多元化程度，但尴尬的是，我们迄今为止仍然未能聘入一位有色教师。当然，就我个人而言，我认为这没什么问题，因为我自己是一个白人，我不知道我们系其他教师会

不会有不同的看法。”（F20）

甚至，连学校层级的白人管理者也承认：

“种族和性别的不平等到处都存在，只是非常难以直接衡量，它的表现方式并不明显。只有在一种情况下，你能很容易地发现歧视的存在。当非裔教师从事关于非裔美国人的相关问题研究时，如果学生们对此强烈反感，即可视为歧视。我不认为这在美国算什么新闻，歧视是无处不在的，只是不一定会在每个人身上都发生。”（A3）

2. 少数族裔教师在晋升中受到的保护

佐治亚大学尽管地处种族问题堪忧的美国南方，但却是平权行动的成员之一。校内专门设置了平权办公室，保障少数族裔、女性等弱势群体获得公平竞争的机会，甚至是优待。少数族裔教师也因为学校的发展战略而受益。例如，多位受访的院长及学校管理者在谈及晋升评审的选择标准时，会明确表示要保证少数族裔的能见度，客观上也赋予了这一群体更多的晋升决策权。

拉丁语系的一位黑人副教授也承认学校的少数族裔教师在增长。

“平权行动对少数族裔学生进入高等学校是有保护的，当然现在其也成了我们引进少数族裔教师的重要依据！出于各种原因，少数族裔学生一般比较倾向于与少数族裔教师交流！同种族的人群间交流可能天然会有一种亲切感！因此，如果少数族裔学生一直增加，但少数族裔教师的数量不能保持同步的话，教师们的工作量会越来越大，既不利于教师的晋升，最终也将不利于学校的整体发展！”（F16）

少数族裔教师除了受到学校政策的直接保护外，还会在“非升即走”的淘汰环节受到一些特殊的照顾。

社会学系的白人教授就表示：

“社会学系对黑人教师还是比较友好的。多年来，我们学系虽然只成功晋升了一位非裔教师，他的晋升之路非常顺畅，但我们的确招聘了多名非裔教师，只是他们恰巧都不太符合学系的晋升标准，而选择了提前离职。这其实对他们来说是更好的选择。一般来说，系主任会针对他们的表现提前给他们透露一些信息，暗示他们可以在必须接受晋升评价的日期到来之前另觅他职。这样总好过在晋升评价时否决掉他们的申请，不至于毁掉他们的职业生涯！所以，我们一般都是提前劝离不那么合格的非裔教师，避免直接否决他们的晋升申请。事实上，从我们系离

开的黑人教师基本上都在其他学校找到了合适的工作。”（F9）

除了合理的保护外，很多受访的白人教师还认为，学校在种族问题上有点“矫枉过正”，以至于少数族裔教师在晋升路上反而更容易获得成功。因为即使未能达到晋升标准的教师，只要他们是有色人种，尤其是黑人，学校也会倾向于批准他们的晋升申请，怕被冠以“种族歧视”的罪名。

教育学院一位白人副院长分享了一系列此类案例：

“以前，行政管理者经常被指责对待少数族裔教师不公正。我认为他们过于敏感了，以至于少数族裔教师在某种意义上成了优势人群。他们之所以变得优势，不是因为本身能力有多么非凡，而是因为学校的战略。我之所以这么说，是因为曾经目睹过一个事例，有一位非裔教师接到了另外一个学校的职称，当时的院长很高兴地表示：‘这下好了，就让他去那个学校工作吧，反正他现在也没有什么科研产出。’但另一位高级管理者却表示反对：‘不，我们应该给他加薪，把他继续留在我们学院！’学院这么做的出发点并非是追求学术卓越，而是出于社会或政治考量！10年前，教育学院的确在同一年里否决了好几个少数族裔的晋升申请。但是否决的原因不是因为种族歧视，而是他们的确资质不够，不仅教学能力不够优秀，而且科研能力也未合格。你知道，种族问题在美国南方大学是一个非常敏感的话题，因为南方有歧视黑人的传统。的确有不少传言认为这些教师的晋升申请被否决是因为种族歧视，但其实大部分人是因为科研产量不足。7年前，也有几个少数族裔教师的案例让我印象深刻。那几个教师被学院否决了，但却最终在学校晋升评价委员会获得了晋升，是因为学校评价委员会发现，候选教师的学系晋升评价存在程序性错误，并不是因为候选教师本身有多优秀。在某些时候，一部分不太合格的少数族裔教师可以利用种族因素同样实现晋升。”（A6）

事实上，少数族裔教师意识到了学校在种族问题上的敏感性，他们的选择主要有两种：一是学会利用规则，为自己争取福利；二是努力提升自己的实力，堵住悠悠众口。受访的少数族裔教师中，多数还是倾向于第二种选择。

拉丁语系的一位西班牙裔教授就告诉我：

“种族因素不应该在教师晋升中有任何的作用，但事实并非如此。

在现实中，如果你在讨论时触及任何一点关于种族的因素，你就被认为在歧视了。我认为关于种族的讨论与种族歧视是两码事。事实上，像佐治亚大学这样的地方，我们应该致力于代表更多族群的声音！尤其在我们拉丁语系，因为我们教授的内容就来自不同的国家、不同的语言、不同的文化。在某些时候，佐治亚大学会通过一些本身不合格的教师的晋升申请，原因仅仅因为他们少数族裔的身份。这是十分有争议的，会制造更多的紧张！”(F17)

兽医学院的一位印度裔助理教授则明确地表示：

“我知道学校里有很多人认为少数族裔教师可以以较低标准通过晋升评价，但我自己绝不会那么做的。如果我因为学校的政治需要而卑微地晋升，那我自己心里也会觉得不舒服的，我不要这种施舍的荣誉！如果我到时没能达到学校的晋升标准，我想我自己会主动离开的！”(F1)

研究发现，时至今日，种族问题仍然是教师们不愿主动提及的话题。一方面，白人教师不是种族歧视的受害者，他们不会关注甚至会主动忽视这个问题。另一方面，种族歧视本身就很难界定，如果本身实力存在问题的候选教师恰巧又是少数族裔，白人评审在否决时就很容易被冠以“种族歧视”的骂名，甚至陷入法律纠纷。因此，多数白人教师对此也是讳莫如深。

教育学院的白人副院长认为，当一套标准适用于所有人时才能被称之为“公平”。

“2000年时，有两个非裔教师在进入佐治亚大学工作后的第2年就被解雇了。因为他们入校后毫无贡献，完全不适应学校的发展。但佐治亚大学是加入了平权行动的学校，因此，当考虑到平权行动时，评价标准又会变得不一样了。所以，这在当时来说是一个非常艰难的决定。我认为，当一套标准同样适用于所有人时才能称之为‘公平’，而不能只是给予少数人保护。”(A6)

同时，受访的少数族裔教师则不愿被视为“特殊群体”，希望被正常地对待。

拉丁语系的黑人副教授就坦言：

“佐治亚大学的少数族裔教师总体数量是比较少的，但学校为了显示公平、多元，很多场合都需要我们出现，就连社会科学的调查也希望将我们纳入其中！对于我们来说，已经有些不堪其扰了，如果一味答应

所有的邀请，教师们的耐心也会被消耗殆尽，情绪不健康！”（F16）

高等教育全球化的今天，大学教师的多元化成为考核大学的指标之一。无论真实情况如何，学校管理者都希望能够营造出一种“兼容并包”的效果，学校多元化程度越高，越有利于吸引更多国际学生的加盟。

一位生物化学与分子生物学系的白人教授就指出：

“佐治亚大学的战略规划表明其非常希望及早实现教师队伍的多元化，但我不认为这会为少数族裔教师的晋升之路提供额外的帮助。教师首先要达到晋升的标准，但同等条件下，少数族裔教师的确会因学校的战略发展方向而受到照顾。”（F19）

综上，佐治亚大学在对待少数族裔教师晋升时的状况是非常有意思的。一方面，管理者的战略需求需要学校能够晋升尽可能多的少数族裔教师；但另一方面，教师群体中难免有种族歧视者或追求绝对公平者的存在。这种管理者与教师群体在价值观上的纠葛与博弈使得佐治亚大学教师晋升中的种族歧视问题尚未得到真正解决。虽然受访的少数族裔教师承认学校的大环境正在好转，但他们在晋升评价中仍然感受到了种族歧视。

拉丁语系的黑人副教授就表示：

“我也必须要说，佐治亚大学的教师多元化与以前相比有了很大的提高，但仍有很长的路要走！对于我们来说，一个重大的难题就是如何保障少数族裔教师不再流失！多年来，我们有很多非常优秀的少数族裔教师因各种原因离开了佐治亚大学。你知道，很多时候并不只是经济原因，而是他们觉得在这里得不到公平的对待！这是让人觉得十分失望的事情！”（F16）

二、性别因素的影响

在社会中，存在着一些影响女性职业发展的因素。人们发现，“几乎没有女性能成为全国性大公司、银行、公用事业、报社或电视网的总裁、首席执行官或主管……女性晋升到最高职称的障碍常常是很微妙的”[1]。这被称为女性职业发展中的“玻璃天花板”（glass ceiling）。自

① 戴伊．理解公共政策[M]．彭勃等译．北京：华夏出版社，2004：229.

1986年5月24日《华尔街日报》发表了关于公司女性的特别报告后，女性职业发展中的“玻璃天花板”现象就开始受到普遍关注，美国联邦政府甚至专门成立了“玻璃天花板委员会”（Glass Ceiling Council）。简而言之，“玻璃天花板”是女性在职业发展过程中遭遇到的“看不见的歧视”。

佐治亚大学的平权办公室明确反对一切形式的女性歧视。尽管如此，学校还是有被女教师因性别歧视告上过法庭并被判败诉的情况。1988—1994年，琳达·布鲁克斯（Linda M. Brooks）在佐治亚大学英语系任职助理教授，研究方向为比较文学。她在1993年底向学校递交了晋升副教授的申请，却被否决。此后，布鲁克斯离开佐治亚大学到加州某高中任教，但她认为自己是因系内同事的性别歧视而被否决，在她之前的3位成功晋升的男同事所取得的学术成果与其相当。因此，她在1998年时以“性别歧视”为由将佐治亚大学告上了联邦法庭。2001年，法庭最终判定学校败诉，学校不仅要恢复布鲁克斯的教师职称，而且还要赔偿45万美元。[①]

在访谈中，不少受访教师进一步证实了性别歧视的存在。土壤与作物学系的一位女教授就表示：

“男女教师的晋升还是存在差异的。虽然官方规定中并不存在，但事实还是有的。佐治亚大学曾因性别歧视而被告上过法庭。目前，学校正在非常努力地改善性别及种族问题！多年来，情况也的确越来越好，但确实还未达到尽善尽美的状态！”（F29）

就连男教师也承认，学校的教师晋升评价的确存在性别歧视。数学与科学教育学系的一位男教授透露：

“我在学校晋升评价委员会工作时仍有机会审核来自教育学院其他学系的晋升申请。我记得我们曾经收到了一份被教育学院晋升评价委员会否决的案例，他们给出的解释理由是——这位女性候选人与丈夫在同一个学系工作，对于她所提交的与丈夫合著的科研成果，我们很难断定其是否有亲自参与研究。这触及了晋升的红色警戒区，明显带有性别歧视与偏见。因此，我们否决了学院的判断，最终这位女教师成功获得了晋升。”（A15）

---

① Online Athens. Judge Orders UGA to Reinstate Professor［EB/OL］.［2013-01-12］. http://onlineathens. com/stories/030102/uga_0301020058. shtml.

学校的中层管理者也认为教师晋升评价中存在性别歧视。一位受访的公共与国际事务学院领导表示：

“虽然我自己从来没有确切目睹过性别歧视，但如果有人说佐治亚大学在教师晋升评价中存在一些微妙的文化偏见，我认为是可以理解的。与种族相比，我更愿意相信女性教师在晋升过程中可能会遭受不公正的对待。就个人观点而言，我绝对相信佐治亚大学在男女平等方面并非100%做得无可挑剔，如果我说完全平等，连我自己都不相信。”（A7）

当然，也有受访教师对此事持相反意见。不少教师否认晋升评价中存在性别歧视，强调学系女教师人数越来越多。数学与科学教育学系的一位男教授就表示：

“多年前，数学与科学教育学系的教师基本都是白人男性，但现在女性教师与男性教师的人数基本相当，所以我不认为性别在这里面会有任何问题！”（F23）

宗教学系一位男教授也透露：

“我进入佐治亚大学时，这个学系全是男教师，没有一个女教师！说实话，这是我第一次到一个全是男性同事的工作环境，我感到不是太舒服！对于黑人和西班牙裔教师我也是一样的态度，我希望这个学系能够更多元，我不想别人觉得我们系存在歧视女性、少数族裔的现象！好在近几年，我们已经基本实现了这个平衡！”（F14）

在社会学系，女教师的人数甚至超过了男性。社会学系的一位男教授表示：

“目前，社会学系的女教师多于男教师！我不认为女性教师会歧视男性教师，同样，我也不认为男性教师会歧视女性教师。也许女教师们有不同的观点，我不知道。但这么多年来，我们系并没有一个女系主任。不过明年起可能局面会有所不同，目前系主任候选人基本上都是女性。就教授职称而言，男女人数完全一致。”（F9）

而在女教师人数较少的学系，如物理与天文学系，受访的男教授则强调，原因不是性别歧视，而是学科特性。

“我们物理与天文学系并不存在歧视女性的现象，目前我们有2个女教师。女性之所以较少可能是这个学科的问题，本来选择学习物理的女性就比较少。而从学士到硕士再到博士的这一路上，女学生的人数也是越来越少。这是我们整个学科的担忧和希望解决的问题，但女性问题并

未影响到晋升评价。”（F10）

有时候，在这类男性教师偏多的学系，由于战略需要，女性教师甚至能够得到一定的优待。宗教学系男教授就透露：

“我们宗教学系很奇怪，因为我们常常在招聘时就叮嘱彼此‘最好招聘一个女教师’。目前为止，我们学系已经有4个女教师了。系主任在每次组建什么委员会时，都会放一个女教师进去。我也不知道在晋升过程中她们是否会享受某些优待，但为了保持目前的这种教师结构，我们会尽可能地帮助女教师留在系内。”（F14）

女性是平权行动中纳入保护的弱势群体，她们由于生育、家庭等客观因素的确比男性教师在职业专注度上受到更多的干扰。在被诉诸法庭之后，佐治亚大学也在男女平等方面做出了较大的努力。曾任文理学院某系系主任的一位女教授分享：

“我2006年刚来学校就直接被任命为系主任。我是女性，我在这方面的发言权更多。我是我们系史上第一位女系主任。就女性领导力而言，这是一个好的转变。就教师晋升评价而言，我并没有感受到太多的性别歧视，可能这与系主任本身是女性有关吧。无论如何，性别因素的影响更多地体现在教师的招聘过程中，一旦人们顺利进入某个地方，他们就会选择尽快适应，这是人的天性。”（A16）

据统计，2013年佐治亚大学的783名全职教授中，76%为男性，24%为女性；511名全职副教授中，60%为男性，40%为女性；380名助理教授中，53%为男性，47%为女性[①]。由此可见，助理教授群体中男女比例相当，差别不大，但教授群体中男性就是女性的3倍。也就是说，职称越高的教师群体中，女性所占比例越少。虽然女性在职业发展中的瓶颈不一定是由性别歧视所引起的，但结合受访者的观点以及此前的法律纠纷，佐治亚大学的教师晋升评价仍然逃不开性别歧视的疑云。

三、南方文化的影响

“美国南方”这个概念最早是在18世纪60年代出现的，人们把宾夕法尼亚州和马里兰州之间的梅森·迪克逊线以南的区域称为南部。南北

① The University of Georgia. Fact Book 2013[EB/OL]. [2014-01-14]. http://oir.uga.edu/fact_book.

战争之后，人们习惯上把联邦政府谋求独立的11个州，即亚拉巴马、阿肯色、佛罗里达、佐治亚、路易斯安那、密西西比、北卡罗来纳、南卡罗来纳、田纳西、得克萨斯和弗吉尼亚划为南部。由于独特的地理位置、气候特征、奴隶制制度和种植园经济，美国南方形成了一种独特的地方文化。例如，政治上大多拥护民主党、经济上以农业为主、宗教上信仰基督新教等。时至今日，尽管南北方的壁垒不再如往昔般坚固，南方的一些文化习惯也已发生改变，如二战后南方在政治上变成了共和党的“基地”等，但仍有许多独特的南方文化延续了下来，并持续影响着这一地区人们的行为方式。

没有人能确切说出南方文化的定义，但几乎每一个美国人都能感觉到并承认南方文化的存在。18世纪80年代，托马斯·杰斐逊（Thomas Jefferson）在给朋友的一封回信中罗列了一些形容词来描述南方人与北方人的不同。他写到，北方人“冷酷、理智、勤劳、节俭、独立、守护他们自己的自由、诡诈、在宗教上迷信和虚伪”，而南方人“暴躁火辣、骄奢淫逸、慵懒、易变、独立、热爱他们自己的自由却践踏他人的自由、慷慨、坦率、从内心而不是形式上虔诚宗教”。①而到了1970年，约翰·里德（John Reed）在北卡罗来纳大学对47个白人学生进行问卷调查，要求他们描写北方人、南方人和美国人。结果，用于形容南方白人的词语中出现频率最高的4个词是“保守、热爱传统、殷勤、忠实家庭”，用于形容北方白人的词语中出现频率最高的4个词则是“勤奋、现实和理智、进步、圆滑世故”。②两则材料在对南方人特质的形容上部分内容惊人的相似，从中或许可以感知到一些南方文化的特质。

佐治亚大学创建于1785年，历史悠久，其完整经历了美国南方的一系列巨变。尽管自20世纪70年代起佐治亚大学开始进行战略调整，即由地区性大学向全国性大学迈进，从而吸引了大批来自全美各地的师生，大学多元化程度有所提升，但始终无法剔除某些与生俱来的独特南方文化。部分文化特质的确在教师晋升评价中也有表现。

1. 不同宗教信仰可能造成的偏见

① DEGLER C N. Place over Time: The Continuity of Southern Distinctiveness[M]. Baton Rouge: Louisiana State University Press, 1977:29-30.

② DEGLER C N. Place over Time: The Continuity of Southern Distinctiveness[M]. Baton Rouge: Louisiana State University Press, 1977:9-10.

美国拥有世界上最发达的高等教育系统，有一大群追求真理的知识分子，也建立了完全意义上的市场经济，但同时美国也是一个宗教信仰非常浓厚的国家。著名神学家尼布尔（Reinhold Niebuhr）也说，美国是“世界上最世俗的国家，也是宗教性最强的国家”[①]。事实上，对于美国人来说，信仰什么宗教并不重要，但有无信仰却是一件非常重要的事情。他们认为，对于一个人来说，没有信仰是一件很可怕的事情。宗教信仰之所以在美国人的社会生活中占有非常重要的地位，是因为“在美国，启发明智的正是宗教”[②]。可以说宗教就是美国文化的根，因为它规定了美国从殖民地到如今的整个社会文化。正如德托克维尔（Alexis de Tocqueville）指出的那样：“我好像从第一个在美国海岸登陆的清教徒身上就看到美国后来的整个命运，犹如我们从人类的第一个祖先身上看到了人类后来的整个命运。”[③]

美国南方更是如此。美国南方素有“圣经地带”（Bible Belt）之称，2012年的盖洛普民调（Gallup polls）发现，南方依旧是最重视宗教的地区，佐治亚州在全国排行第九[④]。基督教分支繁多，在美国南方占据主导地位的主要是保守的新教派，如浸信会（Baptist Churches）、卫理公派（Methodist Churches）。不同流派之间必然存在理念冲突。因此，在美国南方这样一个如此重视宗教生活的地方，信仰的冲突也极有可能融入生活中来。“圣经地带”一词本身就是很好的说明，因为这个词语的主要使用者是对基督教新教持贬低和负面批评态度的人士，他们认为这些地区的宗教与一些社会事务不恰当地搅和在一起，如政治、科学和教育等领域。

虽然访谈中并未听到任何受访者提到不同宗教信仰对教师晋升的直接影响，但仍可以从一个间接的事例中有所感知。宗教学系的一位教授表示：

① 刘澎. 当代美国宗教[M]. 北京:社会科学文献出版社，2001:2.

② 德托克维尔. 论美国的民主: 上卷[M]. 董果良，译. 北京:商务印书馆，1988:46.

③ 德托克维尔. 论美国的民主: 上卷[M]. 董果良，译. 北京:商务印书馆，1988:323.

④ Gallup. Mississippi Maintains Hold as Most Religious U. S. State[EB/OL]. [2014-01-16]. http://www.gallup.com/poll/160415/mississippi-maintains-hold-religious-state.aspx.

“我们学系有一个教师在讲授基督教与犹太教历史时被学生投诉‘对基督教不公平’。显然，这个学生本身是基督教徒。而这显然对讲课教师不公平，因为这是课程内容的安排，与教师的教学能力无关！像这样的事，在宗教学系还有很多很多！”（F14）

2. 保守主义思想的负面影响

美国南方文化的另一大特色就是保守主义，这主要是相对于北方的积极革新而论。南方的保守与其常年以农业为经济基础关系密切，内战前的南方社会依据土地所有权分成了不同的阶层，黑人奴隶制的长期存在更是强化了这种社会分层。直到20世纪30年代，南方仍然是封闭的农业社会，2/3以上的人口从事农业生产，按照传统方式生活。这种封闭的农业社会和传统的生活方式是南方文化和南方人性格中的保守主义的根源。[①]威尔伯·卡什（Wilbur J. Cash）认为：“对新思想的怀疑是南方固有毛病之一。”[②]除了农奴制的经济基础外，从种族构成上看，外来新移民的相对缺乏不仅使南方社会与北方社会相区别，而且影响了南方的宗教和南方人对世界的看法[③]。威尔·赫伯格（Will Herberg）指出，南方移民多元化的缺乏导致南方宗教范围的狭窄和保守[④]。例如，在基督教里，同性恋究竟是否为一种罪恶是一个引起激烈争论的神学问题。尽管美国联合基督教会、加拿大联合教会已正式接受同性恋者，但大部分主流基督教流派，包括南方的新教派还是坚决反对同性恋的。

在佐治亚大学，保守主义思想在教师晋升评价中的表现之一就是对同性恋教师的歧视。

英语系教授透露：

“以往，我曾在教师招聘、晋升评价过程中亲耳听到一些我们系的退休教授对候选人的私生活有所议论，话语中包括对同性恋的歧视。我觉得现在这种情况已经不存在了，至少我自己是这么认为的！”（F20）

保守主义对教师晋升评价的另一种影响就表现在对同事关系的强调上。事实上，不少受访教师在阐述自己对同事关系的理解时会进一步强调，关键在于“与其他同事的步调保持一致”。

---

① 肖明翰. 美国南方文艺复兴的动因[J]. 美国研究，1999(2):3.

② CASH W J. The Mind of the South[M]. New York: Vintage Books，1941:439.

③ 黄虚峰. 美国多元文化下南方特性的形成[J]. 探索与争鸣，2007(7):69.

④ DEGLER C N. Place over Time: The Continuity of Southern Distinctiveness[M]. Baton Rouge: Louisiana State University Press，1977:19.

地质学系的一位副教授就很明确地表示：

“在佐治亚大学，教师晋升评价的主要目的并不是衡量教师的学术成果，而是判断一个人是否适合成为‘学系公民’。这么说或许听起来有些刺耳，但事实就是这样！如果你过于特立独行，风格出挑，即使你学术成就再突出，也是会被排挤的！”（F6）

3. 处事宽容的正反作用

美国南方人慵懒闲适、好客、感性的国民性早在殖民地时期就给外国旅行者留下了深刻印象。一个英国旅行家巴兹尔·霍尔（Basil Hall）在1827—1828年的美国旅行时也发现北方的“每一个地方充满紧张的气氛，人们骑马奔跑，劈倒树木，建造房子，犁着，种着，收割着——但是，在卡罗来纳这里，所有的人都看上去无所事事，除了热衷打猎和竞选外”[①]。直到今天依旧如此。在美国南部，随着加勒比海地区移民的加入，这种慵懒的人群特质更是得到了凸显。加上独特的地理及气候特质，南方更是成为全美度假休闲的热门地之一。克拉伦斯·卡森（Clarence Cason）在他的文章中写道：“暖热的气候促使南方人放松并给他一种抵抗改善现实状况的愿望的免疫力。”[②]这种宽容的处事风格一定程度上有利于同事间平时的和平相处，但却大大影响了以“筛选”人才为目标的晋升评价的效果。

美国北方经历了资本主义前期充分的工业大发展，快节奏的竞争意识也深入了北方人的骨髓。一位曾在俄亥俄州立大学（美国北方的公立研究型大学）工作过的教授表示：

“与佐治亚大学相比，俄亥俄州立大学对教师的要求更严格，晋升评价的淘汰率也高很多。事实上，同事之间的交往也没有佐治亚大学这么深入、密切。”（F27）

与之形成对比的是，佐治亚大学多位受访者都提及教师晋升评价时会考虑系内同事的家庭情况，坦承自己会对家庭困难的同事“适当放松晋升要求”。教师们在晋升评价中将这种“宽容”的南方特质表露无遗。

就连学校的某位副校长也主动指出：

“我认为学校评价氛围较为宽松的另一个原因是整个南方文化的影

---

① 黄虚峰．美国多元文化下南方特性的形成[J]．探索与争鸣，2007(7):70.

② NEWBY I A. The South: a History[M]. New York: Holt, Rinehart and Winston, 1978:26.

响。在美国南方，无论你犯什么样的错误，大家的态度都是比较宽容、礼貌的。人们每天见面都会主动说‘早上好！’‘你好吗？’，他们也习惯不在会议或团体中起冲突，我认为这种南方文化对教师的工作方式也会产生一定的影响。如果你在东北地区，如波士顿或纽约，人们则更倾向于挑剔。我听到很多人会议论这种文化带来的影响——很多不合格的教师也能获得晋升。”（A2）

宽容的南方特质使教师在评价同事时，多数倾向于“以和为贵”，只要候选人的表现不算太糟糕，评审都会通过其晋升申请。当然，这种“宽容”是建立在价值观一致的基础上。

结　语

教师晋升评价制度是大学一项非常重要的内部管理制度。它以职称晋升激励着校内教师的向上流动，并在这一过程中为自己与学校获得学术声誉。与其他美国研究型大学一样，佐治亚大学也在晋升评价制度中引入了“非升即走”机制，即助理教授如果不能在7年内晋升为副教授就需要立刻离开学校。任何制度的实施效果，一方面离不开合理的正式规则；另一方面，以新制度主义学派为代表的相关研究发现，以政策为代表的正式规则在组织决策中的实际效用是有限的，正式规则与实际组织活动的脱节是一种普遍现象[①]。因此，非正式规则的隐性作用同样不可忽视。

总体而言，佐治亚大学的教师晋升评价制度是一套同行评价系统，教师是最主要的评价人。目前，我国确已有不少研究型大学开始以美式范本指导校内教师晋升评价制度改革，为了不致我国高校盲目照搬，在此，本书有必要对佐治亚大学教师晋升评价制度发挥效果的几点前置条件进行澄清。

首先，教师晋升不受名额限制。美国研究型大学的人员经费各校情况不同，但基本比例在60%以上[②]，这在很大程度上减少了与教师晋升配套的薪酬、福利等客观因素对晋升结果的影响。也就是说，不同于我国大学教师晋升的定额制，佐治亚大学教师晋升的依据主要是教师的专业表现，不存在所谓的名额分配，候选人只要达到相应的晋升标准均可实现晋升。教师晋升受行政审批、资源供给等非学术因素限制较少，这是佐治亚大学教师晋升评价制度不同于我国大学的重要前置条件。

其次，制度对教师的尊重和充分信任。以专业自律、实事求是和诚信为特征的学术专业主义是美国大学的一个重要文化基础[③]，佐治亚大学也不例外。正是学术专业主义与劳动分工理论的双重作用，佐治亚大学才会将晋升评价的重要决定权交给各级晋升评价委员会，从制度上体

① MARCH J G，OLSEN J P. The New Institutionalism: Organizational Factors in Political Life[J]. The American Political Science Review，1984，78(3)：734-749.

② 赵炬明. 美国大学教师管理研究：下[J]. 高等工程教育研究，2011(6)：80.

③ 赵炬明. 美国大学教师管理研究：下[J]. 高等工程教育研究，2011(6)：78.

现出对教师专业判断的充分信任。值得注意的是，佐治亚大学非常强调对全体教师专业判断的尊重，如学系层面的晋升评价委员会是由系内所有符合资格的教师组成，不少学院晋升评价委员会也会将副教授纳入评审阵营，而并非将所有评价权力集中在教授手中。此外，候选人也有多次机会可以在晋升评价中表达自己的声音。

再次，行政权力与学术权力的相互制衡。早期的美国大学中，学院及学校层面的行政控制经常是决定性的①。佐治亚大学亦是如此。学校在20世纪60年代以前的教师晋升多由系主任提名，经院长、校长、董事会等依次批准，行政权力在职称晋升中的角色极重。自20世纪60年代建立同行评议制以来，教师晋升评价制度经历多次变革，以教师群体为代表的学术权力在其中的作用越来越大。同时，我们仍可在今天的晋升程序中看到学院院长、学术事务副校长等行政力量的存在，如院长须在学院评价中出具独立的晋升评价总结信；学术事务副校长不仅要对学校晋升评价委员会的结果做出最终的校内批示，而且还担任晋升申诉委员会的主席等。行政力量并未完全退出教师晋升评价制度，而是发挥着监督作用，相互制衡。

文献分析及实地访谈发现，佐治亚大学现行教师晋升评价制度呈现出以下特征：

一、教师晋升评价正式规则的特征

佐治亚大学教师晋升评价的正式规则主要包括晋升评价程序与晋升评价标准两方面的内容。

1. 注重评价的专业性，教师晋升权主要在教师手中

佐治亚大学当前的教师晋升评价崇尚同行评议，强调评价应以专业为出发点，以教师表现出来的实际能力作为晋升评价的唯一标准。教师晋升评价正式规则的专业性主要体现在两个方面，一是评价主体的专业性，二是评价结果的专业性。

首先，评价主体的专业性。就校内而言，佐治亚大学各级教师晋升评价委员会都是由校内教师所组成，而不是学校管理者。在政策文本

① 克拉克. 高等教育系统：学术组织的跨国研究[M]. 杭州：杭州大学出版社，1994：145.

中，管理者在晋升评价中的参与度并不高。（见图3）在学系层面，系主任虽然需要参与晋升材料的准备过程，且有投票权，但其仅有一票。另外，系主任不是纯粹的行政管理者，他们在美国大学管理结构中的双面性最为突出，即虽为基层学术组织的管理者，但同时兼具学者身份。在学院层面，院长不参与投票，只能出具独立的评价意见。在学校层面，主管晋升评价的学术事务高级副校长负责将通过学校晋升评价委员会的晋升申请转交给校长，将被否决的晋升申请送入大学晋升申诉委员会，其在大学晋升申诉委员会中任名誉主席，没有投票权。就校外而言，校外力量直接影响学校教师晋升评价的主要途径就是通过外部同行评价信。但外部同行评价信主要是针对教师能力尤其是科研能力进行评估，校外专家本身就是专业性的“代言人”。可见，佐治亚大学教师晋升评价的主体是教师群体自身，行政力量的影响较小。

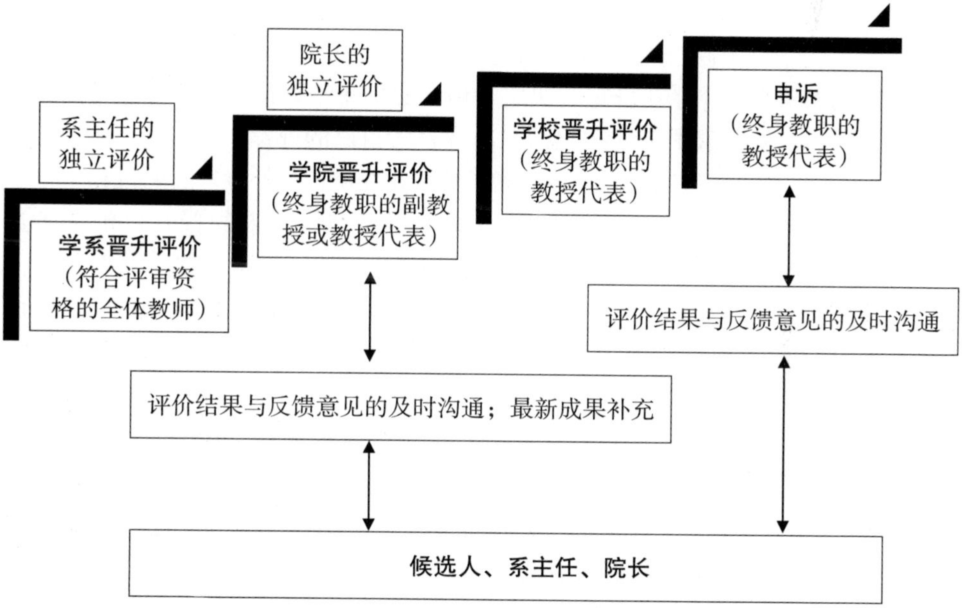

图3　佐治亚大学教师晋升评价流程简图

其次，评价结果的专业性。佐治亚大学明确规定，教师最终的晋升结果要以学系评价为主。原因在于学校认为学系同事是最了解候选人学术水平的群体，他们的判断结果最具专业性。为确保学系评价结果不轻易受到高一级晋升评价委员会的干扰，佐治亚大学还为学院及学校晋升评价委员会设置了障碍，即规定“学院及学校晋升评价委员会须获得总票数的2/3才能否决低一级的晋升结果”。此外，2004年起学校鼓励各院系出台具体的晋升评价标准，并规定各级教师晋升评价委员会都应以此为评价标准，进一步保障了评价结果的专业性。

2. 追求评价的公平性，尊重候选教师的权利

佐治亚大学教师晋升评价制度始终没有停止对公平的追逐。经过多年的制度变迁，目前佐治亚大学的教师晋升评价在公平性方面的表现已有很大提升。

一是建立递进性原则。佐治亚大学晋升评价的特色之一即为递进性。此举允许教师完整地经历“系—院—校”三级评估，不因某一级的否决而失去被评价的资格。这种多次考核方式旨在有效减轻个人偏见、利益冲突等非学术因素在晋升评价中对候选人的负面影响，保障候选人的正当权利。

二是赋予候选人选择校外评价专家的权利。佐治亚大学规定，校外专家的名单虽然由系主任最终决定，但却必须采纳候选人的部分意见。一般而言，校外专家中有2—3名应来自候选人自己的推荐，且一定不能包括候选人递交的“黑名单”。此举保障了候选人在挑选校外专家时的权利。

三是反对候选人晋升的系主任不得参与候选人的晋升评价准备过程。学校规定，所有晋升评价委员会都必须进行匿名投票，只有系主任必须公开自己的投票情况。为了避免系主任的偏见对候选人造成的负面影响，投了反对票的系主任不得承担撰写学系晋升评价总结信的重任。从另一个角度来看，此举也是为了保护候选人。

四是要求与候选人来自同一学系的教师不能参与其学系以外的评价过程。佐治亚大学的学院和学校晋升评价委员会的成员均来自各个学系，为了避免二次评价及对其他评委产生不必要的干扰，学校要求与候选人同一学系的教师必须在讨论前自行离开现场，不得影响其他评委的主观判断，以确保评价的公平性。

五是候选人有机会全程参与晋升评价过程。（见图3）

3. 建立较为健全的评价监督机制

佐治亚大学教师晋升评价的正式规则并不是一味充斥着评审对候选人的绝对权威，其也充分赋予了候选人维护自身合法利益的可能性。一方面，建立及时的信息反馈机制，让候选人能够及时了解晋升评价的进

程及各阶段评价结果，表达自己的声音，提升评价过程中的透明度。佐治亚大学的教师晋升评价历时近1年，其间需要经历多级审核，学校明确要求各级晋升评价委员会及关键人物不仅要及时通知候选人各个阶段的晋升结果，而且还要给予候选人一定的反馈时间。候选人的书面反馈意见也会与晋升结果一同被纳入晋升材料，继续接受高一级晋升评价委员会的审核。此外，候选人还能在整个晋升评价过程中（除申诉阶段）随时添加自己的最新成果。信息畅通，一方面可以缓解候选人的焦虑，另一方面也能帮助晋升评价委员会做出更合理的判断。（见图3）

另一方面，建立大学晋升申诉委员会，为候选人直接改变晋升结果提供正规渠道。佐治亚大学被否决晋升的教师均有权决定是否对晋升结果提出申诉。一旦进入申诉程序后，候选人可以针对否决理由提供各种辩驳材料，包括邀请系主任、院长、同事为自己进行申诉辩护等。申诉成功后，候选人有可能立即获得晋升。因此，申诉可以说是保障候选教师权利的重要机制，对晋升评价实现了有效监督。

4. 秉持教学、科研、服务兼顾的晋升评价标准

佐治亚大学是一所公立研究型大学。尽管科研是当今社会赋予研究型大学最重要的职能之一，但佐治亚大学却并未在学校层级的教师晋升评价文本中明确突出科研评价的核心地位，而是呈现出教学、科研、服务三者同等重要的文本特征。在院系层面，虽然全校74份学系晋升评价标准对教师能力的具体要求各有不同，但总体上都对教师的教学、科研、服务三方面提出了希望，只是不同学科在此基础上又提出了有学科特色的评价标准，例如，兽医学院的病理学系就指出要将教师的“同情心”作为评价标准之一，农业与环境学院的土壤与作物学系则将客户评价纳入考核范围等。

二、教师晋升评价非正式规则的特征

佐治亚大学教师晋升评价中的非正式规则是一个“黑箱”，其几乎遍布晋升评价的各个方面，却较难被文本化。调查发现，非正式规则主要以情感或利益为媒介，对晋升评审产生影响。（见图4）大多数时候，晋升评价依据应然与实然之正式规则运行，但有的时候，非正式规则所产生的影响甚至超过正式规则，直接决定晋升结果。

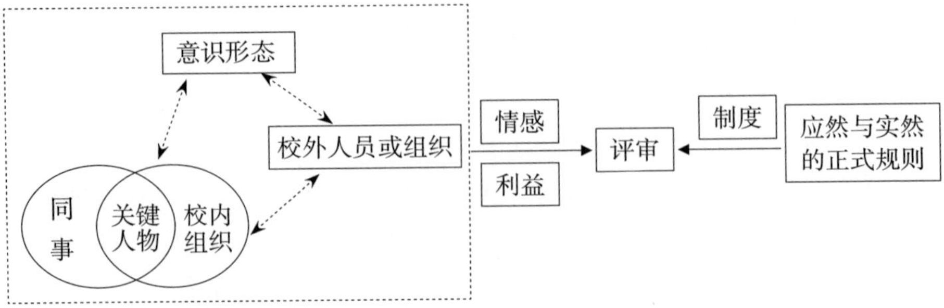

图4　佐治亚大学教师晋升评价非正式规则及其运行简图

1. 同事关系成为影响教师晋升评价的要素之一

晋升评价本就是一种基于客观材料的主观判断。佐治亚大学教师晋升评价的核心权力掌握在由校内教师组成的教师晋升评价委员会手中，由评审们所共享。访谈发现，评审们对候选教师的价值判断往往不是完全基于其所提交的客观材料，一定程度上，这种主观判断会受到情感等非理性因素的影响。再加上，不少评审还主动赋予了晋升评价更多深层次的意义，如为自己挑选未来二三十年的学术伴侣等，这就使得人际关系本身也成了评审们的评价标准之一。人人都想选择能与自己和睦相处的同事，不少受访者均直言“学系公民”的重要性。研究证实，候选人与系内同事、系外同事的关系会直接影响到其接受晋升辅导的效果以及各级晋升评价的结果。

2. 管理者以多种形式参与评价过程

在佐治亚大学教师晋升评价的制度设计中，随着行政权力的逐级递增，系主任、院长和学术事务高级副校长在教师晋升评价中的参与程度依次递减。制度在运行过程中尽管较大程度地遵循了这一设计原则，但某些管理者仍然试图增强其在晋升评价中的作用。例如，不少学院院长们都表现出了不愿做“橡皮图章”的雄心壮志，他们通过指派副院长监督学院晋升评价委员会的运行等方式施加自己的影响。另外，院长在教师晋升评价制度史中的地位变化也折射出了他们对于晋升话语权的渴望，2004年他们成功夺回独立撰写晋升评价总结信的权力就是明证。

3. 不同层级晋升评价权力博弈呈焦灼之势

大学本身为科层结构，学系、学院与学校在行政管理上是有高低之分的，然而，根据学校的晋升评价制度设计，晋升权属于学术权力，应以学系评价结果为主。行政权力与学术权力在逻辑上的冲突是造成不同层级之间争夺晋升权的主要原因。总体而言，尽管学校管理者在政策中非常推崇以学系结果为主，但学校晋升评价委员会在实际评价中却有自己的想法，一方面，他们倾向于自己对候选人进行独立的价值判断，另一方面，与学系评价结果相比，他们更相信学院评价结果。也就是说，学校层级本身就存在分歧。在学院层面，由于学院既不掌握最高的行政权力，又与最高学术权力无缘，因此，这一层级的管理者与评价委员会表现出空前一致的态度，即强调学院评价的重要地位，不太认可学系结果。在学系层面，系主任与学系晋升评价委员会对评价权的态度也是一致的，认为晋升评价应做到“学术至上”，努力捍卫自己的权力。各个层级对自身权力的捍卫使目前佐治亚大学的教师晋升评价权呈现出一种焦灼的平衡。

4. 校外组织的间接影响

现代大学不再是一座孤岛，校外组织对它的影响越来越大，教师晋升这种内部事务也不例外。其中，最重要的三股力量分别是政府、专业组织和服务对象，后两者的影响受到受访者的普遍认同。专业组织承办的学术会议不仅为教师们提供展示成果的平台，提升其学术声誉，而且能够借机建立学术网络，有利于课题申请和寻找未来的外部评价专家。在某些学科，以客户为代表的服务对象甚至能够直接参与晋升评价，且占据重要地位。然而，校内教师与管理者对于“政府影响”仍然存在较大分歧。虽然佐治亚大学是一所公立研究型大学，直接受州大学董事会管辖，但由于晋升没有名额的限制，一般董事会并不会否决学校递交的晋升名单。多数校、院级管理者都强调政府力量并不会影响教师晋升评价，但系主任则对此持保留态度。教师们对此的态度也是一分为二的。总之，校外组织并未直接参与到佐治亚大学的教师晋升评价中（外部同行评价信与客户评价除外），其影响方式相对较为间接。

5. 意识形态的“无形之手”

如果说校外组织对佐治亚大学的影响较为间接的话，那么，意识形态则显得更加难以捕捉。佐治亚大学地处美国南方，特殊的地理位置与发展历史使学校教师晋升评价中存在着诸多歧视现象，如歧视以黑人为代表的少数族裔，歧视女性，排斥不同宗教信仰的群体，难以包容反传统的“异类”（如同性恋、标新立异者等），过于包容不合格同事等。教师晋升评价归根结底是一个主观评价，因而，意识形态必然影响着评审们的判断，只是程度各异。

三、现行教师晋升评价制度存在的问题

世界上没有任何一套制度是十全十美的，佐治亚大学的教师晋升评价制度也存在不少问题，遭到了校内教师和管理者的诸多批评。当然，这其中既有对制度本身的不满，又有对评审的不满。充分了解制度的缺点，更全面地认识研究对象是比较研究中必不可少的环节。总体来看，佐治亚大学教师晋升评价制度的问题集中在以下几个方面。

（一）递进性原则的效果仍存在争议

递进性原则是现行佐治亚大学教师晋升评价制度最重要的特色之一。其自2004年设立以来，尽管受到了不少教师的褒奖，认为其有效地保障了候选教师的被评价权，有利于整个制度的公平性，但其也一直备受争议。佐治亚大学内部对递进性原则的不满主要集中在两个方面，一是递进性原则在强调学系晋升权的同时，削弱了学院的晋升权；二是递进性原则使教师晋升更容易，可能会削弱学校的学术声誉。

就前者而言，递进性原则实施前，佐治亚大学每一层级的晋升评价委员会对候选人都有真正意义上的“杀伐决断权”，候选人在任一层级被否即会被宣布晋升失败。递进性原则下，最终拥有晋升权的是学校晋升评价委员会，再加上学校从政策上对学系进行“倾斜性照顾”，因此，这一原则的负面影响主要集中在学院层级，相当于架空了学院在教师晋升评价中的权力。因此，多数院领导对递进性原则存在“敌意”，认为它削弱了整个晋升评价制度的筛选功能。

此外，递进性原则的计票方式也在一定程度上削弱了学校的晋升权。因此，学校晋升评审们对它也并不推崇。

曾服务于学校晋升评价委员会的微生物学系教授证实：

“去年我在学校晋升评价委员会服务时曾遇到这么一个案例——候选人顺利通过了学系的晋升评价，但在学院层面获得了一些反对票，因票数不足2/3仍以‘通过’的最后结果被送入学校晋升评价委员会。我们在审核时发现，这个候选人有一封特别差的外部同行评价信，而且并未承担什么独立科研项目，所有的成果基本都是合作型的，坦率地说，这是一个不怎么合格的候选人。但是学校评价委员会的投票结果仍然是1：1，因此，我们仍然未能推翻学系的结果。最终这个候选人顺利实现了晋升，但其实他并不怎么合格，只是制度设计时给学院和学校的评价

委员会设置了更大的障碍。”（A17）

除了晋升权被削弱后的本能抗拒外，不少受访者对递进性原则的前提也有疑虑。从文本上而言，递进性原则倡导以学系晋升结果为主，也就是说，该原则实施的前提是学系晋升评价的公正性和客观性，但不少教师都认为这个前提是否成立还有待商榷。

社会学系的某位教授强调：

“我认为所有大学都存在一个同样的缺点——学系评价不可信。当我们在学系晋升评价委员会上对某个候选人的晋升资格进行讨论时，尽管这些讨论是应该要保密的，但总能以某种方式反馈到候选人那里。你知道这个现实，所以在讨论时就不会畅所欲言，即使你认为这个候选人真的不合格，也不会公开进行负面评论。此外，由于长久相处，你自己也会存有偏见——更倾向于朝夕相处的同事，很难真正投出否决票！基于这两个原因，我认为学系评价是不可靠的！”（F9）

此外，多数教师认为递进性原则降低了教师晋升的难度，一些不那么合格的教师也能实现晋升，会对学校的声誉产生负面影响。

公共与国际事务学院某院领导就颇感担忧：

“虽然递进性原则有许多优点，但也存在一定的隐患。按照递进性原则，无论候选人在某一级评价中的结果如何，只要候选人本人不喊‘停’，整个评价程序就将自动进行下去。因此，如果候选人未能通过学系的初审，而其本人又坚持继续参与晋升的话，系主任就必须向校外专家获取评价信。按规定，为了保障校外专家评价的独立性，系主任是不能将学系评价结果透露给校外专家的。而作为校外专家，他们在收到佐治亚大学的候选教师晋升材料时一般都会认为‘候选人所在学系是支持这名教师的晋升申请的’，那么，他们就会因为这名不合格的教师对佐治亚大学的学术声誉产生疑问——原来佐治亚大学的晋升标准不过如此！这虽然不是一个非常严重的问题，但在我看来，却是一个可能会使学校声誉受损的隐患。”（A7）

生物化学与分子生物学系某教授也表示：

“现在的晋升评价制度使得教师质量越来越得不到保证，是以牺牲学校的优质发展为代价的。在2004年以前，各级晋升评价委员会都能对候选人的晋升资格进行评价，能够通过层层审核最终获得晋升的教师必然是非常优秀的。在那个时候，学系可能不用承担像今天这么重大的责任。然而，今天的评价制度将所有的重心都放在学系层面，对于多数候选人而言，只要通过学系的晋升评价就意味着基本能够获得晋升。”（F19）

（二）副教授晋升教授时缺乏有效的动力机制

在佐治亚大学，全职的终身轨教师晋升主要包括助理教授晋升副教授、副教授晋升教授两个阶段。目前学校晋升评价的重心主要放在前一个阶段，制度的淘汰性较强，但对副教授晋升教授的要求却并不强硬，教师在成功晋升为副教授后理论上就可以“高枕无忧”了。例如，佐治亚大学对于助理教授的晋升是有明确时间上限的，即7年，但对于副教授的晋升却只有下限规定，即5年。虽然佐治亚大学从20世纪90年代末起开始推行终身后评价，以每5年一次的评价来鞭策副教授继续前进，但政策实施以来学校对未通过终身后评价的教师处理得并不严苛，如调整副教授的工作量、劝说不合格教师提前退休等。因此，佐治亚大学的副教授们在整个晋升评价制度中相对处于一种较为安逸的状态。

一位社会学系副教授就明确表示：

“这套制度存在的漏洞之一就是副教授申请晋升的时间没有上限！按规定，助理教授申请晋升副教授必须在7年内完成，否则就会被解雇。也就是说助理教授需要在7年内完成10—12篇的学术论文。但学校只规定了申请晋升教授的最低年限，却没有上限！一位副教授可以在5年内完成20篇论文晋升为教授，在20年内完成同样数量要求的论文后也可以晋升为教授！这个规定是不公平的！如果5年内晋升教授相当于每年需要发表4篇论文，而20年晋升教授则只需要每年发表1篇论文即可，这样的工作量要求是不合理的！我认为如果副教授任职时间过长，其晋升教授时的标准也应相应提高。”（F8）

教育学院的某院领导也坦率地承认，学校对副教授的晋升并不太关注。

“在佐治亚大学，理论上来说，教师在晋升为副教授时一般都会同时获得终身教职。他们可以在这一职称上工作至退休。但事实是，如果一个副教授超过10年甚至15年还没有成功晋升为教授，系主任就有责任提醒这名教师。在我看来，如果副教授任职10年以上仍未晋升，我很怀疑他们自己是否还会考虑申请晋升！对此，我们仅有终身后评价可以发挥一点功用，但效果并不明显。”（A6）

（三）申诉程序有待进一步完善

为了提高评价效率，与递进性原则进行匹配，佐治亚大学自2004年起将教师的申诉程序合二为一，仅保留学校层面的晋升申诉委员会。目前，在学校申诉程序之下，很多极端现象都有可能发生。例如，候选教师在学系、学院及学校层级的晋升评价结果均为失败，只要晋升申诉委员会对其晋升资格予以认可，那么，这名教师也是可以立即实现晋升。尽管佐治亚大学对晋升申诉委员会的审查流程进行了详细说明，但鉴于其在制度中的特殊功能定位，不少管理者和教师都认为其有待进一步完善。

生物化学与分子生物学系某教授就认为：

“制度的缺点之一就是学校规定教师必须在所有层级的晋升评价完成后再进行申诉，这个规定实在是太奇怪了！一般来说，候选人如果被某一级晋升评价委员会否决，那么，他有权针对这级评价委员会进行申诉，而不是等到最后。”（F19）

公共与国际事务学院某院领导也认同这一观点：

“整个系统的申诉程序很差！目前佐治亚大学只在学校层级设立了一个申诉委员会，而这个申诉委员会对候选教师做出的判断一般就是其最终的晋升结果，甚至不用将教师的晋升材料再返回学系进行评价。可谓‘一锤定音’！我个人认为这个环节太疯狂了！”（A10）

（四）晋升评价标准偏低

佐治亚大学目前的教师晋升评价标准是由各院系在学校出台的《手册》基础上，根据学科特色所制定的细化规则，各级晋升评价委员会均依据这一标准来评价候选教师。佐治亚大学是一所公立研究型大学，目前的教育质量并不差，也能进入美国公立研究型大学的前20名，但不少人认为学校教师晋升评价标准却并不能完全与其在美国高等教育体系中的地位相匹配，太过宽容，有待提升。

社会学系某教授表示：

“佐治亚大学教师晋升评价制度存在的缺点，应该说是长久以来就有的缺点——筛选功能不够强大。学校晋升了太多不合格的教师，这套系统对教师们太过宽容了。”（F7）

新闻与大众传播学院某系主任进一步表示：

“佐治亚大学的教师晋升标准比我的预期要低很多。我认为一部分原因可能是为了留住更多的教师。近五年来，佐治亚大学的教师工资一直在被削减，但教学工作量却越来越大，学校为教师提供的差旅费也越来越少。从这方面来看，继续留在佐治亚大学工作对教师的吸引力并不大。因此，学校必须从其他途径来补偿教师，其中之一就是——以降低晋升标准为代价，留住更多的优秀教师。”（A11）

对此，学校的某副校长也坦承：

“我也认同佐治亚大学的教师晋升标准未达到我预期的高度，而且具体执行过程中也较为宽松。目前，佐治亚大学正在转型期。缺点是很多不应得到晋升的教师成功晋升了。佐治亚大学如果想变得与密歇根大学、威斯康星大学一样出色就必须改变自己的晋升文化，即变得更强硬，对教师要求更严格。我很欣喜地看到有些院长能够明确指出哪些教师并不适合晋升，这样的变化有利于整个教师晋升评价制度的提升！”（A2）

（五）教师的晋升辅导尚待制度化

在佐治亚大学的教师晋升评价制度中，晋升辅导并非属于正式的晋升评价程序，但其对教师顺利通过晋升评价发挥着非常重要的作用。尤其对于刚刚进入学术职业的青年教师而言，学校为他们提供充足的晋升辅导也是保障制度公平的途径之一。目前佐治亚大学的晋升辅导却并未完全制度化，其存在方式也多为同事交流等非正式形式，且集中在学系层面。因此，学校的晋升辅导仍有较多的工作需要去完成。

某位受访的副校长就坦承：

“佐治亚大学教师晋升评价制度还需要加强的一个领域就是学校层级为教师提供的晋升指导。前段时间，有许多女教师向我建议，学校应该设立一个女性辅导委员会，为女性教师提供职称晋升、领导力等领域的辅导。我也有对这方面进行考量，只是由于经费问题一直没有实质性的进展。此外，整个教师晋升评价制度给予助理教授的压力很大，因此，我们应该帮助年轻教师减轻职业焦虑。虽然在教师的晋升过程中压力无处不在，但我认为承受最大压力的群体无疑是想要获得终身教职的助理教授。由于终身教职制的保护，晋升教授的压力显然没有前者大！”（A1）

（六）对评审的个人责任感要求很高

制度是由人来执行的，教师晋升评价更是如此。佐治亚大学现行的教师晋升评价制度是一套同行评价系统，教师是主要的评价人。制度设计的前置理念是教师能够秉持公正原则，客观地评判候选教师是否具备晋升资格。然而，在现实过程中，并不是所有评审都能做到客观公正，尤其在学系层面，人与人之间长期交往所积累的情感因素会对晋升评价产生影响。制度的顺利推行必须靠参与晋升评价的各类人群的强烈责任感。

社会学系某教授就直言：

“晋升评价工作始终是由人来进行的，每个人的想法不同，每年晋升评价委员会的权力结构也不同（强势的人选可能会变），因此，无论你使用哪些评价标准，你都很难保证其每年都能得到一样的执行力！”（F9）

一位学校管理者也认同这一观点，并指出制度改进的重点在于落实规定，摒弃个人情感。

“不是所有的评审委员都能公平地评价候选人，我的确看到过一些教师将个人情感带入评价过程中。因此，晋升评价的重点是要将规定落实，而不要带入个人因素！”（A1）

除了作为第一责任群体的晋升评审外，系主任、院长、晋升导师等关键人物在晋升评价中的作用也不可小觑。对此，新闻与大众传播学院某系主任表示了她的担忧。

“佐治亚大学的教师晋升评价制度非常好，比其他很多学校的都好，但有一点令我比较担忧的是整个系统很大程度上依靠系主任和院长。这就要求系主任和院长要具备较高的责任感，不断地给予新教师晋升方面的帮助。此外，我认为佐治亚大学给予新教师的保护是有限的，因为给新教师专门配备的晋升导师所能提供的帮助也要取决于导师自身的责任感。”（A11）

此外，在系主任反对候选人晋升的特殊情况下，系内的资深教师也有取代系主任职责的机会。这类代理人虽然是由候选人自行指定，但也存在一些问题。例如，公共与国际事务学院某院领导就指出系主任代理人制度存在的缺陷。

“制度规定，在学系晋升评价委员会中，系主任必须在投票后公开自己的投票情况，如果系主任反对候选教师晋升，他就必须将学系晋升评价总结信的执笔权交给系内的某一教师。然而，由于其他教师的投票结果是保密的，那么，谁才能有资格来承接系主任的执笔权呢？候选人也极有可能选中一位同样投了否决票的同事担任系主任代理人。”（A10）

总的来说，佐治亚大学的整个晋升评价制度是以个人诚信为基础的，目前尚缺乏有力的约束机制来“逼迫”教师提升个人责任感。对于不“依法执政”的评审，没有相应的惩罚机制。

四、佐治亚大学的代表性和独特性

美国大学的层次与类型多样，不同类型的大学在高等教育系统中有自己独特的定位与功能。如社区学院主要负责职业教育，精英文理学院以本科博雅教育为特色，研究型大学则更强调研究生教育。相应地，不同类型大学中教师晋升评价的侧重点也不同。一般来说，与社区学院、文理学院特别强调教师教学能力不同的是，研究型大学的定位决定了科研在教师晋升评价中的突出地位。当然，任何研究都很难穷尽对所有类型大学教师晋升评价制度的探索。本书是对佐治亚大学的个案研究，研究结论虽在特定范围内具有一定的代表性，但也有独特性与局限性。

佐治亚大学是美国第一所州政府正式授权兴办的四年制大学，在卡内基教学促进委员会2013年的分类系统中，是108所I类研究型大学之一，具有美国公立研究型大学所共有的特点。首先，科学研究是教师最重要的学术活动。尽管访谈和实际观察发现不少佐治亚大学的教师和管理者都认为教学在教师评价中地位颇高，但其始终未能超过科研的地位。这是佐治亚大学与其他研究型大学的共同之处。其次，学校主要办学经费来自州政府。尽管近年来联邦与州政府拨款越来越少，但目前，佐治亚大学的办学经费中份额最大的一笔仍然来自州政府。此外，州政府还通过设立“希望奖学金”以学费的方式间接资助学校。这也是公立大学的主要特征之一。再次，为州内服务的学校使命。佐治亚大学是佐治亚州的旗舰大学之一，在“希望奖学金”的资助下，其所招收的本科生中绝大多数为州内公民。为佐治亚州培养优秀人才是佐治亚大学自诞生之日起即确定的发展使命。这与其他公立研究型大学并无二致。

就教师晋升评价制度而言，美国第一批探索建立教师晋升评价制度的大学是耶鲁大学、哈佛大学等私立研究型大学，佐治亚大学虽然并不是先行者，但在公立研究型大学中起步也不算晚。学校1969年时初建的同行评议式教师晋升评价制度是基于对当时19所模范大学的调查，1981年的制度调整又参考了50个州的其他州立大学的制度，之后学校的制度调整也都建立在与其他“对标大学”对比的基础之上。由此可见，佐治亚大学教师晋升评价制度从根源上兼具私立大学与公立大学的“基因”，具有一定的代表性。

当然，佐治亚大学作为个案对象也有其特殊性，这也决定了研究结论的适用范围。佐治亚大学虽然起步较早，但由于地处南方，学校发展初期先后受宗教、州政府影响颇深，外部力量的强大和文化上的保守性使学校的发展速度较为缓慢。佐治亚大学虽然有不少学科在全美研究型大学中排名靠前，如教育学、新闻学、农学、兽医学等，但就学校总体水平而言，其不能算是美国顶尖的研究型大学。在2014年《美国新闻与世界报道》杂志的“大学排行榜”中，佐治亚大学属于“全国性大学”（national university）行列，其本科教育质量排行第60名，在公立大学中排名第20名。[①]也就是说，佐治亚大学在美国国内有自己的一个独特位置。这也是为什么多数受访教师和管理者都认为目前学校的教师晋升评价要求并不太严格的原因之一——在佐治亚大学之上还有多所学术水平更高的大学，它们也相应地会对校内教师的晋升提出更高的评价标准；同样的，对于学术水平低于佐治亚大学的学校而言，其校内教师晋升评价标准也会相应有所降低。

从历史发展的纵向角度来看，与自身相比，佐治亚大学教师晋升评价的标准已有大幅提高。目前，学校在评价教师能力时的标准已达到以研究为主，但科研之于教学的优势并不显著。更准确地说，在作者调研的这段时间及未来很长一段时间里，佐治亚大学将会经历转型期，即从中高等水平的公立研究型大学向更高的目标前进。学校的一位副校长证实了这一判断：

“近20—25年来，佐治亚大学一直致力于成为全美瞩目的公立大学，学校文化也在悄然发生转变——教师变得更加积极。这种变化是渐进式的，靠的是一轮又一轮新进的上进教师。这种文化的转变还在继续，尚未完成。”（A2）

① The U.S. News and World Report. National University Rankings[EB/OL]. [2014-03-01]. http://colleges.usnews.rankingsandreviews.com/best-colleges/rankings/national-universities.

五、研究过程的反思

本书是针对美国佐治亚大学的个案研究，运用了调查法与文献法。文献法是比较教育领域常用的研究方法，研究对象主要是稳定的政策文本，可控性较强；但调查法的对象是活生生的人，且与调查者分属两大差异性明显的文化圈，可控性相对较弱。

质性研究认为，客观的、固定不变的实体是不存在的，研究是一个主体间不断互动的过程。①基于每次访谈后的心得笔记和记忆，作者发现访谈过程中存在的一些问题可能会影响个别受访者的回答。

1. 辩证地看待管理者的回答

受访者中有18位管理者。选择管理者作为访谈对象是因为他们是佐治亚大学教师晋升评价制度中的关键人物，代表不同的视角。然而，管理者同时也代表着其所在职位或阶层的集团利益，因此，管理者们的反馈一方面可以作为深入分析的依据，另一方面也应分辨其受访内容的真实性。

2. 研究者的角色问题

书中的访谈对象是一群西方人或长期习惯西方行为模式的少数族裔，且他们均为大学教师（或管理者）。调查实施时，研究者的东方文化背景和学生身份于他们而言是实实在在的“圈外人”。这种角色既有可能帮助受访者卸下心防，获得真实的反馈，又有可能成为被排斥的原因。作者在寻找访谈对象的过程中充分体验到了这种情形。在诸多拒绝理由中，就有不少教师直接回复“我对你的研究没兴趣”“我认为你的研究是没有价值的”“中国人不需要了解我们的制度”等。当然，这也可以从另一方面反映出愿意接受访谈的这50名受访者反馈的真实与珍贵。同时作者也发现，不少受访者仍然会对性别歧视、种族歧视、权力争斗等敏感问题有所避忌。

3. 访谈的先后顺序有可能影响访谈结果的深度

访谈采用的是非结构化访谈提纲，作者在每次访谈前会根据受访者的个人经历和学系晋升评价标准来调整访谈提纲。尽管做好了充分的准

---

① 陈向明. 质的研究方法与社会科学研究[M]. 北京：教育科学出版社，2000：390.

备工作，但由于访谈是由作者一人独立完成，对方法的熟悉程度和异文化环境的适应状况，使持续近半年的访谈很难完全保持在同一深度。理论上而言，越晚进行的访谈越有可能获得更丰富或更隐蔽的资料。

4. 样本的代表性问题

虽然访谈样本与学校教师的整体特征基本保持一致，但由于随机抽样的不可控、异文化调查的难度、个人能力等因素，访谈样本仍存在改进空间，如受访者的学科背景分布。依照比格兰的学科分类模型，50位受访者的学科背景虽然涵盖硬科学—纯科学（以下简称硬—纯）、硬科学—应用科学（以下简称硬—应）、软科学—纯科学（以下简称软—纯）、软科学—应用科学（以下简称软—应）四大领域，但分布并不均衡。受访教师中，软—应领域共10人，软—纯领域共9人，硬—应领域共5人，硬—纯领域共8人；受访管理者中，软—应领域共9人，软—纯领域共1人，硬—应领域共3人，硬—纯领域共4人。加之管理者与受访教师的学科背景并不完全匹配，这种样本特征限制了笔者进一步以学科为维度的深入探究。

5. 访谈的时间不理想

佐治亚大学规定，研究者必须在获得学校颁布的调查许可证后才能正式展开研究。因此，作者正式向教师们发送访谈邀请信的时间是在3月份。根据某些教师给出的拒绝理由，作者发现，3—5月份是某些应用学科教师特别忙碌的时段，如外部科研经费申请多数集中在这段时间。一般而言，忙碌的教师很难有“闲情逸致”来帮助一个非本职工作范围内的外来人，这也是最终愿意接受访谈的教师总数不多的客观原因之一，进一步导致访谈对象的选择余地不大。

六、有待进一步探索的理论问题

通过访谈法和文献法对佐治亚大学进行的个案研究，除了本书目前所呈现的内容外，仍有不少问题值得进一步探索。

首先，个案研究本身仍有继续深入的空间。本书主要研究的问题是晋升评价中的正式规则与非正式规则。事实上，教师晋升评价制度中还有许多其他环节，如晋升辅导、晋升申诉等，文中虽在勾勒整体制度轮廓时有所涉及，但并未专门对此进行深入探究。同时，正式规则与非正式规则在教师晋升评价制度的历史变迁中所表现出来的相互关系也值得深入探索。此外，如果能够获得足够理想的样本，在分析时引入学科维度，那么研究就有可能更加深入、立体。

其次，与其他公立、私立研究型大学进行比较。美国是一个地方分权制国家，高等教育权是由州政府直接掌握的，因而，各公立研究型大学之间尽管存在一定的共性，但也具备不一样的地方特色。本书是针对佐治亚大学的个案研究，未来还可以对其他公立研究型大学进行类似研究，寻找公立研究型大学之间的共性与个性。再者，美国高等教育系统中，顶尖研究型大学多为私立。就教师晋升评价制度而言，其评价标准更高，淘汰率也更高。因此，如果能对私立研究型大学进行比较研究，也将进一步丰富这一领域的研究成果。

附　录

附录1　受访管理者的基本特征

编号	层级	性别	职称	种族	晋升次数①	比格兰模型
A1	学校	女	教授	白人	2	软—应
A2	学校	男	教授	白人	0	硬—纯
A3	学校	男	教授	白人	1	软—应
A4②	学校	女	无	白人	0	
A5	学院	男	教授	白人	0	硬—纯
A6	学院	女	教授	白人	2	软—应
A7	学院	男	教授	白人	1	软—应
A8	学院	男	教授	白人	2	硬—纯
A9	学院	男	教授	白人	1	硬—应
A10	学院	男	教授	白人	2	软—应
A11	学系	女	教授	白人	2	软—应
A12	学系	男	副教授	白人	1	硬—应
A13	学系	男	教授	白人	0	硬—应
A14	学系	男	教授	白人	0	软—应
A15	学系	男	教授	白人	2	软—应
A16	学系	女	教授	白人	0	软—纯
A17	学系	男	教授	白人	2	硬—纯
A18	学系	男	教授	白人	0	软—应

① 指在佐治亚大学任职期间的晋升次数。

② 此人为行政人员。

附录2 受访教师的基本特征

编号	学院	性别	职称	种族	评审经验①	晋升次数②	比格兰模型
F1	兽医学院	男	助理教授	印度裔	无	0	硬—应
F2③	兽医学院	女	助理教授	白人	无	0	硬—应
F3	兽医学院	女	助理教授	白人	无	0	硬—应
F4	文理学院	男	教授	拉丁裔	有	2	硬—纯
F5	文理学院	男	教授	白人	有	2	硬—纯
F6	文理学院	男	副教授	白人	无	1	硬—纯
F7	文理学院	男	教授	白人	无	2	软—纯
F8	文理学院	女	副教授	白人	无	1	软—纯
F9	文理学院	男	教授	白人	有	2	软—纯
F10	文理学院	男	教授	白人	有	2	硬—纯
F11	文理学院	男	教授	华裔	无	2	硬—纯
F12	文理学院	男	助理教授	白人	无	0	软—纯
F13④	文理学院	男	副教授	非裔	无	1	软—纯
F14⑤	文理学院	男	教授	白人	无	2	软—纯
F15	文理学院	男	副教授	白人	无	1	软—纯
F16	文理学院	女	副教授	黑人	无	1	软—纯
F17	文理学院	男	教授	拉丁裔	有	2	软—纯
F18	文理学院	男	副教授	白人	无	1	硬—纯
F19	文理学院	女	教授	白人	有	2	硬—纯
F20	文理学院	男	教授	白人	有	2	硬—纯
F21	教育学院	女	副教授	白人	无	1	软—应
F22	教育学院	女	助理教授	白人	无	0	软—应

（续表）

编号	学院	性别	职称	种族	评审经验①	晋升次数②	比格兰模型
F23	教育学院	男	教授	白人	无	2	软—应
F24	教育学院	男	教授	白人	有	2	软—应
F25	家庭与消费科学学院	女	助理教授	白人	无	0	软—应
F26	商学院	男	助理教授	白人	无	0	软—应
F27⑥	新闻与大众传播学院	男	教授	白人	有	0	软—应
F28	公共与国际事务学院	男	助理教授	白人	无	0	软—应
F29	农业与环境学院	女	教授	白人	无	2	硬—应
F30⑦	农业与环境学院	男	教授	华裔	无	0	硬—应
F31	高等教育研究所	男	副教授	白人	无	1	软—应
F32	学业提高部	男	副教授	白人	无	1	软—应

①指在学系以外的晋升评价委员会的服务经历。

②指在佐治亚大学任职期间的晋升次数。

③与其丈夫在同一个学院工作，其丈夫有过1次成功晋升经历。

④通过申诉获得晋升。

⑤晋升时被否决过1次，放弃申诉。

⑥直接调入佐治亚大学。

⑦直接调入佐治亚大学。

附录3 访谈邀请信

Invitation for the Study

PROJECT NUMBER: 2013-10676-0
TITLE OF STUDY: Faculty Promotion and Tenure Survey (Evaluation Regime) in UGA
PRINCIPAL INVESTIGATOR: Dr. XXX

Dear Professor (Family Name):

I am writing to invite you to participate in my dissertation research study which uses case study approach to examine promotion evaluation process for full-time tenured/tenure-track faculty at the University of Georgia. I am a visiting doctoral student at the Institute of Higher Education at the University of Georgia, sponsored by China Scholarship Council. I am from the Institute of International and Comparative Education of Beijing Normal University, China, where I am a doctoral graduate student specializing in American higher education policy.

As a study of *Faculty Promotion and Tenure Survey (Evaluation Regime) in UGA*, your perspective on UGA's promotion and tenure process is of great interest for this study. My research is conducted by interview. I would very much like to have an interview with you from April 1st to September 8th, 2013. If you have interest, please reply to this e-mail directly, and I will contact each of you with a tentative time. The interview will take no more than one hour, for your convenience, I'd be happy to meet with you on the UGA campus. Your participation is voluntary but very much appreciated. I will provide you the summative results of this study after the completion of my dissertation if you ask.

The purpose of this study is to explore how full-time tenured/tenure-track faculty members are assessed for promotion at UGA. This study focuses on formal and informal criteria that may affect the promotion decisions, and the whole faculty evaluation procedures. Your answers will be crucial to address three research questions: 1) How have current policies and procedures been formed? 2) What criteria will affect faculty's promotion evaluation and which is more important in various disciplines? 3) What is the difference between faculty and administrators' opinion of faculty member promotion and evaluation regime?

In the recent few years, China's universities have gone through profound changes, during which time many universities are seeking effective regime to protect faculty members' legal rights. I have participated several projects managed by my supervisor in Beijing Normal University, Professor XXX who is XXX now. The national projects relate to the establishment of world-class universities in China and are supported by Ministry of Education of P.R. China. During my visiting studies at UGA, I want to conduct an in-depth case study on faculty evaluation, including the promotion criteria, policies and procedures, and reasons for promotion reforms, which will help me learn about U.S. university procedures and I will then apply this knowledge to my work with Chinese institutions. Thus, your participation is vital to contribute to China's higher education reforms, especially related to faculty evaluation and management in Chinese universities.

For the purpose of in-depth analysis, your demographic information and your responses to these questions can be anonymous. The interview referring to your information will use a pseudonyms (such as, an assistant professor in Education) to protect the confidentiality. With your permission, an audio record and paper note of the conversation will be saved to help me remember what was said at the interview. Only my adviser and me will have access to the audio files and transcripts, which will be stored in a locked file or password–protected computer.

If you are willing to participate and want to schedule a formal appointment or have any questions, please feel free to contact me at XXX or by phone at XXX. Or, I will e-mail you to inquire about your continuing interest in having an interview with me one or two weeks later.

Additional questions or problems regarding your rights as a research participant should be addressed to the Chairperson, Institutional Review Board, University of Georgia, 629 Boyd Graduate Studies Research Center, Athens, Georgia 30602-7411; Telephone (706)542-3199; e-mail address IRB@uga.edu. You may also contact my PI, Dr. XXX by e-mail at XXX or by phone at XXX. Again, thank you for your consideration.

Sincerely,

XXX
Doctoral Graduate Student
Institute of International and Comparative Education
Beijing Normal University

附录4 知情同意书

Individual Participant Agreement for Interview

I, ______________________________, agree to participate in a research study titled "**Faculty Promotion and Tenure Survey (Evaluation Regime) in UGA**" conducted by XXX from the Institute of International and Comparative Education, Beijing Normal University under the direction of Dr. XXX , Associate Professor at the Institute of Higher Education at the University of Georgia. I understand that my participation is voluntary. I can refuse to participate and can withdraw my consent at any time without giving any reason, and without penalty. I can ask to have all of the information about me returned to me, removed from the research records, or destroyed.

The purpose of this study is to explore how full-time tenured/tenure-track faculty are assessed for promotion at UGA. Specifically, this study examine three questions: 1) How have current policies and procedures been formed? 2) What criteria will affect faculty's promotion evaluation and which is more important in various disciplines? 3) What is the difference between faculty and administrators' opinion towards the faculty's promotion evaluation regime? If I elect to participate in this study, I will be asked to participate in a one hour interview with the researcher.

I understand that the interview referring to my information will use a pseudonyms (such as, an assistant professor in Education) to protect the confidentiality. With my permission, an audio record and paper note of the conversation will be saved to help the researcher remember what was said at the interview. Although the interview will be recorded, only the researcher and her faculty adviser will have access to the audio files and transcripts, which will be stored in a locked file or password-protected computer in her home.

I understand that I will receive no gift and that I may be asked to participate in a follow-up interview. The benefits for me are that I will have the opportunity to share stories of my life, with specific focus on my academic career. Furthermore, I understand that this study will contribute to enrich the literature on research of American higher education in China, which may offer some implications to Chinese university reforms.

No risk is expected upon participation in this study. No information about me, or provided by me during the research, will be shared with others without my written permission. I understand that the information I provide will remain confidential and will not be released in any individually identifiable form, unless otherwise required by law. I also understand that anonymity can be guaranteed. The researcher will answer any questions about the research now, or during the course of the research project.

I understand that I am agreeing by my signature on this form to take part in this research, and understand that I will receive a signed copy of this consent form for my records.

________________	____________	____________
Name of researcher	Signature	Date

________________	______________________________
Telephone	E-mail address

________________	____________	____________
Name of participant	Signature	Date

________________	______________________________
Telephone	E-mail address

Please sign both copies, keep one and return one to the researcher.

Additional questions or problems regarding your rights as a research participant should be addressed to the Chairperson, Institutional Review Board, University of Georgia, 629 Boyd Graduate Studies Research Center, Athens, Georgia 30602–7411; Telephone (706)542–3199; e–mail address IRB@uga.edu. You may also contact my PI, Dr. XXX by e–mail at XXX or by phone at XXX.

附录5 访谈提纲

A: Interview Protocol for Administrators

1. Could you describe the role you play in faculty's promotion process?

2. How do you think of the priority of the promotion criteria on the requirement list? Why?

3. Besides the formal rules (published criteria), are there any informal rules that may affect your decision? Could you give me an example?

4. Did you veto someone's application before? If yes, why did you make that decision?

5. Is there any conflict between department and university's decision? How much autonomy do you feel the department has in determining whether a faculty member can be promoted or not?

6. How do you choose the external experts/members serving in the promotion review committees?

7. Could you describe the process of making policies about faculty promotion in UGA? What factors may affect the policy-making process?

8. Have UGA's policies been revised before? How many times have you gone through? Could you tell me the reasons of each change?

9. How do you think of the strengths and shortcomings of UGA's evaluation system about faculty promotion?

10. Is there anything else that you would like to add that perhaps I didn't ask you about, but that you feel is relevant?

B: Interview Protocol for Faculty

1. Could you describe your own promotion experience briefly in UGA? What kind of evaluation have you gone through?

2. In your perspective of the evaluation process, who were the major players in deciding whether you could get promoted or not?

3. How do you think of the priority of the promotion criteria on the requirement list? Why?

4. Except for the formal rules (published criteria), are there any infor-

mal rules may affect your promotion? Could you give me an example?

5. Did you veto someone's application before? If yes, why did you make that decision?

6. In your department, is there any mentoring program helping faculty promote? If yes, how about that program?

7. Do you have any experience in college or university review committees? If yes, how do you judge others from different departments?

8. Do you think there are any external factors outsides the university that will affect the promotion decision? How about political factors, professional association in the process?

9. Have you gone through any reform of faculty promotion in UGA? What was the reason?

10. How do you think of the strengths and shortcomings of UGA's evaluation system about faculty promotion?

11. Is there anything else that you would like to add that perhaps I didn't ask you about, but that you feel is relevant?

后 记

教师晋升是学术职业的重要议题。之所以选择美国研究型大学教师晋升评价制度进行研究，与宏观的高等教育变革以及我的经历和研究兴趣有关。就宏观层面而言，不同国家的大学教师晋升评价各具特色，尽管遭遇多方挑战，但今日美国高等教育的影响力依旧强劲，包括中国在内的多国高等教育改革仍会不同程度地借鉴美国范式。阿特巴赫也曾言，“与其他国家相比，从初级职称晋升至高级职称，美国的（教师晋升）制度有着更大的连续性”。在美国，高等学校因类型、层次的不同对校内教师的晋升评价要求也有差异。研究型大学是美国高等教育皇冠上的明珠，对其开展深入研究，研究结论会更有针对性，也更有助于我们理性地取舍。就个人而言，从小以“教师”为职业志向的我，在正式进入教育研究领域后才明白“梦想”的幼稚。不同阶段教师的职业生涯相差甚远，没有了解，何谈选择？对未来可能从事职业的好奇是我当年以学生身份选择这一主题的最大动力。

赴美一年联合培养的宝贵机会为我完成在当地的系统研究提供了可能。然，实事求是地讲，大学教师晋升是一个涉及多主体、多学科的复杂领域，尤其是异文化中的非正式规则，对于彼时与学术职业存在天然距离的我而言无疑是一个不小的挑战。很多问题只能边学习边研究，虽然得到了导师和其他老师、学友的无私帮助，博士论文如期完成，但也很难讲自己对于教师晋升评价有了透彻的理解，即使是已正式成为大学教师近四年的今天。一些疑惑弄明白了，又产生了更多新的问题，也许这就如很多前辈告诫的那般，“博士阶段的研究只是另一段征程的新起点”。

本书是在我的博士论文《佐治亚大学教师晋升评价制度研究》的基础上修改而成的。在本书即将出版之际，我由衷地感谢许多人。

感谢我的导师王英杰教授。未见面前，先生于我而言是诸多光环加身的传奇存在，新中国第一个比较教育学博士、北师大原副校长、世界比较教育学会联合会副主席、中国比较教育学会会长等。真正相处之后，先生严谨治学的态度、对我的宽厚与关爱更让我印象深刻，受益良多。每周二上午例会上的学术和人生智慧补给，写作反馈中细到标点的批改，离校后一封封对我工作、生活继续关心和指导的邮件，间隔许久后见面时一如往昔的亲和……这些我所感受到的鲜活的点点滴滴恰是先生“学为人师、行为世范”的实践。有幸受教于先生，我将一生铭记，并努力践行。

感谢我硕士阶段的导师刘宝存教授。刘老师不仅是将我带入比较教育研究大门的领路人，而且还教会了我许多待人接物的道理。在北京学习的六年里，他一直对我信任有加，宽厚包容，在学术和工作实践中给我提供了非常多的锻炼机会，让我在“做中学”，也在“做”中提升了能力和自信。每当我遇到困惑时，他总能给予我最中肯的建议。非常感谢刘老师和师母杨秀治教授给予我的无私关爱，让我在北京求学和武汉工作时始终能感受到温暖。

感谢王晓辉教授、肖甦教授、马健生教授、谷贤林教授、高益民教授、周海涛教授、施晓光教授、常永才教授在论文开题和答辩时提出的有益建议。感谢我心中恋恋不舍的北京师范大学国际与比较教育研究院这个大家庭，这里的老师学识渊博、和蔼可亲，每周一会的师生沙龙拉近了师生的距离，所闻所感让我获益终身。感谢曲恒昌教授、孙进教授、姜英敏教授、滕珺副教授、刘敏副教授、张玉婷老师、刘健儿老师、曾晓洁老师、张瑞芳老师、陈林老师等给予的各种关照。感谢华中科技大学教育科学研究院成为我人生新的起点，在这里工作的四年受到了多位老师的关照和启发，也有了新的成长。

感谢李润华、何倩、罗媛、张永军、屈廖健、李军、赵章敬、李旭、樊哲、王轶、桂敏、郑灵臆、鲁妩媚、李婧、汪恒、张安梅、庄腾腾、黄亚婷、宋佳、夏培源、丁瑞常、吴佳妮等同门师兄弟妹。感谢孙琪、杨虹君、陈晨、杨志、朱庆环、何岩、景安磊、陈纯瑾、刘丽、姚松、杨聚鹏、徐赟、郑璐、王明明、傅坤昆、谭春林、闫丽春、郭利侠、周伟涛、张添翼等学友。相伴一段，相知一生。感谢我的姐妹刘芝、何娟、李静，用最暖的拥抱给我最大的力量。

感谢佐治亚大学的Libby Morris、James Hearn、Karen Webber、Robert Toutkoushian、Elisabeth Hughes等老师为我提供访学机会，并帮助我

寻找访谈对象。尤其是Erik Ness和杨丽静博士，他们一字一句地帮我修改问卷和访谈提纲，帮助我顺利获得佐治亚大学的调查许可证。感谢教育学院的Cheri Hoy为我提供了非常宝贵的历史资料。感谢所有愿意接受我访谈的50位教师，没有他们的参与就没有这本书。

感谢北京师范大学国际与比较教育研究院将本书纳入“国际教育前沿丛书”，感谢山西教育出版社姚吉祥编辑和其他同仁付出的辛勤劳动。

感谢我的父亲李云友、母亲唐月花、兄长李俊和嫂嫂张利，他们的支持和包容是我前进的动力。本书的修改恰逢我人生的另一个重要时刻，感谢我的丈夫陈峥和公公陈新石、婆婆邢立新的照顾。

最后，我要感谢努力不懈的自己，愿不忘初心，继续前行！

李函颖

2018年8月于喻家湖畔